AF532624

Auf den Spuren von Ernst Barlach

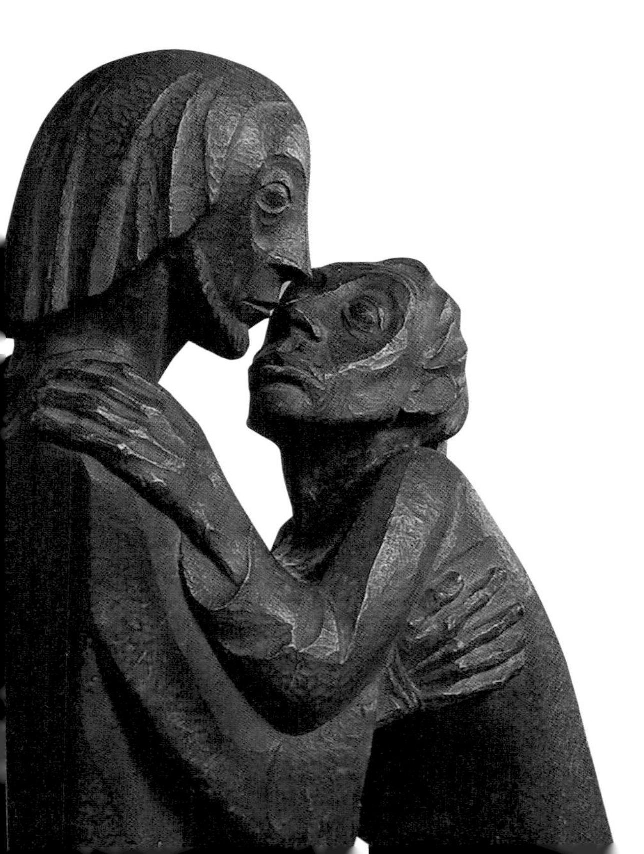

Wolfgang Tarnowski

Auf den Spuren von Ernst Barlach

Ellert & Richter Verlag

Inhalt

Ernst Barlach (1870–1938)
Der mühevolle Lebensweg eines Unbeirrbaren

Unter den deutschen Künstlern, die in der ersten Hälfte des 20. Jahrhunderts Weltgeltung erlangten, war Ernst Barlach eine Ausnahmeerscheinung, ein Mann, dessen ganz wesenseigene Kunst schon zu Lebzeiten seine Mitmenschen irritierte und in der Kunstszene erbitterte Kontroversen auslöste. Während seine Bewunderer auf die Originalität und Ausdruckskraft seines Werks hinwiesen, ihm „neue und großartige Einfachheit", „visionäre Tiefe", „Nach-innen-Horchen" und ein „Denken in Symbolen" attestierten, diffamierten seine Gegner denselben Mann als „Provinzler" und „hysterischen Propheten", seine Plastiken als „kunstgewerblich", seine symbolschweren Dramen als „verqualmten Tiefsinn" oder – in der unflätigen Diktion des Kritikerpapstes Alfred Kerr – als „der Wahrheit letzten Stuss". Auch wenn die Diskussion darüber mittlerweile sachlicher geführt wird – in der Unversöhnlichkeit der Standpunkte spiegeln sich bis heute die eigentümliche Radikalität, das Unangepasste und Unzeitgemäße des Phänomens Barlach wider, sein provozierendes Anders-Sein, das jeder empfindet, der sich der Person und ihrem Werk nähert.

Wer sich in dieser fortdauernden Kontroverse ein eigenes Urteil bilden möchte, muss sich vorab das außergewöhnliche Spektrum des barlachschen Werks bewusst machen. Denn der umstrittene Künstler war weit mehr als ein bedeutender Bildhauer, als der er in der kunstinteressierten Öffentlichkeit vor allem wahrgenommen wird. Vielmehr verkörpert Ernst Barlach als bildender Künstler den seltenen Typus eines reich ausgestatteten Multitalents, das den Zeichenstift und andere grafische Techniken ebenso souverän zu handhaben wusste wie Meißel oder Ton. Wer je Gelegenheit hatte, die rund 2000 Zeichnungen aus seinem Güstrower Nachlass – darunter Blätter von atemberaubender Intensität – im Zusammenhang zu betrachten, begreift spontan, dass der

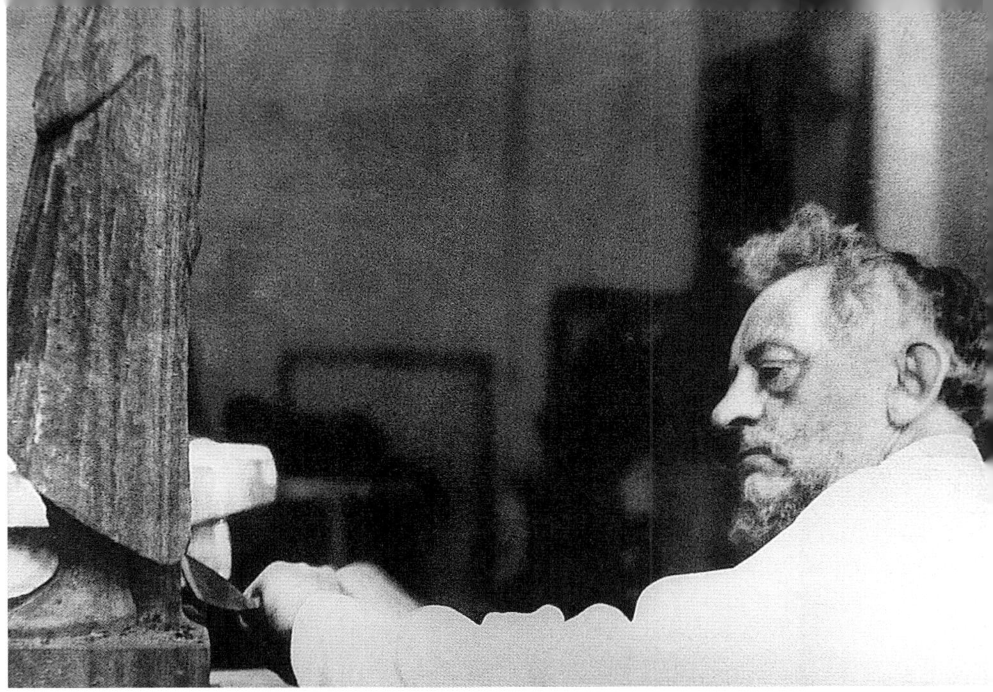

Der 63-jährige Ernst Barlach bei der Arbeit an der Holzfigur „Der Durstige“. Die Aufnahme entstand im Sommer oder Herbst 1933, wenige Monate nach der Ernennung Hitlers zum Reichskanzler – zu einer Zeit, in der erneut das bedrohliche Gerücht verbreitet wurde, der Künstler sei Jude.

Schöpfer dieser Meisterwerke einer der größten Zeichner des 20. Jahrhunderts war. Dabei verkörpern Holzbildwerke, Bronzeplastiken, Zeichnungen, Lithografien und Holzschnitte nur die eine Seite des barlachschen Kunstschaffens. Daneben steht, eigenständig und gleichberechtigt, sein kaum bekanntes dichterisches Werk. Diesem weitläufigen und bedeutungsschweren Œuvre, bestehend aus Dramen, Romanfragmenten, literarischen Tagebüchern, autobiografischen Aufzeichnungen, Prosaskizzen und Briefen von großer Bildhaftigkeit, attestiert eine zunehmend faszinierte Fachwelt mittlerweile hohen literarischen Rang.

Bildhauer, Zeichner, Dramatiker, Schriftsteller – das ist ein außergewöhnliches Spektrum. Doch ebenso außergewöhnlich ist Barlachs erstaunliche Eigenständigkeit. Obwohl er sich selbst als moderner Künstler verstand, berührten ihn die leidenschaftlichen Programme, Appelle und Tabubrüche der modernen Kunst kaum. Die Formexperimente Picassos, Kandinskys, Beckmanns, Noldes und anderer Kunstrevolutionäre lehnte er entschieden ab. Was ihn mit der Avantgarde verband, waren allenfalls der bewusste Verzicht auf erzählerische oder lyrische

Elemente der Kunst, der Wille zu strenger Vereinfachung der künstlerischen Form und die Suche nach einem gültigen Ausdruck für das innere Wesen der Dinge. Doch was er vor solchem Hintergrund an Bleibendem schuf, schöpfte er allein aus dem eigenen Inneren.

In seiner Autobiografie „Ein selbsterzähltes Leben" hat Barlach geschildert, wie wenig ihm Vorbilder bedeuteten: „Ich war in eine Zeit geraten, die für mich kein förderndes Beispiel übrig hatte." Eine solche Feststellung erscheint auf den ersten Blick nicht sehr überzeugend. Doch die Lebens- und Werkgeschichte des Künstlers beglaubigt seine Behauptung. Von den beiden Studienaufenthalten im Paris der Jahrhundertwende (zwischen 1895 und 1897), wo ein Jahrhundertgenie wie Rodin die Bildhauerkunst revolutionierte und ein reges Kunst- und Geistesleben unendliche Anregungen für junge Künstler bereithielt, kehrte der eingefleischte Norddeutsche unbeeindruckt heim und urteilte in einem Brief: „Meine Pariser Jahre sind merkwürdig unfruchtbar. Es gebrach am Erlebnis." Und über seinen zehnmonatigen Aufenthalt als Stipendiat in Florenz (1909) mitsamt seinen Ausflügen in berühmte italienische Städte, die allesamt kunstgeschichtlichen Museen glichen, urteilte er kühl: „Italien hat mich nicht umgeworfen. Ich bin kaltblütig gekommen und gegangen." Und dabei blieb es. Wie in der Frühzeit die Kunsthochburgen Paris und Florenz, so gingen auch in den folgenden Jahrzehnten die spektakulären Neuerungen der modernen Kunst an dem introvertierten Einzelgänger nahezu spurlos vorüber. Zwar registrierte er die Etappen dieser Revolution mit wachem Interesse. Doch für sich selbst nutzte er deren Errungenschaften kaum – ein Charakterzug, den Max Liebermann in seiner berühmten Rede zum 60. Geburtstag des geschätzten Kollegen (1930) auf den Punkt brachte: „Wie fast kein anderer ist Barlach ein Künstler sui generis: Seine Kunst ist ganz Er."

Trotz solcher Entschiedenheit, allein der inneren Stimme zu folgen, hat Ernst Barlach um die Verwirklichung seines Traums von einer eigenen, unverwechselbaren Kunst lange verbissen und schließlich verzweifelt ringen müssen. Erst 1906, gut zehn Jahre nach Beginn seiner Künstlerlaufbahn, gelang dem 36-Jährigen der Durchbruch zu sich selbst. Während einer Reise ins zaristische Russland erkannte er in den urtümlichen Gestalten einfacher Bauern, Hirten, Marktweiber und Bettler spontan die Modelle einer Kunst, wie sie ihm vorschwebte: einer schnörkellosen, formal verknappten, aber seelisch gesättigten Kunst, in deren Mittelpunkt „das unheimliche Rätselwesen Mensch“ steht.

Damit war der Bann gebrochen. Fortan ging Barlach seinen eigenen Weg – zielstrebig und unbeeindruckt vom Getöse der zeitgenössischen Kunstdiskussion. In Russland war ihm – so steht es im „Selbsterzählten Leben“ – die „ungeheure Erkenntnis“ aufgegangen, dass eine ihm gemäße Kunst sich nicht in Experimenten mit der künstlerischen Form verlieren dürfe, sondern Ausdruck der eigenen Seelentiefe sein müsse: eine Zurschaustellung von Ahnungen und Ängsten, Gewissheiten und Zweifeln, wobei der Künstler „alles ohne Scheu wagen“ dürfe: „das Äußerste, das Innerste, Gebärde der Frömmigkeit und Ungebärde der Wut“. Seit diesem künstlerischen Erweckungserlebnis kreiste Barlachs bildnerisches, zeichnerisches und literarisches Werk mit zunehmender Intensität um ein einziges Thema: das Geheimnis der menschlichen Existenz. Er selbst hat dieses Grundmotiv seiner Kunst in Gesprächen, Notizen und Briefen immer wieder beglaubigt. „Ich darf vielleicht sagen“, schrieb er einem anfragenden Journalisten im Februar 1924, „dass mein immer gleiches Motiv die Gottmenschlichkeit ist, deutlicher: die immer erneute Festlegung der Situation des Menschen als Prozess zwischen Himmel und Erde.“

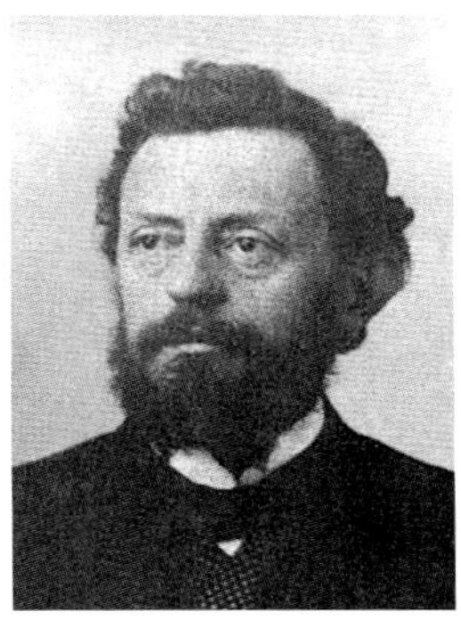

Der 39-jährige Ernst Barlach im Jahre 1909, während seines zehnmonatigen Studienaufenthalts in Florenz

Indem er diesem letztlich unergründlichen Geheimnis einer „höheren Abstammung“ des Menschen bildend und schreibend nachspürte, erlebte er sein Schaffen als eine „zwingende, ja, zwangsmäßige Auswirkung eines anderen Wesens“ und sich selbst als dessen „Medium“, das sich genötigt sehe, „immer dasselbe mit anderen Worten und Bildern zu sagen“. Ein Mystiker der Moderne also, der sein wahres Wesen und Künstlertum „in einer dunklen, unbewussten Tiefe“ suchte und daraus folgerte: „So sind auch wohl alle meine Gestalten nichts anderes als zum Sprechen und Handeln geborene Stücke dieses unbekannten Dunkels, wie ich auch nichts dagegen zu sagen habe, wenn man meint, dass meine plastischen Gestalten nichts sind als sehnsüchtige Mittelstücke zwischen einem Woher? Und einem Wohin?“ Aussagen wie diese durchziehen Barlachs umfangreiches Briefwerk wie ein roter Faden.

Das äußere Erscheinungsbild des Mannes, der seine Kunst so verstand, hat sein langjähriger Freund und späterer Nachlassverwalter Friedrich Schult anschaulich geschildert: „Barlach war mittelgroß, der Körper von leichtem Bau, mager, ohne Fettansatz. Die Augen groß, darunter Tränensäcke, die schon in den frühesten Aufnahmen retuschiert sind. Die Nase spitz, Gesichtsfarbe unfrisch, Kinnbart dürftig. Die Gangart die eines Wanderers, der nach Gewohnheit lange Strecken bewältigt, langschrittig, den Mantel über die linke Schulter geworfen, in der Rechten den Stock. Die Kleidung bequem, ohne Aufwand. Im Sommer in einem leichten, im Winter in einem Lodenmantel.“

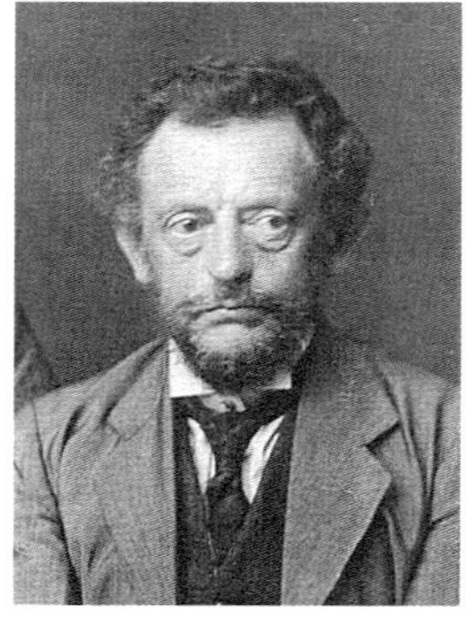

Der 52-jährige Ernst Barlach zu einer Zeit, in der sich sein Ruhm als Bildhauer in Deutschland zunehmend festigte. Die Aufnahme entstand am 31. Juli 1922 auf Veranlassung seines Freundes, des Münchener Verlegers Reinhard Piper, der den Künstler damals in seiner Wahlheimat Güstrow besuchte.

Hinter diesem eher unscheinbaren, ein wenig kauzigen Äußeren verbarg sich ein überaus komplizierter Mensch: intelligent, hochsensibel, ahnungsvoll (ein „Spökenkieker“, wie man in Norddeutschland sagt), dabei ernst, unruhig bis nervös, oft Stimmungen unterworfen, scheu und misstrauisch. „Es war nicht leicht, mit Barlach umzugehen“, hat Friedrich Schult später bekannt. Besucher, die unangemeldet seine Ruhe störten, bekamen das zu spüren: Sie wurden schroff abgewiesen. Freunde und alte Bekannte aber konnten in guten Stunden auch einen ganz anderen Barlach erleben: einen liebenswürdigen, aufgeschlossenen Gastgeber und Tischgenossen, der viel redete, dabei lebhaft gestikulierte, keckernd lachte und es bei einem Glas Rotwein nicht beließ. In solchen Stunden kehrte derselbe Mann, der auf Fotos niemals lächelt, seinen oft beschriebenen, eigentümlich verschnörkelten „norddeutschen Humor“ hervor, der indes nicht „golden“ war, sondern stets ein wenig spöttisch und zuweilen sarkastisch. Allerdings war die Zahl derer, die den im Alltag eher Verschlossenen und Wortkargen so ungezwungen erlebten, nicht allzu groß, denn nur wenige Menschen standen ihm wirklich nah wie sein Jugendfreund Friedrich Düsel, sein Bruder Hans oder sein Vetter Karl Barlach.

In seiner persönlichen Lebensführung war Barlach anspruchslos bis asketisch. Wie auch seine Wohnungen anspruchslos und gänzlich unprätentiös waren. Sein

Güstrower Domizil in der Schweriner Straße, in dem er von 1911 bis 1928, also 17 Jahre lang, mit Sohn und Haushälterin lebte, lag in einer hässlichen Mietskaserne. Wie es darin aussah, hat sein Verleger-Freund Reinhard Piper nach einem Besuch so beschrieben: „Ein ganz nüchternes Haus, in dessen Erdgeschoß Barlach [...] wohnte. [...] Die Wohnungseinrichtung, noch von seiner Mutter her, war ganz kleinbürgerlich. Barlach hatte nicht das geringste Bedürfnis nach ‚künstlerischer' oder ‚stilvoller' Umgebung." Andere Berichte sprechen von Blümchentapeten und Kunstdrucken an den Wänden. Erst viel später, als der 58-Jährige zu seiner Lebensgefährtin Marga Böhmer vor die Tore der Stadt zog, richtete er sich im Dachgeschoss des Böhmer-Hauses seine Wohnung individueller ein. Er verwandelte sie in eine malerisch vollgestopfte Höhle, die den Hamburger Oberbaudirektor Fritz Schumacher „wie die Umwelt eines mittelalterlichen Magiers" anmutete.

Für Barlach waren derlei bürgerliche Wichtigkeiten bedeutungslos. Denn als sein eigentliches Wohnzimmer betrachtete er, wie Schumacher weiter berichtet, die Landschaft vor seiner Haustür. Dorthin lud er seine Gäste zum Gespräch, wann immer das Wetter es zuließ. Vor allem aber ging er hier, unter freiem Himmel, mit sich selbst in Klausur, denn hier fühlte er sich dem großen Weltgeheimnis nah, das ihn bewegte und umtrieb. Man darf sich diese einsamen Wanderungen querfeldein, die seinen Lebensrhythmus bestimmten, nicht etwa als Spaziergänge eines Naturromantikers vorstellen – damit hatten sie nichts gemein. Denn Barlach wanderte zu jeder Jahreszeit und bei jedem Wetter: bei klirrendem Frost, im Schneegestöber, im kalten Nebel, bei rauschendem Regen, im Lärmen der Gewitter, in dunklen Sturm- wie in mondbeglänzten Zaubernächten. Was er dabei suchte, was ihm dabei widerfuhr, hat er seinem „Güstrower Tagebuch" und einigen wenigen Freunden anvertraut: Die Natur in ihrer überpersönlichen Größe, rätselhaften Tiefe und schweigenden Gleichgültigkeit verwickele ihn, den angestrengt Lauschenden, gleichnishaft in die Erlebniswelt seiner mystischen Religiosität. Dort, unter freiem Himmel, finde er – in dinglicher Verknüpfung – die Analogien und Gleichnisse für die Allgegenwart und bildlose Vielgestalt

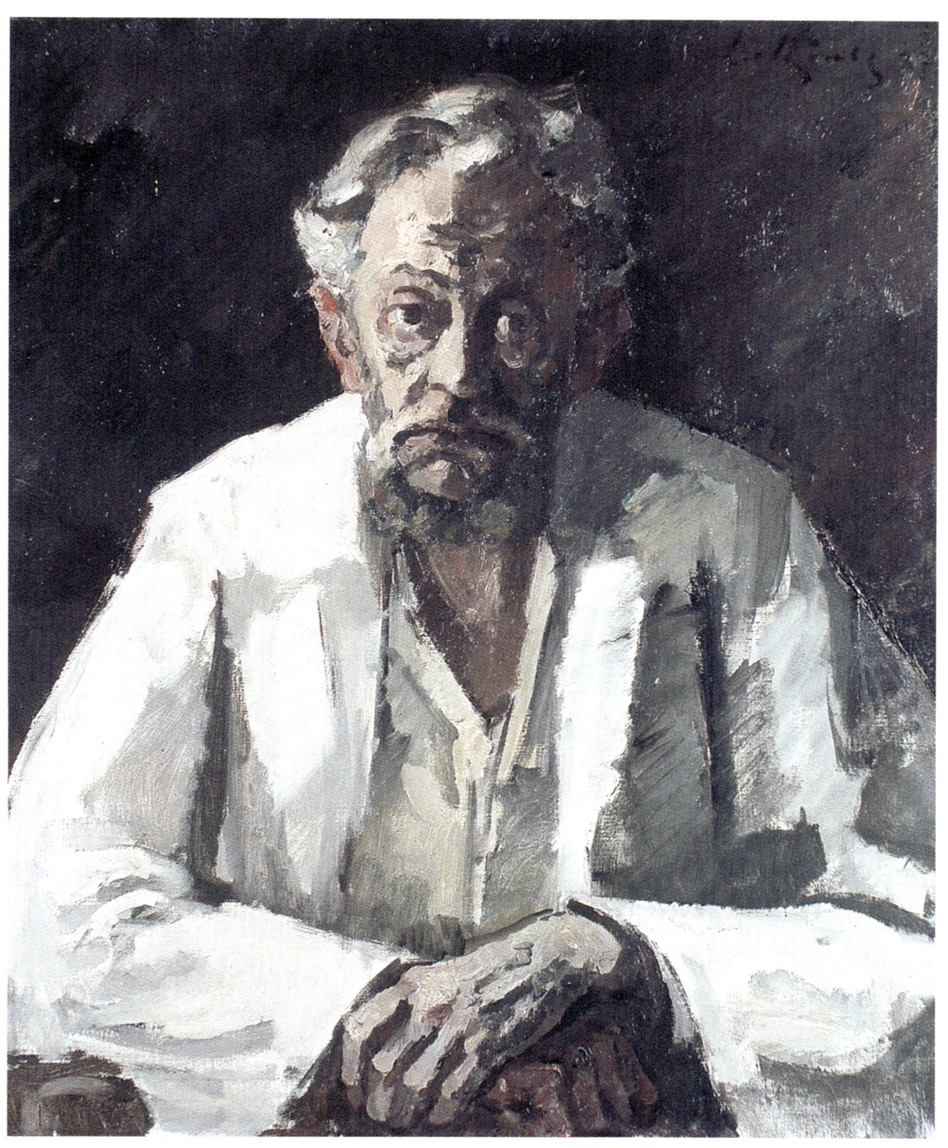

seines ewig unvorstellbaren, verborgenen Gottes. So steht es beispielsweise in einem Brief an die Bremer Gesellschaftsdame Frieda Strohm aus dem Jahre 1931: „Ich empfinde seit je und immer mehr die Einheit von Schöpfer und Geschaffenem, das Gewordene ist die andre Gestalt des Schöpfers, seine Phasen, sein Spiegelbild; der Augenblick ein verwandeltes Stück Ewigkeit. Im Wandel der Dinge, im Entstehen, Verwehen, Verderben, Vergessen bleibt das unverlierbare Einssein."

Ernst Barlachs Leben endete tragisch. Nach großen Erfolgen in der Weimarer Republik stand der Gefeierte Anfang der 30er-Jahre trotz nachlassender Körperkräfte am Beginn einer neuen Schaffensphase, in der seine inneren Gesichte in monumentalen Werken hätten Ausdruck finden sollen. Die überlebensgroßen Figuren des „Bettlers", der „Frau im Wind" und des „Sängers" für eine programmatische „Gemeinschaft der Heiligen", die in den Fassadennischen der Lübecker Katharinenkirche aufgestellt werden sollte, geben eine Vorstellung von der grandiosen Perspektive, die sich hier eröffnete. Doch solchen und anderen Plänen machte die Ernennung Hitlers zum Reichskanzler am 30. Januar 1933 ein jähes Ende. Schon in den Jahren davor hatte die NSDAP im Verein mit rechten Gruppierungen Barlachs berühmte Ehrenmale für die Gefallenen des Ersten Weltkriegs in Güstrow, Magdeburg und Hamburg als „unheldisch" und „fremdrassig" diffamiert. Nach der Machtübernahme betrieben die „Kulturwalter" des Dritten Reichs sogar den Abriss dieser in ihren Augen undeutschen Schandmale, die Entfernung von Barlachs Werken aus den öffentlichen Museen und den Ausschluss ihres Schöpfers aus der Reichskammer für bildende Künste. Seine Anprangerung in der Münchener Ausstellung „Entartete Kunst" im Spätsommer 1937 überlebte der schwer herzkranke und zunehmend isolierte Künstler nur um ein Jahr. Am 24. Oktober 1938, zehn Monate vor Ausbruch des Zweiten Weltkriegs, starb er vereinsamt und resigniert in einem Rostocker Krankenhaus.

Dieses Bildnis des 67-jährigen Ernst Barlach schuf der Maler Leo von König, der den verehrten Kollegen im September und Oktober 1937 zweimal in Güstrow besuchte und dabei von dem bereits Schwerkranken vier ausdrucksstarke Porträt-Gemälde schuf. In ihnen spiegelt sich die tiefe Resignation des Verfemten über die Geschehnisse der letzten Monate. Das hier gezeigte Bildnis hängt heute im Hamburger Ernst Barlach Haus.

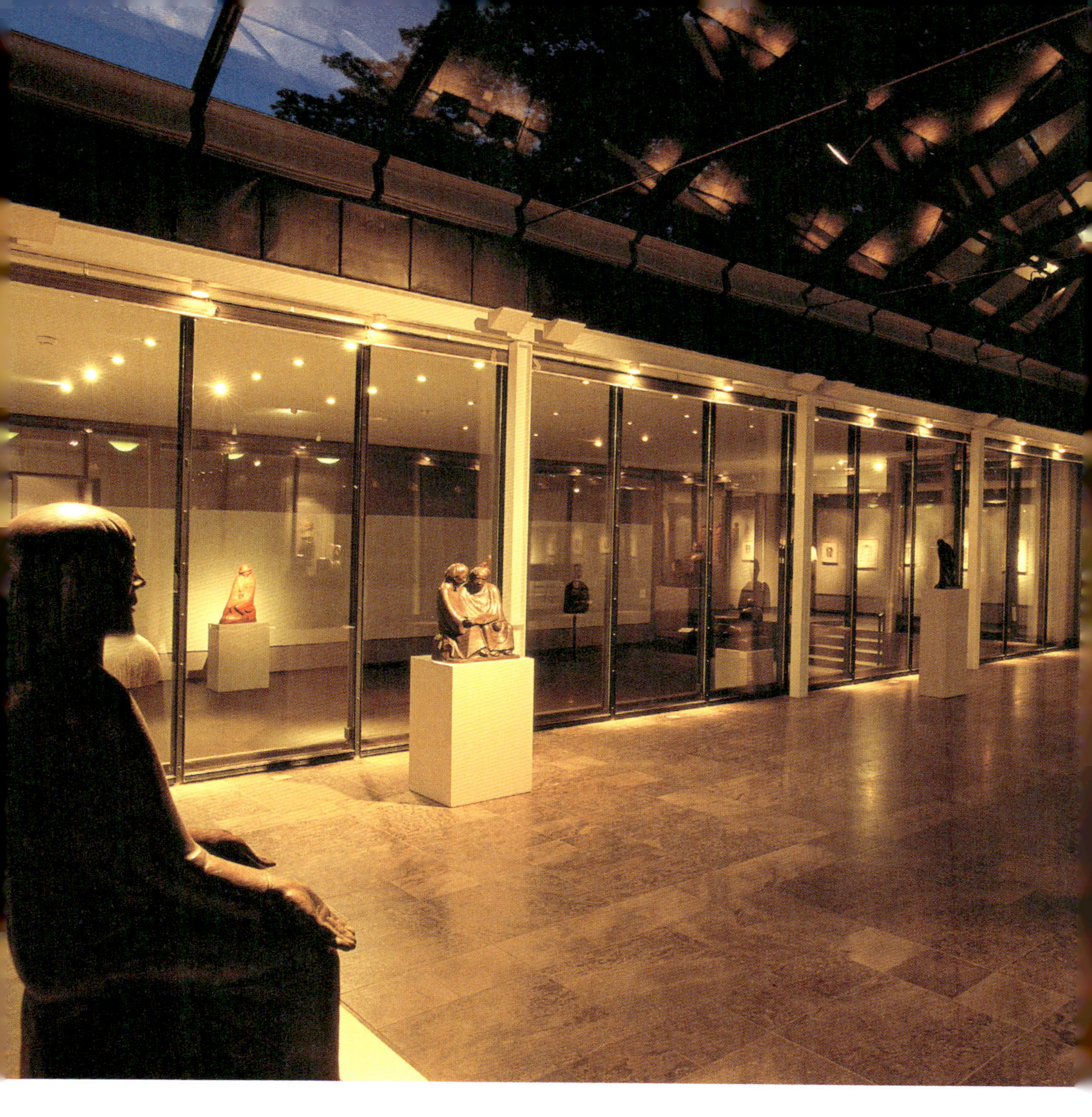

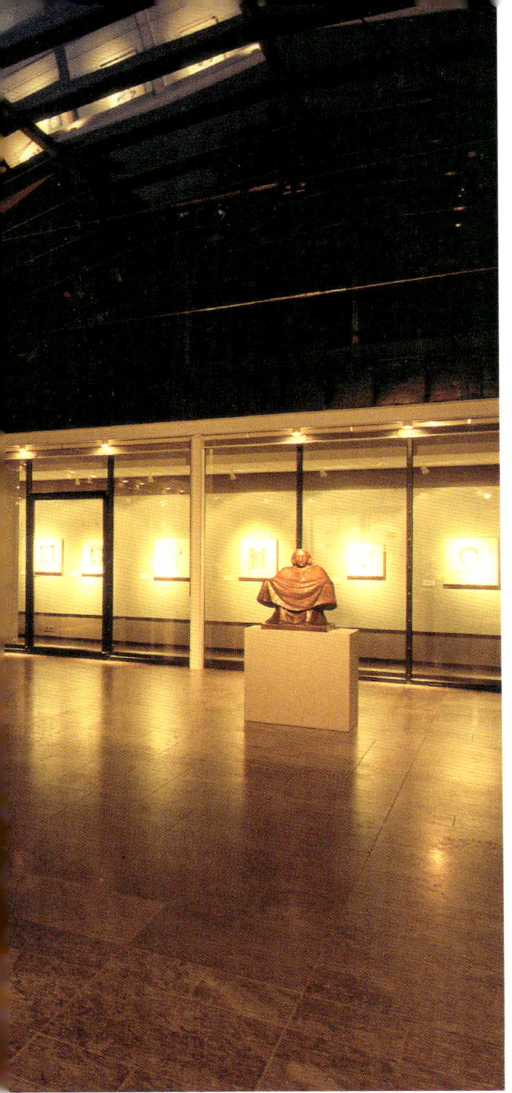

Zu den Menschen, die von Barlachs Werk schon zu dessen Lebzeiten tief bewegt waren, gehörte auch der Hamburger Fabrikant Hermann Fürchtegott Reemtsma (1892–1961). Nachdem er, auf Empfehlung eines Freundes, den Künstler im August 1934 in seinem Güstrower Atelier besucht hatte, begann er zunächst seine Bildwerke, später auch andere Arbeiten zu sammeln – für den bereits verfemten und zunehmend isolierten Barlach nicht nur eine Ermutigung, sondern auch eine unschätzbare materielle Hilfe.

Schon bald nahm diese stetig erweiterte Sammlung ein bedeutendes Ausmaß an. 22 Jahre nach Barlachs Tod, im November 1960, überführte Reemtsma sie in eine Stiftung und ließ ihr im Hamburger Jenischpark ein schlichtes, transparentes Haus bauen, das zwei Jahre später, im Oktober 1962, von seinen Erben der Öffentlichkeit übergeben wurde.

Das Foto vermittelt einen schönen Eindruck von der Großzügigkeit und konzentrierten Atmosphäre dieser außergewöhnlichen Barlach-Gedenkstätte, in der die Werke des Künstlers in immer wieder neuer Anordnung zu erleben sind.

Jugend und Schulzeit (1870–1888)
Wedel, Schönberg, Ratzeburg

Als im Dritten Reich das alte Gerücht wieder aufkam, Ernst Barlach sei Jude, sahen Freunde den Künstler von antisemitischen Repressalien bedroht. Um dieser Gefahr zu begegnen, veröffentlichten sie, gestützt auf Urkunden und Dokumente, den Abriss einer barlachschen Familiengeschichte. Daraus ging hervor, dass Personen namens Barlach seit mindestens 1585 in Norddeutschland aktenkundig waren; dass sich der fremdartig klingende Familienname nicht, wie von den Gerüchtemachern behauptet, vom alttestamentarischen Namen Baruch, sondern vom niedersächsischen Ortsnamen Barlage (oder Berlage) herleitete; und dass die unmittelbaren Vorfahren des Künstlers seit annähernd 200 Jahren in Schleswig-Holstein gelebt und dort anerkannte Berufe ausgeübt hatten: als Bauern, Seeleute, Handwerker, Geistliche, Juristen, Ärzte und Kaufleute. Mit einem Wort: Ernst Barlach war der Spross einer alten, in Norddeutschland verwurzelten Familie.

Des Künstlers eigene persönliche Erinnerungen begannen bei seinem Großvater väterlicherseits, dem evangelischen Pastor Gottlieb Ernst Barlach (1803–1874). Diesen hatte sein Berufsweg kreuz und quer durch Schleswig-Holstein geführt: von der Eingangsstelle in Husum über die Pastorate von Beydenfleth (westlich von Itzehoe, heute Beidenfleth), Herzhorn (bei Glückstadt) und Süsel (nahe Eutin) nach Bargteheide bei Hamburg, wo der engagierte Gottesmann schließlich eine dauerhafte Wirkungsstätte fand. Hier, im Bargteheider Pfarrhaus, verlebten seine sechs Kinder eine unbeschwerte Jugend, geprägt vom Geist des Evangeliums und von bildungsbürgerlichen Traditionen – künstlerische Betätigungen inbegriffen. „Ein bisschen Zeichnen oder Malen oder Schreiben mehr oder weniger fiel in der Familie nicht auf“, wird der berühmteste Spross der Familie dazu später im „Selbsterzählten Leben“ amüsiert anmerken. Vor allem das älteste der sechs Barlach-Kinder, Friederike

Barlach („Tante Friede"), entwickelte vor der Staffelei beachtlichen Ehrgeiz, wie der berühmte Neffe im selben Absatz augenzwinkernd verrät: „Tante Friede schöpfte aus dem Vollen der Farbe und schonte auch die Leinwand nicht – und mit der gerahmten Leinwand nicht Wohnungen, Wände, Stuben, Dielen und alles Gelass derer, die keine Wahl hatten zwischen Nehmen und Ablehnen." Zur Kunstausübung gedrängt fühlte sich aber auch Tante Friedes Schwester Ernestine Barlach („Tante Erne"), die, wie der Neffe verschmitzt fortfährt, ein Leben lang „ihre grundehrlichen Zaghaftigkeiten aufs gutwillige Papier" gestrichen hat.

Die betont christliche Atmosphäre des Bargteheider Pastorenhauses prägte auch die Berufswahl der Kinder, und so wählte Georg Gottlieb Barlach (der spätere Vater des Künstlers; 1839–1884) für sich den Helferberuf des Arztes. Seinen selbstlosen Einsatz für die ihm anvertrauten Kranken hat der berühmte Sohn später im „Selbsterzählten Leben" mit Wärme geschildert: Der Vater habe „keine Dampfdoktorei" betrieben und „an Krankenbetten frierende Pferde, Kutscher und Kind" vergessen. Und so sei er ihm in seiner selbstverständlichen Hingabe und Gewissenhaftigkeit stets als ein eindrucksvolles Vorbild erschienen, als ein „Beispiel wertvollen Tuns".

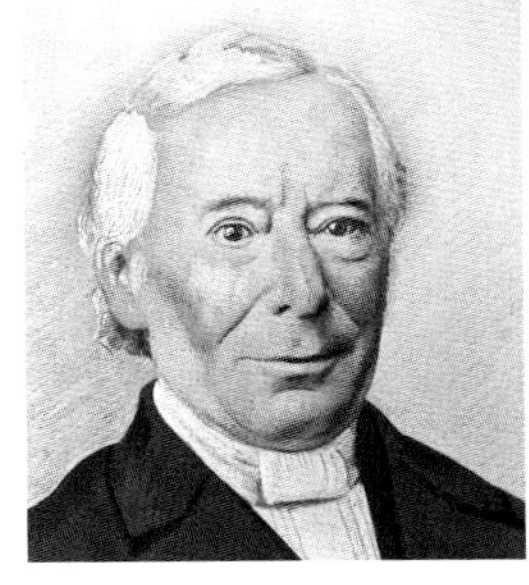

Ernst Barlachs Großvater väterlicherseits, der evangelische Pastor Gottlieb Ernst Barlach (1803–1874). Der ebenso fromme wie vielseitig interessierte Geistliche, der seinen ersten Enkel eigenhändig taufte, amtierte zuletzt in Bargteheide bei Hamburg, wo er auch begraben liegt.

Seinen Berufsweg als Landarzt und praktischer Chirurg hatte Georg Gottlieb Barlach in Satrup bei Schleswig begonnen, wo zur selben Zeit die aparte und temperamentvolle Johanna Louise Vollert, Tochter eines Altonaer Zollassistenten, im örtlichen Pastorat die Hauswirtschaft erlernte. Offenkundig fanden der junge Arzt, in der Erinnerung des berühmten Sohns „ein ziemlich kleiner, scharfer, feuriger, schwarzlockiger Herr", und die attraktive Haustochter rasch Gefallen aneinander, denn – so der Chronist weiter – : „Ein Dorfidyll kam unversehens in schönsten Flor, und gleich hinter seinen letzten Rosenbüschen stießen sie auf den gepflasterten Weg der Ehe." Besiegelt wurde diese Ehe am 2. März 1869 im Elbstädtchen Wedel, wo das junge Paar ein geräumiges Haus am Markt bezog. Hier kam am 2. Januar 1870 ihr erster Sohn zur Welt, den Großvater Gottlieb Ernst Barlach höchstpersönlich auf den Namen Ernst Heinrich taufte. Dem Erstgeborenen folgte anderthalb Jahre später ein zweiter

Sohn: Hans, der dem komplizierten Ältesten zeitlebens ein treuer Freund, Berater, Tröster und Helfer sein wird.

Während die Familie wuchs, entsprach der Zuspruch zur Wedeler Arztpraxis des jungen Dr. Barlach nicht dessen Erwartungen. So hielt man schon bald nach einer einträglicheren Wirkungsstätte Ausschau. 1872 übersiedelten die Barlachs ins mecklenburgische Landstädtchen Schönberg, wo noch im selben Jahr die Zwillinge Nikolaus und Joseph geboren wurden. Doch auch Schönberg enttäuschte die Hoffnungen des jungen Paars. Nach nur vier Jahren, im Herbst 1876, zog die nun sechsköpfige Familie erneut um, diesmal in die alte Insel- und Domstadt Ratzeburg, an den Ort, den der Erstgeborene in der Rückschau als seine eigentliche Heimat betrachten wird.

Hier, zwischen Seen, Wäldern und Wiesen, entwickelte sich bei dem aufgeweckten und fantasievollen Knaben jene zunächst spielerische, dann immer ernstere Neigung, die fortan den Rhythmus seines Lebens prägen wird: das stundenlange, erlebnistiefe Eintauchen in die Natur. Was ihm dabei widerfuhr, hat Barlach später im „Selbsterzählten Leben" eindringlich geschildert: „Beim Streifen durchs Fuchsholz aber fiel mir die Binde von den Augen, und ein Wesensteil des Waldes schlüpfte in einem ahnungslos gekommenen Nu durch die Lichtlöcher zu mir herein, die erste von ähnlichen Überwältigungen in dieser Zeit meines neunten bis zwölften Jahres, das Bewusstwerden eines Dinges, eines Wirklichen ohne Darstellbarkeit."

Weitere Erlebnisse dieser Art folgten in unregelmäßigen Abständen: „An einem Abend während dieser [...] Zeit mag es gewesen sein, als ich bei voller Stille des leeren Hauses und verlassenen Gartens in der Veranda von einem Buch aufsah. Der gelinde Dämmer des Sommerabends lag überall und vom Benningsenschen Garten winkten die Wipfel hoher Tannen über die Scheunendächer. Hier widerfuhr mir abermals eine Erschütterung, die im Augenblick durch mich ging und ganz sinn- und gegenstandslos war – und vielleicht doch das heftigste Erleben, das mir beschieden gewesen ist. Ein anderes Mal stand ich an der Nordecke der Insel am großen See hinter dem Gymnasium bei einem ganz artig heranfahrenden Winde und erlebte im Augenblick des Zerfließens einer

Ernst Barlachs Eltern: der Arzt Dr. Georg Gottlieb Barlach (1839–1884) und die aus Altona stammende Johanna Louise Vollert (1845–1920). Die feierliche Atelieraufnahme ist vermutlich ein Verlobungsbild, entstand also vor ihrer Hochzeit am 2. März 1869.

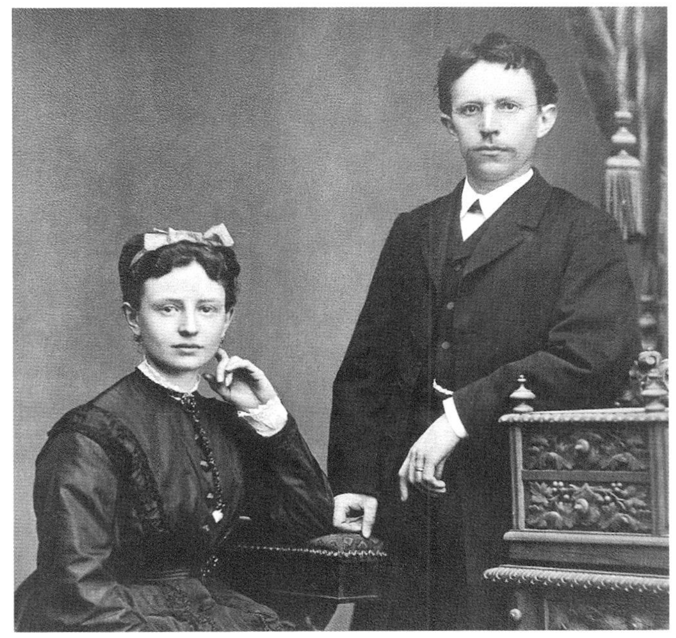

Welle ein ähnlich übermächtiges Gefasstwerden [...]."

Es hieße den Wirklichkeitsgehalt solcher Bekundungen gründlich verkennen, wollte man die zitierten Stellen etwa als eine nachträgliche Poetisierung der Jugend eines fantasiebegabten Knaben abtun. Tatsächlich hat Barlach schon im April 1916, also mehr als ein Jahrzehnt vor der Niederschrift seines „Selbsterzählten Lebens", einen Briefpartner auf die grundlegende Bedeutung seiner mystischen Jugenderlebnisse hingewiesen: „Ich für mein Teil habe meine überwältigendsten Erlebnisse als Kind gehabt [...]! Ich habe mir noch vor nicht langem einmal Rechenschaft darüber abgelegt, dass ich teils von Erschütterungen, teils von sanfteren Regungen heimgesucht wurde, die ich nicht anders ansehen kann als Berührung durch ein Lebensgeheimnis im Unbewussten, das seine Spuren in Form von (nicht Ekstase, nicht Beglückung, es lässt sich nicht bezeichnen) ins Bewusstsein warf. [...] Wenn jene Regungen einzig geblieben wären, könnte ich versucht sein, sie als den Augenblick einer geistigen Geburt zu bezeichnen. Es umschreibt es jedenfalls am besten. Wie gesagt, habe ich mir das ganz spontan einmal bei einer allgemeinen Abrechnung selbst eingestanden und festgestellt, dass es das Tiefste und Mächtigste war, was mir beschieden gewesen. Auf ihm beruht meine Menschlichkeit, das ist meine Wurzel, aus der bei mir der Drang nach dem Höchsten entspringt." Für das Verständnis von Barlachs Leben und Kunst ist diese Textstelle eine Schlüsselaussage: Hier, in Ratzeburg, empfing der Knabe erstmals die tiefe Gewissheit von der Existenz einer höheren, das menschliche Erkenntnisvermögen übersteigenden Welt hinter den sichtbaren Dingen – eine Gewissheit, die in den Jahren der Reife zum alles durchdringenden Grundmotiv seines Lebens und seiner Kunst werden sollte.

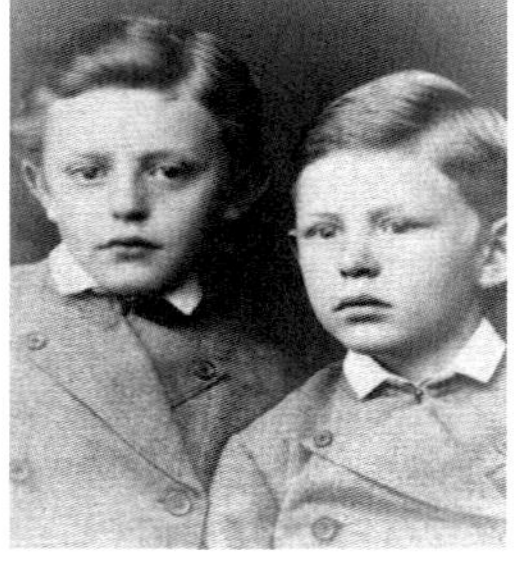

Die beiden ältesten der vier Barlach-Geschwister, Ernst (links) und Hans. Zum Zeitpunkt der Aufnahme war Ernst Barlach (geb. am 2. Januar 1870) sieben, sein Bruder (geb. am 11. Juli 1871) etwa sechs Jahre alt.

Eingebettet waren diese mystischen Erlebnisse in die unbeschwerte Kindheit eines fantasiebegabten Knaben. Im „Selbsterzählten Leben" hat Barlach diese glücklichen Jahre eindringlich geschildert. Ein unersättlicher „Waldläufer" sei er damals gewesen, ein Träumer, der selbstvergessen „durch die Tage glitt und durch die Jahre hin weidete", ein quirliges Kerlchen, das auch in der Wärme des Elternhauses seinem Tatendrang und seinen Fantasien freien Lauf ließ. Und er erinnerte sich an aufschlussreiche Einzelheiten aus jener Zeit: Wie er jedes erreichbare Buch verschlang, „wenn es nur den Zauber besaß, mich meiner selbst ledig und von mir vergessen zu machen"; wie er den jüngeren Bruder mit selbsterfundenen Gespenstergeschichten fesselte und ängstigte; wie es ihm als leidenschaftlichem Puppenspieler ein Leichtes war, jedem „gewaltsam hergestoßenen Anfang [...] Fortgang und Ende" zu verleihen; wie er, unter wieherndem Beifall seiner Mitschüler, ein wildes Rache- und Lästerepos auf seinen verhassten Lehrer „Kuhgesicht" dichtete; und wie er in überschwänglicher Begeisterung die Bilder aus einer Prachtausgabe von „Hauffs Märchen" nachzeichnete, die, nachdem der Vater sie im Sprechzimmer aufgestellt hatte, einem Bauern den bewundernden Kommentar entlockten: „Dat mütt jo een kloken Jung sien."

Ernst Barlach war erst zwölf Jahre alt, als in diese heile Kinder- und Schülerwelt die Krankheit der geliebten Mutter wie ein Vorbote künftigen Unheils einbrach. Schon als junges Mädchen hatte Louise Barlach ihre Umgebung aus nichtigen Anlässen mit heftigen Wutausbrüchen erschreckt, die noch tagelang nachgrollten.

Solche Anfälle waren nach dem Bericht der behandelnden Ärzte in den ersten Ehejahren immer häufiger geworden, „und es genügte eine kleine [...] Veranlassung, die Sache zum Ausbruch zu bringen". Schließlich hätten sich diese ungezügelten Ausbrüche „bis zu tobsuchtsartigen Explosionen" gesteigert, in denen die junge Frau „Stunden, seltener tagelang bitterste Klagen ausstößt, heftig schilt und leicht zu Tätlichkeiten schreitet". Begleitet würden solche pathologischen Erregungszustände von Schlaflosigkeit, angstvoller Brustenge, quälendem Hautjucken, hysterischen Krämpfen und „dann Schwächegefühl, bei gelegentlicher Entwicklung großer Muskelkräfte. Die Dauer dieser Perioden ist ganz verschieden, von im Durchschnitt 4 bis 5 Tagen bis ca. 2 Wochen". Für die Familie und das Personal war der Krankheitszustand der Mutter, für den die Ärzte keine Diagnose hatten, eine schwere Belastung. Schließlich wurde die Situation so unerträglich, dass Barlachs Vater die Verstörte im September 1882 in die Bezirksnervenklinik Schwerin einliefern musste, aus der man sie erst ein Jahr später „als geheilt" entließ – eine Illusion, wie sich bald herausstellte.

Aus der Distanz erscheint die einjährige Abwesenheit der Mutter (September 1882 – September 1883) für die Barlach-Kinder wie der Anfang vom Ende einer unbeschwerten Jugend. Denn der glücklichen Rückkehr der Wiederhergestellten folgte nur neun Monate später die Katastrophe. Ende Mai 1884 zog sich Dr. Georg Barlach während der nächtlichen Fußwanderung zu einem Kranken eine hartnäckige Erkältung zu, die sich in den folgenden Tagen zur Lungenentzündung ausweitete. Mehrere Ärzte, die sich am Krankenbett des Kollegen zum Konsilium versammelten, fanden gegen die fortschreitende Infektion kein wirksames Mittel. Am 3. Juni 1884 starb ihr Patient im Alter von nur 45 Jahren.

Für die vaterlose Restfamilie begann jetzt eine schwere, entbehrungsreiche Zeit. Nur wenige Monate nach dem Tod ihres Mannes, im Herbst 1884, zog Louise Barlach mit ihren vier unmündigen Kindern zurück nach Schönberg in Mecklenburg, um dort, wo das Leben billiger war, fortan „ihren Mann zu stehen". Oder, wie Ernst Barlach es ausgedrückt hat: „Sie ging täglich und stündlich gefasst und tapfer den Witwenweg der sorgenvollen

Alltäglichkeit", während ihr Ältester – wie auch sein Bruder Hans – die Schönberger Realschule besuchte.

Hier, im ländlichen Schönberg, spürte der Heranwachsende zum ersten Mal mit Macht den Drang zu künstlerischer Betätigung. Damals habe er, so steht es im „Selbsterzählten Leben", mächtig „die Schwingen gerüttelt und sich in den Äther geworfen, wo er sich am grenzenlosesten breitet". Allerdings war es vor allem das Dichten und das Geschichtenerfinden, das ihn faszinierte: „Mein Raptus einer ungeschorenen Reim- und Versschreiberei regte sich bald in wutartigem Schuss, bald gefiel er sich in einem vertrackten Zuschnitt von Putzigkeit." Das Ergebnis war unter anderem ein umfänglicher Reiseroman, geschrieben in „mikroskopisch kleinen Schriftzeichen", ein pubertäres Gegenstück zu Johann Gottfried Seumes berühmtem Reisebericht „Spaziergang nach Syrakus im Jahre 1802".

Daneben aber fühlte der in romantischen Fantasien schweifende Jüngling auch einen zunehmenden Hang zu plastischer Gestaltung: „Einem Stück oder mehreren Scheiten Buchenholz verhalfen meine Finger mit zufriedenem Getue zur Form eines Tieres oder Blattes und bewahrten sie vor dem Ofen." Und: „In der Werkstatt des Steinmetzen Busch uns gegenüber boten sich Bruchstücke von Grabsteinen zu allerlei schnurrigen und kindlichen Gestaltungsversuchen an." Auch seine Lehrer bemerkten die offenkundige Begabung des Knaben, und so erhielt er nach eigenem Zeugnis „von der Frau Schuldirektor [...] die Aufforderung, für ein so oder so geartetes Brettspiel ein Dutzend Vögelchen zu kneten" – ein Auftrag, den er, nach erfolgreich absolvierter Talentprobe, gewissenhaft ausführte. Ernst Barlach selbst hat diese zaghaften frühen Versuche in der Rückschau als erste, noch unbewusste, Schritte auf seinem künstlerischen Lebensweg bezeichnet: „Mir wurde eine Tür geöffnet und ein sanfter Schub ermunterte mich, einzutreten, in ein Werkstübchen, von dem ich nicht wissen konnte, dass es sich zur Lebenswerkstatt auswachsen würde."

Im Frühjahr 1888 stand eine weitreichende Entscheidung an. Sollte er nach Abschluss der Realschule zu Ostern aufs Gymnasium wechseln, um später studieren zu können? Oder aber ließe sich für ihn auch ein Berufs-

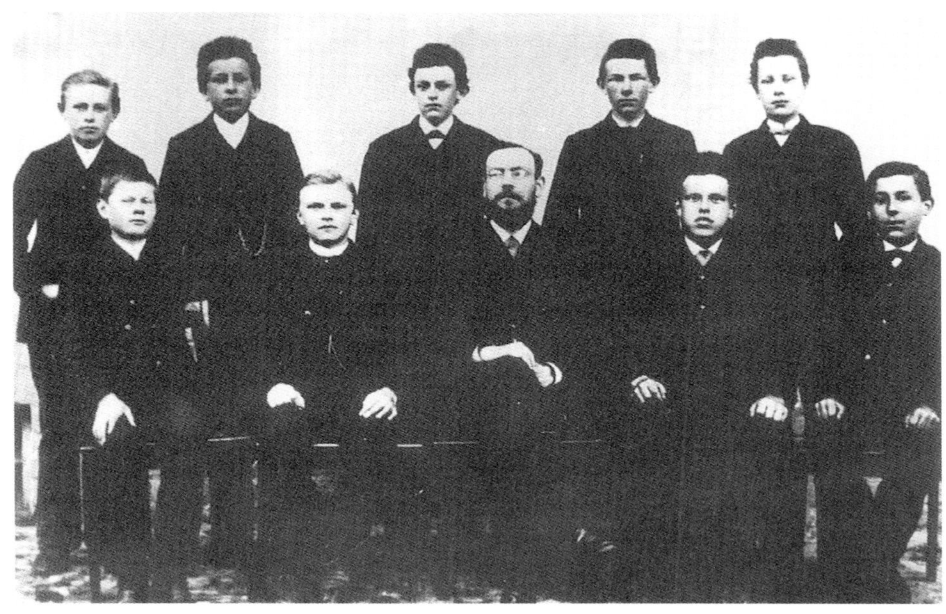

Das Foto, aufgenommen im Frühjahr 1888, zeigt die um den Klassenlehrer gruppierte Abschlussklasse der „Großherzoglichen Realschule zu Schönberg“ im damaligen Fürstentum Ratzeburg. Darauf der 18-jährige Ernst Barlach stehend, in der Mitte der oberen Reihe

weg denken, auf dem der Realschulabschluss genügte? Zweifellos hatte er starke künstlerische Neigungen, sollte er also Maler oder Bildhauer werden? Ein solcher „Gedanke an Künstlertum“ lag damals – so steht es im „Selbsterzählten Leben“ – weit außerhalb seines Horizonts. Was aber dann? In seiner Bedrängnis kam dem Unschlüssigen ein Zufall zur Hilfe: „Der Sohn des Schönberger Kantors Hempel hatte sein Zeichentalent an der Hamburger Gewerbeschule mit Erfolg gepflegt, hier war eine ‚gewerbliche' Bahn aufgetan, die das Glücken eines bescheidenen Vorsatzes wahrscheinlich machte. Der Herr Zeichenlehrer riet zu, der Vormund fand kein unstatthaftes Zuhochhinaus zu bemängeln“, und so „folgte ich fast mehr dem Willen der Andern als dem eigenen, die kindliche Welt wurde hinter mir abgeriegelt“.

Kurz nach Ostern 1888, zu Anfang des neuen Studienjahrs, begann der 18-jährige Ernst Barlach, der die Realschule als Klassenbester abgeschlossen hatte, eine Ausbildung an der Allgemeinen Gewerbeschule in Hamburg, die ihn zum Zeichen- und Kunstlehrer qualifizieren sollte. Finanziell abgesichert war diese Ausbildung fürs Erste durch einen bescheidenen Anteil an den Zinsen, die das kleine väterliche Erbe abwarf.

Im September 1876 hatte Dr. Georg Gottlieb Barlach seine Arztpraxis vom mecklenburgischen Schönberg in die alte Dom- und Inselstadt Ratzeburg verlegt. Dort kaufte der Zugezogene im folgenden Jahr für 13 000 Taler das schöne, behäbig-elegante Wohnhaus zu Füßen der alten Stadtkirche St. Petri, das heute dem berühmten dänischen Architekten Christian Frederik Hansen (1756–1845) zugeschrieben wird. Als die mittlerweile sechsköpfige Familie Barlach hier einzog, gehörten zu dem weitläufigen Anwesen noch ein großer Zier-, Obst- und Gemüsegarten sowie eine mit Efeu bewachsene Scheune mit einer geräumigen Wagenremise, Pferdestall und Kutscherwohnung.

Für die Barlach-Kinder und ihre Freunde war das in Nähe des Marktplatzes gelegene verwinkelte Walmdachhaus mit seinen stattlichen toskanischen Säulen auf der Gartenseite ein herrlich verwunschener Spielort. In seiner Autobiografie „Ein selbsterzähltes Leben“ hat der Künstler ihm ein eigenes Kapitel gewidmet: „Nach kurzer Zeit zogen wir aus der Seestraße in das alte Haus mit dem hohen Dach, das ich mein Vaterhaus nenne. Es lag abseits neben der Stadtkirche und war auf dem ehemaligen Grabplatz gebaut. Zur anderen Seite lagen die Gärten und Abseiten, Scheunen und verlorenen Orte des Landratsamts, und es barg Winkel und Verschläge, Böden und Finsterräume, allzu erwünscht für ein Gemüt voll Ahnen und Grausen.“

Seit 1956 ist das „alte Vaterhaus“ in Ratzeburg Ernst-Barlach-Gedenkstätte.

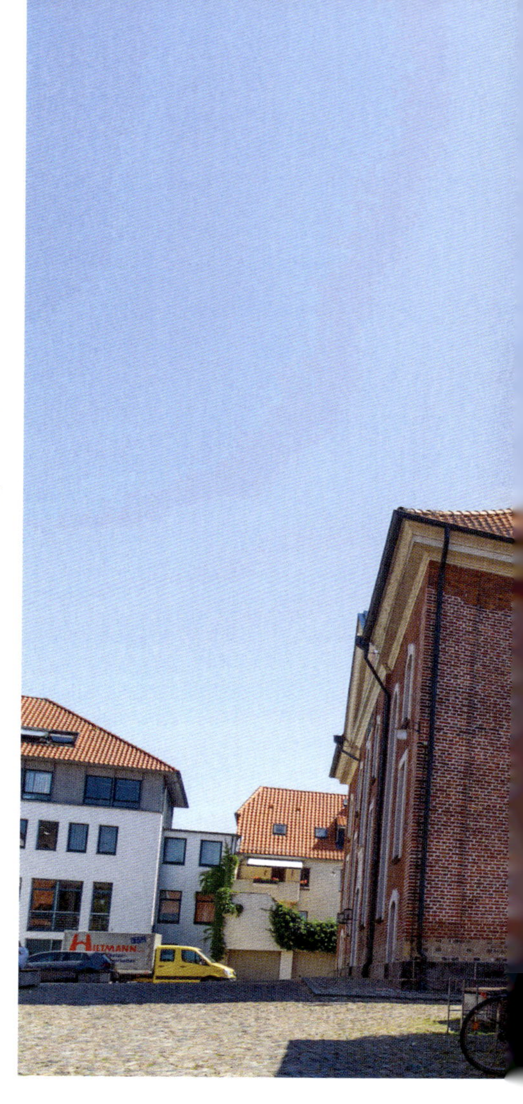

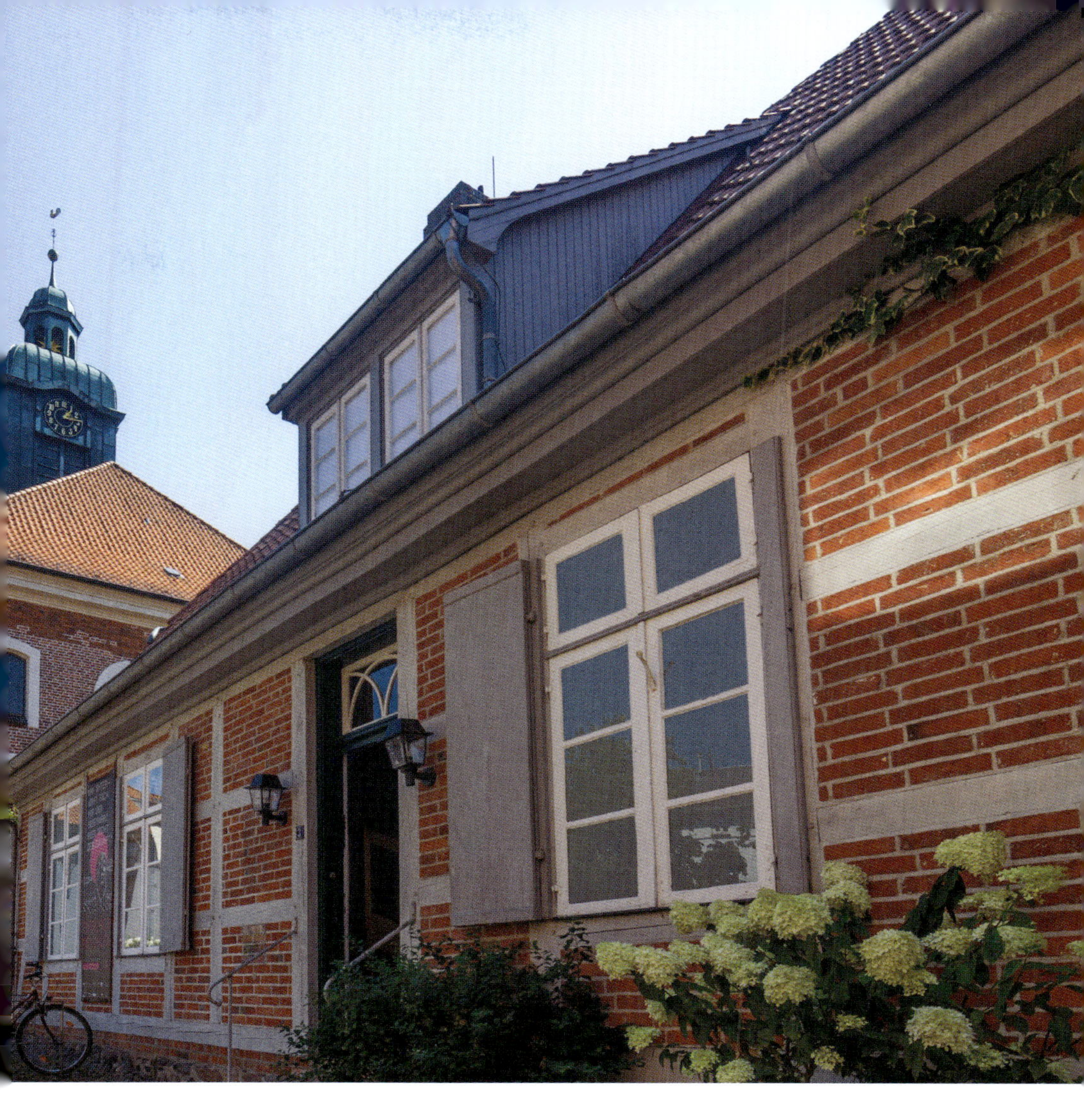

Wahrzeichen der alten Bischofsresidenz Ratzeburg ist der auf der nördlichen Landzunge der Stadtinsel gelegene Dom. Zwischen 1160 und 1170 begonnen und von Herzog Heinrich dem Löwen tatkräftig gefördert, war die monumentale dreischiffige Basilika mit dem gewaltigen Turmblock im Jahre 1220 vollendet – ein Kleinod spätromanischer Backsteinbaukunst. Noch heute herrscht auf der Domhalbinsel jene feierliche Ruhe, wie sie – Ricarda Huch – in ihren „Lebensbildern deutscher Städte" so eindrucksvoll beschrieben hat: „Hier hört das Geräusch städtischen Lebens auf, hier ist kein Knarren von Rädern, kein Summen von Maschinen, hier baut kein Krämer seine Waren auf, hier ist kein Schimpfen, kein Feilschen, kein Lachen, kein Hasten, hier ist der Weg zum Frieden des Jenseits."

Dem jungen Ernst Barlach waren das gewaltige Gotteshaus und der feierlich-stille Dombezirk von Kindesbeinen an bestens vertraut, denn hier besuchte er gleich nach dem Umzug der Familie aus dem mecklenburgischen Schönberg eine private Vorschule. Daran erinnerte sich der Autor des „Selbsterzählten Lebens" mit der ihm eigenen feinen Ironie: „In Ratzeburg taten sie mich in Tante Lomeyers Spielschule am Dom, gehalten in einer mittelalterlichen Backsteinkluft, in die man sich von der Turmseite des alten Baues hinabschachtete, wenn man nicht lieber vom Palmberg aus durch einen Stufengang hinaufstolperte." Später, als Erwachsener, hat Ernst Barlach die Stadt mit ihrer beschaulichen Domhalbinsel des Öfteren besucht und sich dabei der dort verbrachten Jugendjahre mit Rührung erinnert.

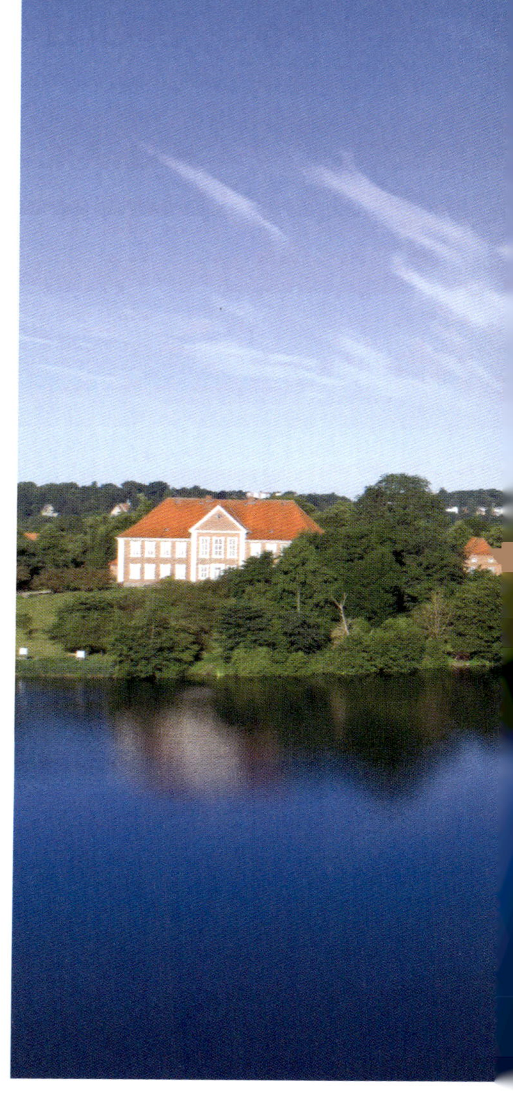

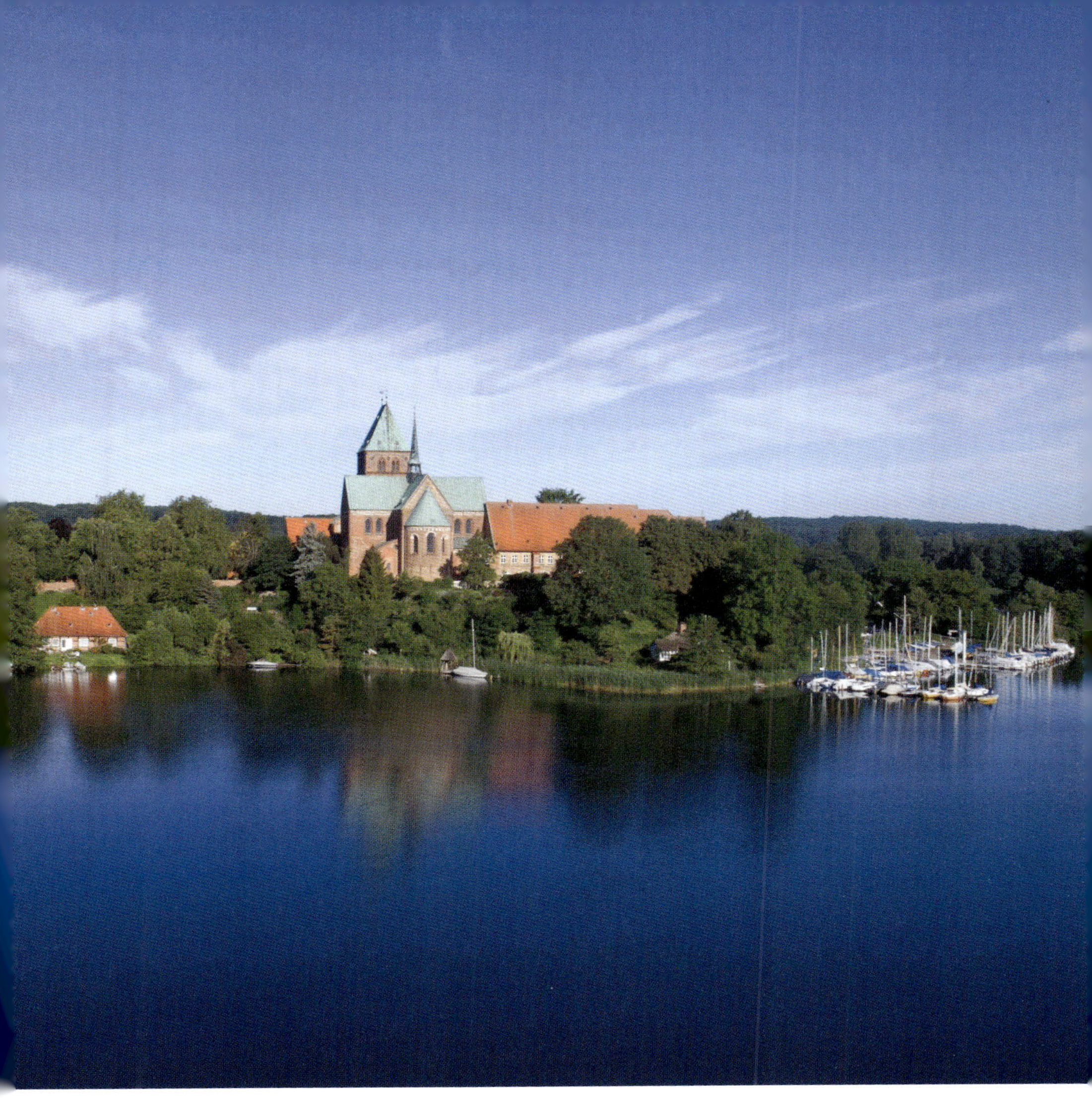

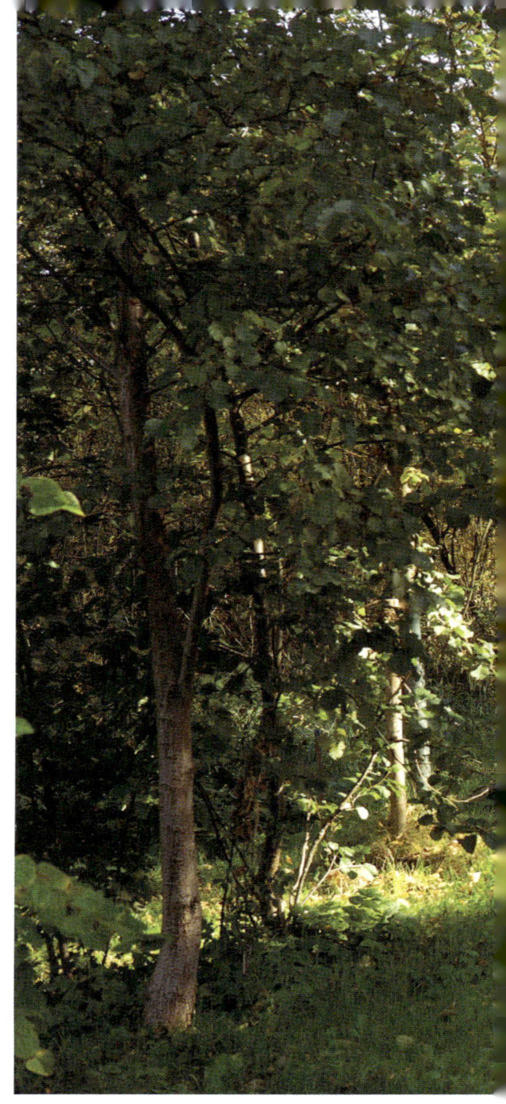

Die alte Inselstadt Ratzeburg mit ihren weiten Seen und lichten Wäldern wurde für den jungen Ernst Barlach, der dort von 1876 bis 1884 lebte, zur eigentlichen Heimat. Noch dem Erwachsenen standen die Eindrücke seines unermüdlichen „Waldläufer- und Indianerlebens“ in jener Zeit lebhaft vor Augen. In seiner Autobiografie „Ein selbsterzähltes Leben“ hat der beinahe 60-jährige Künstler nicht nur die abenteuerlichen, sondern auch die prägenden religiösen Erlebnisse dieser kindlichen Waldseligkeit eindrucksvoll geschildert: „[…] Vetter Richard und Hans Hudemann führten mich […] in den Wald zu einem braven Waldläufer- und Indianerleben. Am Waldrand längs der Einhäuser Chaussee hatten wir unseren Wohnbaum, nach vernünftiger Ordnung ich auf einem unteren, jeder auf seinem Ast für sich […]. Von hier herab brachten wir mit räuberischen Tönen den Wanderer fast um, beschlichen voll arger Absicht die unschuldigen Eingeborenen und übten eine gemütliche Indianerfantasie gegen jede vorkommende Harmlosigkeit. Beim Streifen durchs Fuchsholz aber fiel mir die Binde von den Augen, und ein Wesensteil des Waldes schlüpfte in einem ahnungslos gekommenen Nu durch die Lichtlöcher zu mir herein, die erste von ähnlichen Überwältigungen in dieser Zeit meines neunten bis zwölften Jahres, das Bewusstwerden eines Dinges, eines Wirklichen ohne Darstellbarkeit – oder wenn ich es hätte sagen müssen, wie das Zwinkern eines wohlbekannten Auges durch den Spalt des maigrünen Buchenblätterhimmels.“

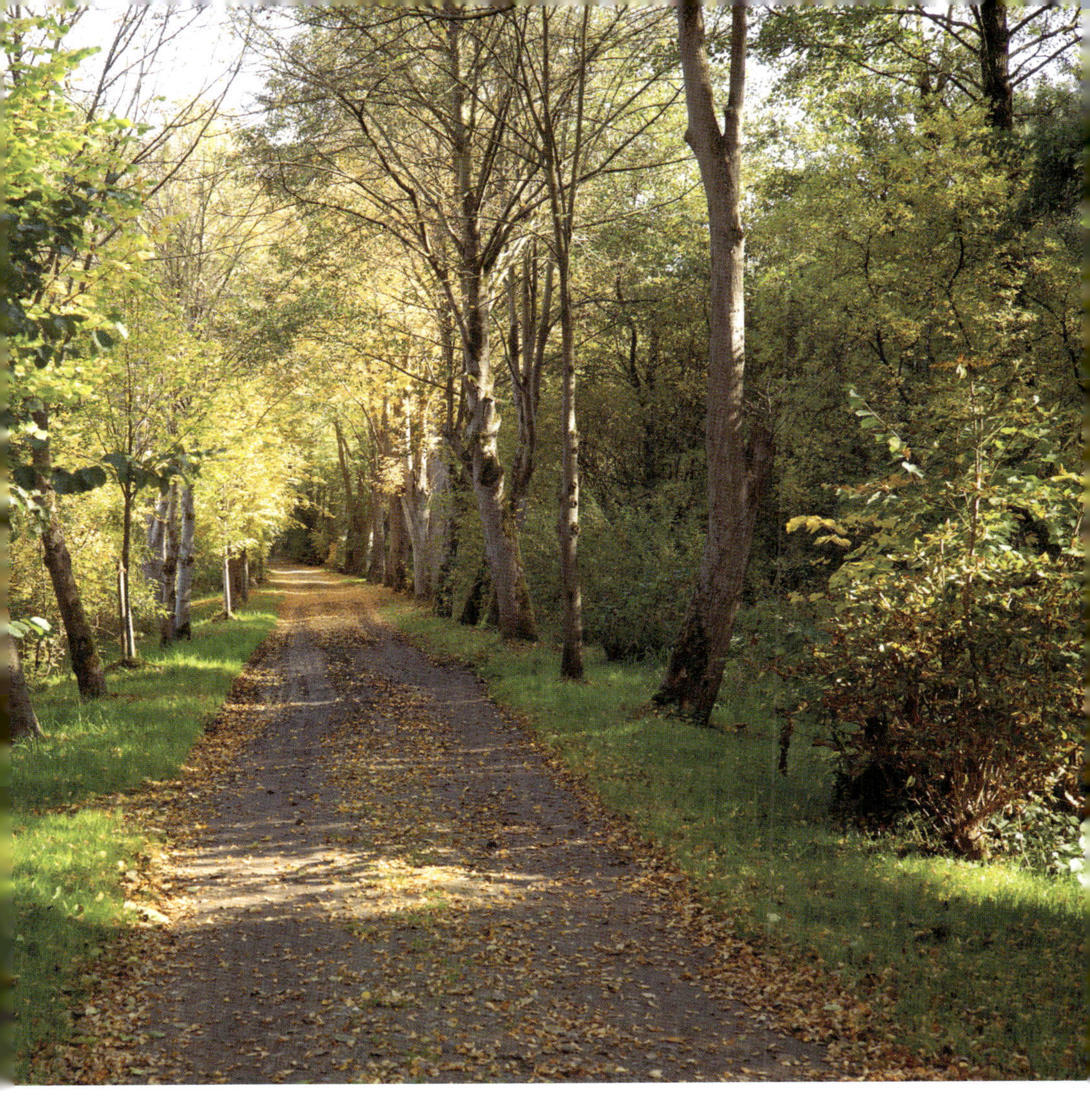

Auf der Suche (1888–1906)
Selbsterkundungen im Zeitgeschmack und Ende der Träume

Das Auf und Ab der folgenden achtzehn Jahre zwischen Schulabschluss (1888) und dem Beginn der eigentlichen Künstlerkarriere (1906) hat Ernst Barlach in der Rückschau als „herzlich überflüssig" empfunden – so hat es sein Freund Friedrich Schult in seinem Stenogrammheft „Barlach im Gespräch" überliefert. Und weiter: „Alles, was ich gemacht habe, ehe ich sechsunddreißig war, kann ich leichten Herzens verabschieden." Nur ungern wird sich der Künstler später an jene kritische Zeit erinnern, in der er, von Zweifeln geplagt und schwankend zwischen Zuversicht und Resignation, vergeblich nach Inhalt und Form einer ihm gemäßen Kunst suchte.

Erste Station auf dieser schwierigen Wegstrecke war eine dreijährige Ausbildung zum Zeichner und Bildhauer an der Hamburger Gewerbeschule (1888–1891), gefolgt von einem vierjährigen Studium an der renommierten Königlichen Akademie der Künste in Dresden (1891–1895). In beiden Lehranstalten war der Studiengang streng verschult. Zuerst hatten sich die Schüler im Zeichnen und Modellieren zu üben, indem sie Gipsmodelle berühmter Kunstwerke so lange kopierten, bis Umriss, Perspektive, Faltenwurf und alle Einzelheiten „stimmten". Später dann, in den Ober- und Meisterklassen, wurde ihnen nahegelegt, sich bei gestellten Aufgaben und eigenen Projekten an den großen Vorbildern der Vergangenheit oder an den Werken angesehener Zeitgenossen zu orientieren, die sich ihrerseits als Glieder in einer langen, ungebrochenen Traditionskette empfanden. Wie die wenigen erhaltenen Werke aus jenen Lehrjahren zeigen, ging der junge Barlach aus dieser harten handwerklichen Schule als bravouröser Techniker hervor, dem auch kniffige zeichnerische oder plastische Aufgaben kaum Schwierigkeiten bereiteten. Den künstlerischen Ertrag seines

Studiums beurteilte der 25-Jährige dagegen skeptisch: Das Atelier seines angesehenen Dresdener Bildhauerlehrers Robert Diez – so steht es im „Selbsterzählten Leben“ – habe an ihm „kein Wunder“ vollbracht.

Während seiner Dresdener Studienzeit war der junge Barlach mehrfach belobigt und ausgezeichnet worden, ja, ein Verlag hatte dem unbekannten Studenten sogar die Bebilderung eines Buchs „Figürliches Zeichnen“ für Architekten anvertraut. Doch wie sollte es nun, nach dem Examen, weitergehen? In dieser Ungewissheit kam dem Ratlosen ein Zufall zur Hilfe. Sein umtriebiger Studienfreund Karl Garbers hatte für das im Bau befindliche neue Hamburger Rathaus mehrere Fassadenfiguren liefern dürfen, die gefielen, und war dafür mit einem Paris-Stipendium belohnt worden. Dort, in der europäischen Kunstmetropole, wollte er nun weitere Figuren für das heranreifende Großprojekt fertigstellen. Dabei sollte ihm der einfallsreiche und fleißige Ernst Barlach helfen. Der ergriff die Chance und sagte zu.

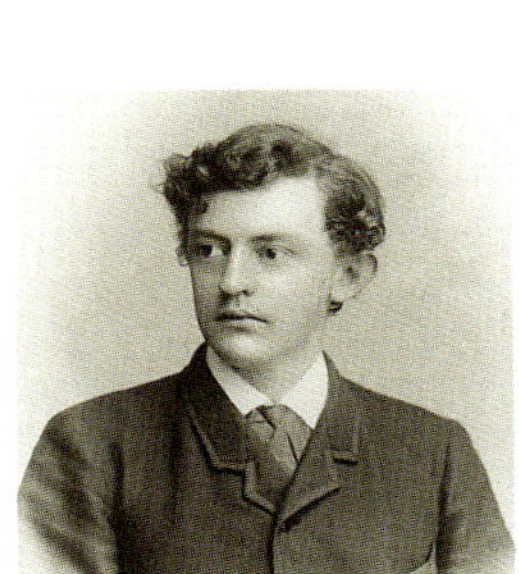

Ernst Barlach als Student der Königlichen Akademie der Künste in Dresden. Vermutlich entstand die Aufnahme in seiner frühen Studienzeit, also in den Jahren 1891/92.

Doch seine Erwartungen wurden rasch enttäuscht. Als er im April 1895 erstmals in Paris eintraf, erschien ihm die Stadt zwar großartig, aber fremd, und es dauerte eine Weile, bis er sich einlebte. Ziellos, in einer Mischung von pflichtgemäßer Neugier und Desinteresse, durchstreifte er Museen und Ausstellungen. Doch was er dort sah, ließ ihn kalt. Den allgegenwärtigen Symbolismus empfand er als „höheren Blödsinn“. Und Rodin, der Bildhauerrevolutionär, der damals am Balzac-Denkmal arbeitete und seine „Bürger von Calais“ vollendete? „Zu wenig sah ich von ihm und dies wenige vermochte nichts über mich.“ So steht es im „Selbsterzählten Leben“.

Barlach selbst, der sich am westlichen Stadtrand, nahe der Porte de Versailles, in einem maroden Atelierkomplex eingemietet hatte, trieb dies und das, zeichnete in der angesehenen Académie Julian „schlechte, langweilige Richtigkeiten“, skizzierte mit größerer Lust auf Straßen, in Parks und auf Friedhöfen, versuchte sich sogar im Malen. Doch die Ergebnisse befriedigten ihn nicht. Und so war es schließlich ein skurriler „Geisterroman“, der ihn, neben der Arbeit für Garbers, vor allem in Anspruch nahm. Aber auch der blieb am Ende Fragment und Episode. Als Barlach nach über einem Jahr, im

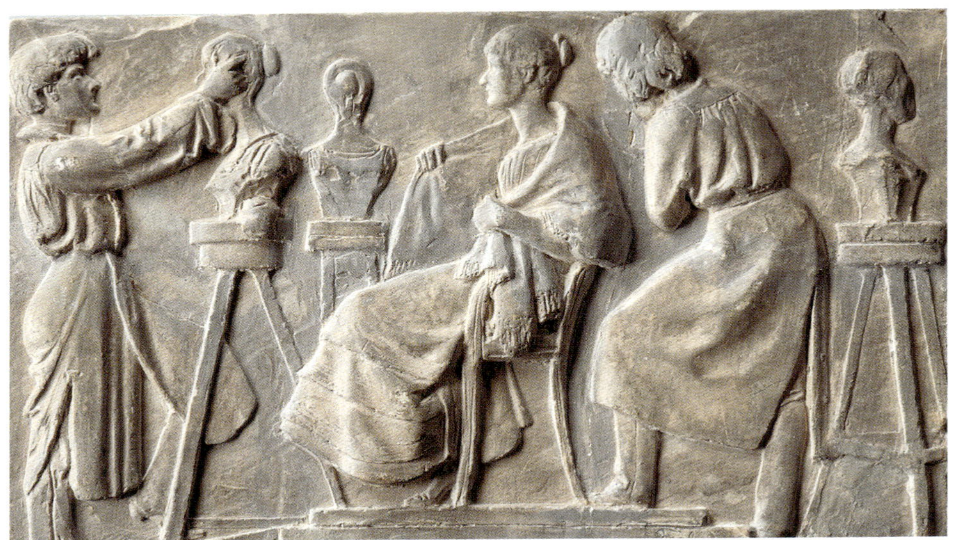

Mai 1896, Paris verließ, empfand er kein Bedauern. Später, in seiner Autobiografie, erinnerte er sich: „Ich war mir [...] gründlich gleichgeblieben, hatte bitterwenig gelernt und gar nichts vergessen." Und an dieser Negativbilanz konnte auch ein zweiter Parisaufenthalt, zu dem der überlastete Garbers ihn von März bis Juli 1897 nötigte, nichts mehr ändern.

Entsprechend gedrückt war die Stimmung des Heimkehrenden. Mit spürbarem Unbehagen hat er im „Selbsterzählten Leben" die Zeit der Unschlüssigkeit und Innenschau geschildert, die er bei der Mutter im thüringischen Städtchen Friedrichroda zubrachte. Hier „fiel [...] Verzweiflung mich an, Marterung aus Unlust an mir selbst und immer neues Gerichthalten und Verworfenwerden". Doch so groß seine Selbstzweifel auch waren, ein Entschluss über den weiteren Lebens- und Berufsweg ließ sich nun, nach dem geldzehrenden Paris-Abenteuer, nicht länger hinausschieben. In Ermangelung anderer Alternativen entschied sich der nun 28-Jährige für ein neuerliches Zusammengehen mit dem unbeschwert-lebenstüchtigen Karl Garbers. Der betrieb mittlerweile eine Werkstatt in Hamburg-Altona, war mit Aufträgen hinreichend versorgt und konnte einen tatkräftigen Kompagnon gut brauchen. Im November 1897 begannen die Freunde mit der Ausgestaltung des Nordgiebels am Alto-

Die kleine Reliefplatte aus dem Jahr 1892 (oben) zeigt Ernst Barlach, wie er im Ateliersaal der Dresdener Akademie der Künste die Bildnisbüste von Josephine Löser formt. Von der attraktiven Verlobten eines Studienkollegen hat der angehende Bildhauer im selben Jahr auch eine ausdrucksstarke Porträtbüste geschaffen (rechts).

naer Rathaus – ein Großprojekt, das im Dezember des folgenden Jahres erfolgreich abgeschlossen wurde. Daneben beteiligten sich die beiden am Wettbewerb um die Ausgestaltung des neuen Hamburger Rathausmarktes. Mit unerwartetem Erfolg, denn am 8. November 1898 sprach ihnen die Jury den 1. Preis und ein Preisgeld von 5000 Mark zu. Doch dem Triumph folgte die Enttäuschung auf dem Fuße. Nach endlosem Hin und Her und zermürbendem Warten ließ der Senat im April 1899 den prämiierten Plan fallen. Der abschlägige Bescheid macht den jungen Barlach so wütend, dass er in dieser Banausenstadt nicht länger bleiben will: Verbittert schreibt er seinem Jugendfreund Friedrich Düsel: „Ein Bildhauer kann hier nicht leben, es sei denn, dass er die Kunst nebenbei betreibt und etwas anderes neben der Kunst." Entschlossen, fortan auf eigenen Beinen zu stehen, übersiedelt er im September 1899 nach Berlin.

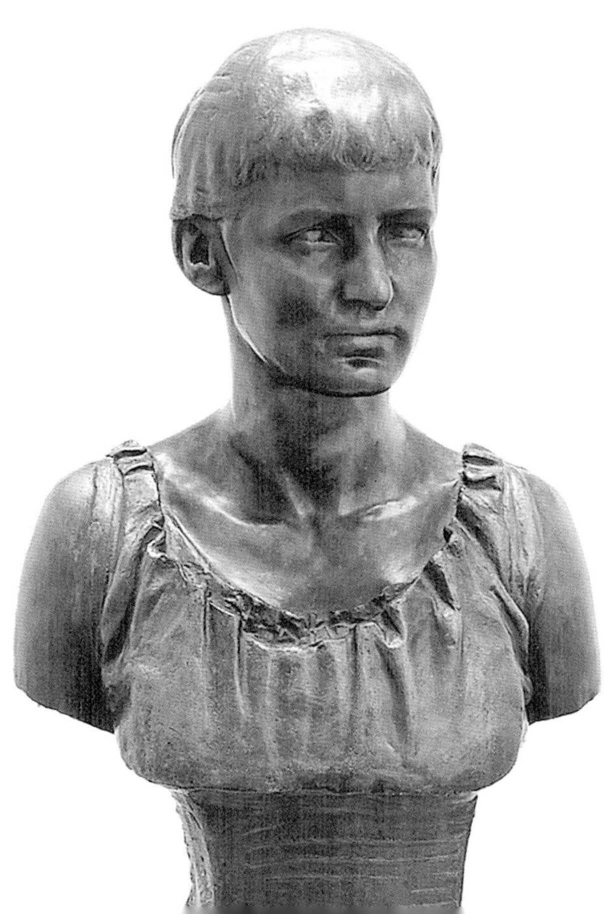

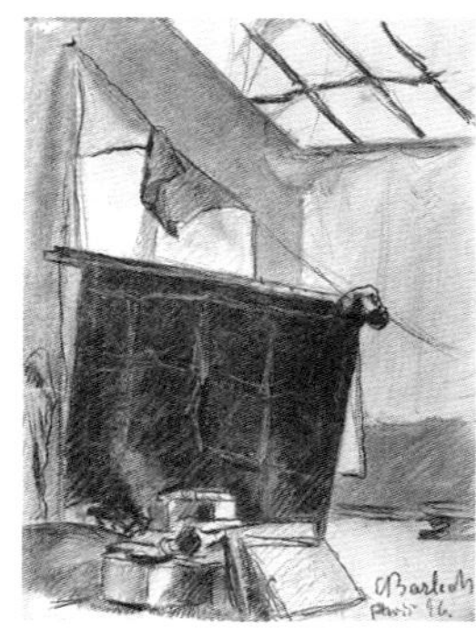

Ernst Barlachs Pariser „Atelier in der Gartenecke“, das er Anfang Juli 1895 in der Rue Alain Chartier 7 bezogen hatte. Die Zeichnung entstand ein Jahr später.

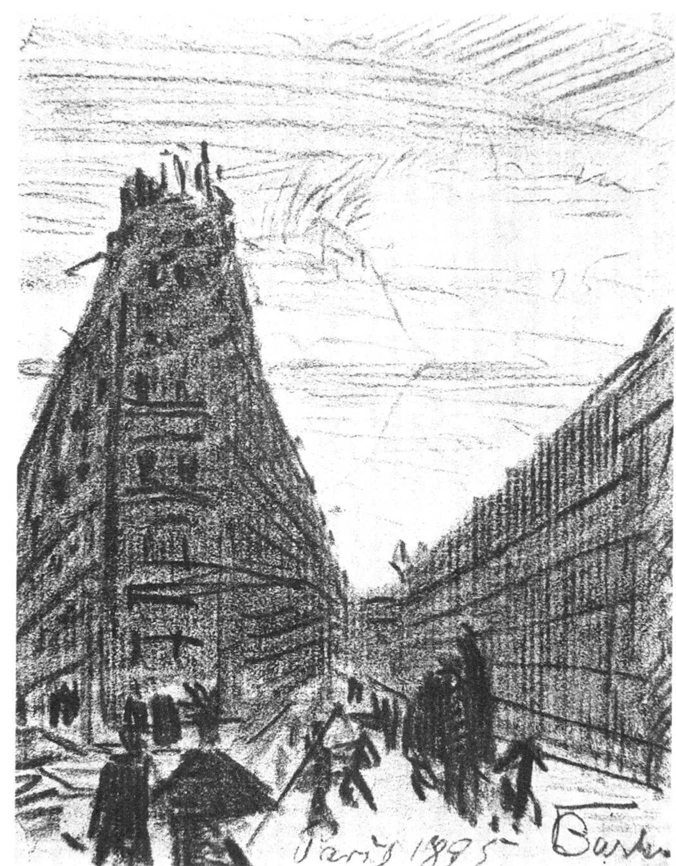

Während seiner beiden Parisaufenthalte 1895/96 und 1897 zeichnete Barlach viel im Freien. Dabei entstand 1895 auch diese kraftvolle Skizze einer belebten Vorstadtstraße.

Dieser erste Aufenthalt des Künstlers in der Reichshauptstadt dauerte nur knapp zwei Jahre (von Oktober 1899 bis Juni 1901) und war, alles in allem, ein Misserfolg. Ein Wettbewerbsentwurf für ein Straßburger Goethe-Denkmal missfiel den Initiatoren. Und das Projekt eines Familiengrabmals für den Ohlsdorfer Friedhof in Hamburg (Grabmal Moeller-Jarke) zog sich hin. So musste der Künstler mit Lampenentwürfen in Jugendstilmanier und anderen Gelegenheitsarbeiten für seinen Lebensunterhalt sorgen. Der später berühmte Kunstkritiker Karl Scheffler, der Barlach damals im Atelier besuchte, hat seine Eindrücke kurz danach in einem wohlwollend-kritischen Zeitungsartikel geschildert: „Er ist ein nervöses, stürmisches Temperament, das mit zusammengebissenen Zähnen nach persönlicher Kunstform ringt. [...] Er will zu viel,

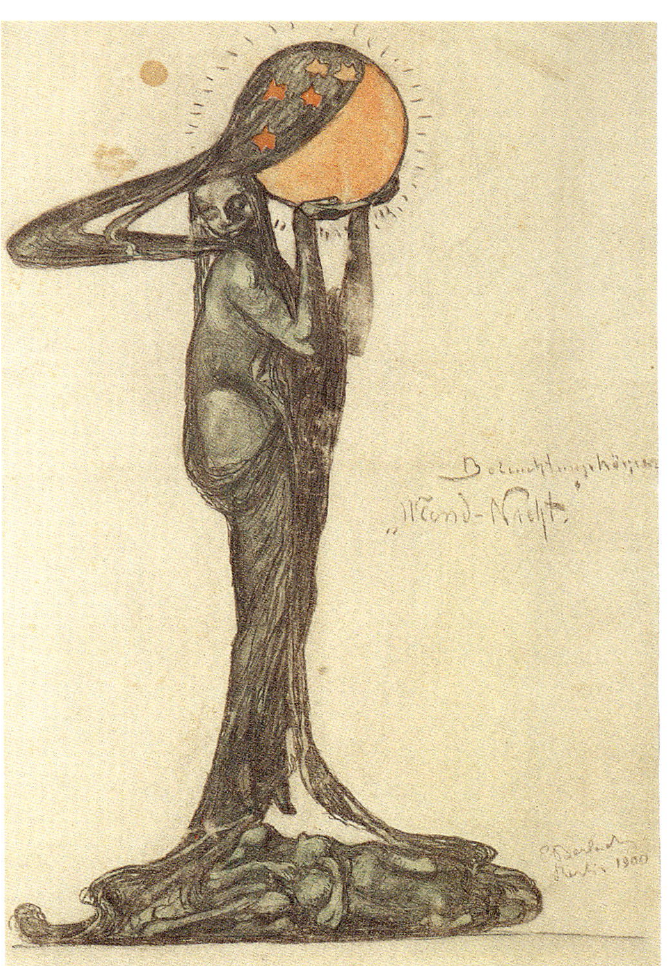

Um leben zu können, zeichnete Ernst Barlach während seines ersten Berlinaufenthalts (1899–1901) sogar Lampenentwürfe, darunter auch diesen Beleuchtungskörper in Jugendstilmanier: „Mond-Nacht“.

will alles und kommt nirgends zum Abschluss. [...] Hier ist eine Kunst, die tanzen möchte und noch nicht gehen kann, die feierlich reden will, während sie noch nach der Sprache sucht.“ Die Folgen dieses verzweifelten Zwingen-Wollens, was sich nicht zwingen lässt, beschrieb Scheffler später in seinen Lebenserinnerungen: „Äußere Erfolglosigkeit, innere Not und eine pathologische Menschenscheu breiteten um die Gestalt des jungen Barlach eine [...] Stimmung der Verlassenheit.“ Im Juni 1901, als die Trostlosigkeit überhandnahm, brach der Künstler das Berlin-Experiment ab und floh aus der Anonymität der Großstadt zurück in die vermeintliche Geborgenheit seiner Geburtsstadt Wedel.

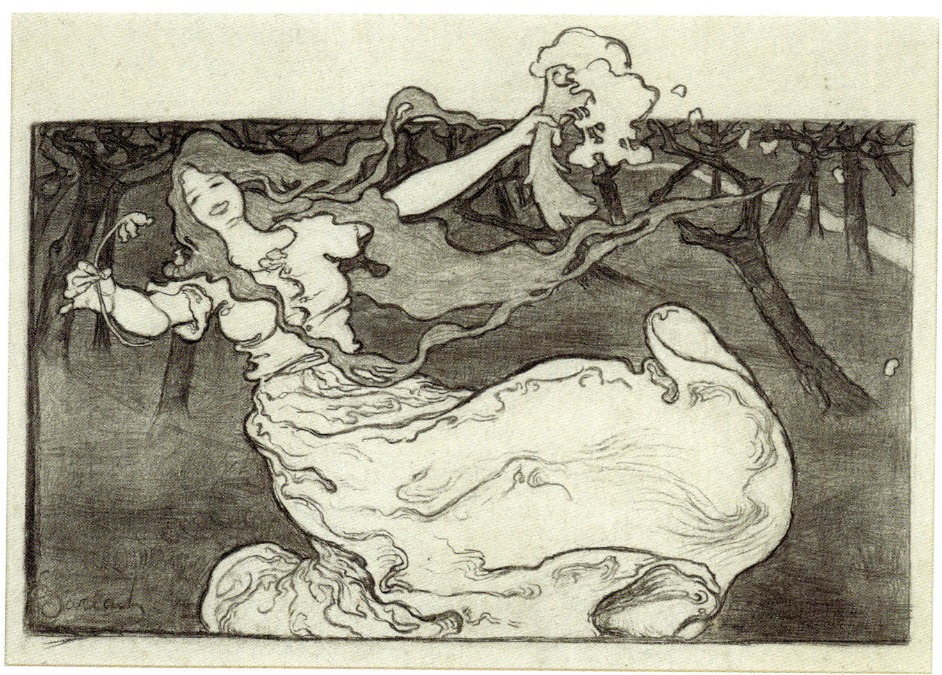

Die schwungvolle Jugendstil-Zeichnung „Frühlingswind“ schuf Barlach um 1900 in Berlin. Das schöne Blatt zeigt auf eindrucksvolle Weise seine souveräne Zeichenkunst.

Er war nun 31 Jahre alt und suchte vor allem Ruhe, in der die künstlerische Kraft und Eigenständigkeit, die er nach wie vor in sich spürte, endlich zur Entfaltung kommen sollten. Tatsächlich schienen die Bedingungen dafür zunächst günstig. Das in Berlin begonnene Grabmal Moeller-Jarke, ein Jugendstilwerk von Rang und hohem Reiz, wurde vollendet und eingeweiht. Fertiggestellt wurde auch eine monumentale Neptun-Gruppe, die er und Freund Garbers als Entschädigung für das entgangene Rathausmarktprojekt auf das Verwaltungsgebäude der Hamburg-Amerika-Linie setzen durften. Dann aber versiegten die lukrativen Großaufträge, und der enttäuschte Barlach sah sich mehr und mehr auf die Produktion von kleinen Keramikfiguren und keramischen Reliefs beschränkt, die er für die Töpferei seines Studienfreundes Richard Mutz in Altona anfertigten durfte. Doch diese „Mutz-Keramiken“ und andere Gelegenheitsarbeiten brachten, so reizvoll sie waren, viel zu wenig ein, um seinen Lebensunterhalt zu sichern. Im September 1903 musste der junge Barlach sich sein erneutes Scheitern eingestehen. Der Traum von einer eigenständigen Kunst hatte sich noch immer nicht erfüllt. Stattdessen – so steht es in einem Notizbuch des Künstlers aus jenen Tagen – saß er gänzlich mittellos da, war „krank; mutlos geworden durch eigene Schuld oder durch Schicksalsgestaltung, [...] erschlafft und ermüdet [...]“.

Um nackter Not zu entgehen, übernahm der Verzweifelte im September 1904 eine Stelle als Lehrer für Zeichnen, Malen und Modellieren an der Keramischen Fachschule in Höhr im Westerwald – eine Sackgasse auch das. Kaum angekommen, will er lieber Hunger leiden als das „achtstündige graue Elend“ dieses kunstfernen Schulalltags in dem gottverlassenen Nest länger ertragen. Im April 1905, im Alter von 35 Jahren, wagte sich der seit zehn Jahren diplomierte Künstler in Ermangelung einer Alternative erneut nach Berlin.

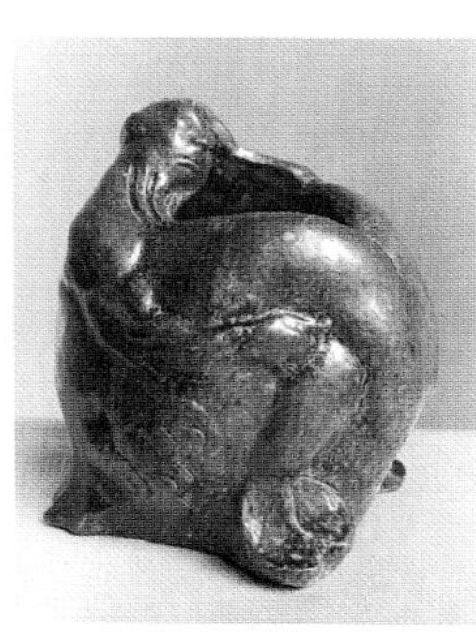

„Nöck“ – eine der fantasievollen Keramikfiguren, die Barlach in den Jahren 1903/04 für die Töpferwerkstatt seines Studienfreundes Richard Mutz in Altona schuf.

Es war der Beginn einer Tragödie, deren Schilderung im „Selbsterzählten Leben“ unter die Haut geht: „Hier gings nun allerdings heillos her, ich wusste, dass ich in einer Hölle saß, und saß darin ringend um die tagtägliche Überwindung des Bewusstwerdens meiner ganzgänzlichen Überflüssigkeit. Ich stellte eine kleine Bronze aus und ging, sie in der großen Ausstellung zu sehen, [...] eine Halbheit, kein voller Ton, nichts von dem, was ich als Mindestes zu sehen erwartete. [...] Als ich ihrer gewahr wurde, erlag ich dem schwersten Überdruss an all diesem fruchtlosen Mühen.“

Eine Katastrophe kündigte sich an: „Es langte bei meinem Treiben mit dem abhanden gekommenen Mut so oft kaum zum Aufstehen, am liebsten wäre ich um zehn Uhr früh schon wieder ins Bett geflohen, ich wirtschaftete ab und das Leben ebbte mit so starker Strömung, als wollte es sich wie die Elbe beim Ostorkan entleeren.“ Was der Autor dabei verschweigt: Er dachte in jenen verzweifelten Monaten ernstlich an Selbstmord. Der ersehnte Erfolg war erneut ausgeblieben, der Traum von bedeutsamer Künstlerschaft ausgeträumt, die Talsohle eines offenkundig vergeblichen Künstlerlebens erreicht. In diesem alles entscheidenden Augenblick übernahm ein glücklicher Zufall die Regie über Ernst Barlachs weiteres Leben.

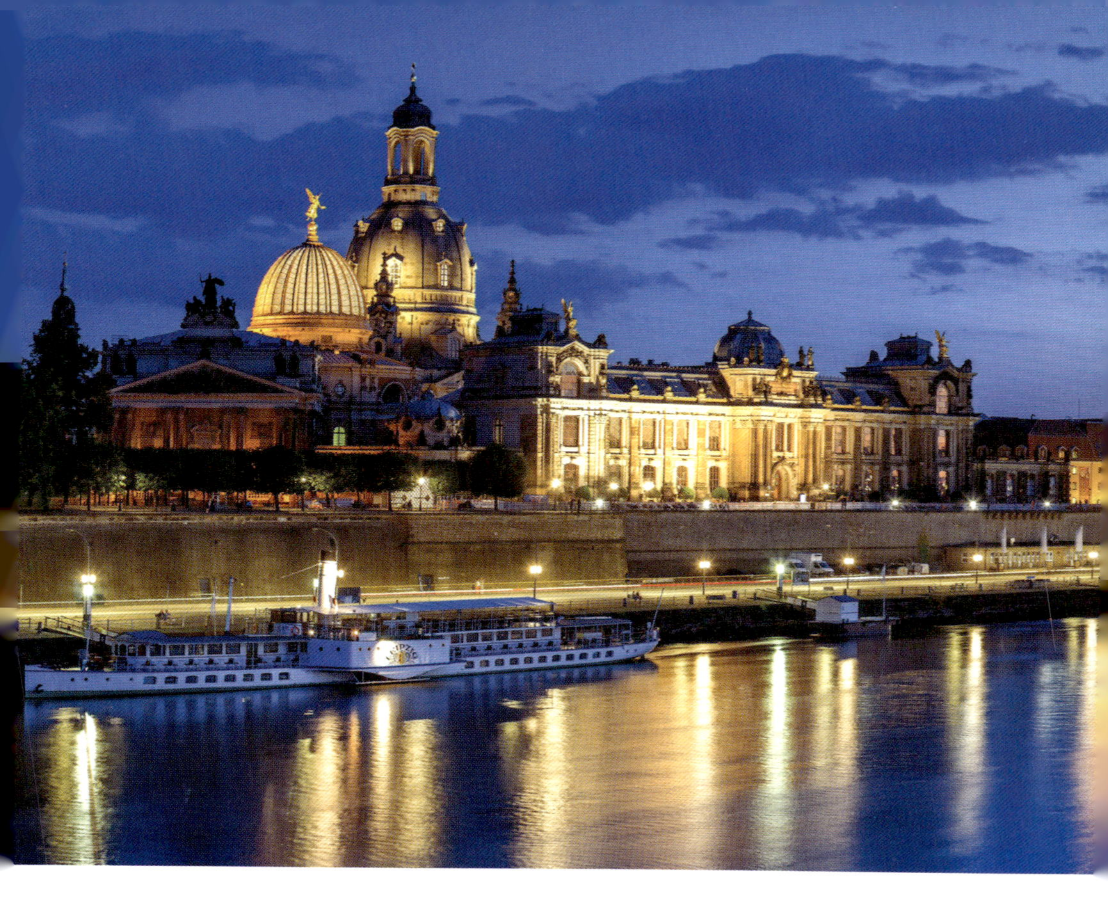

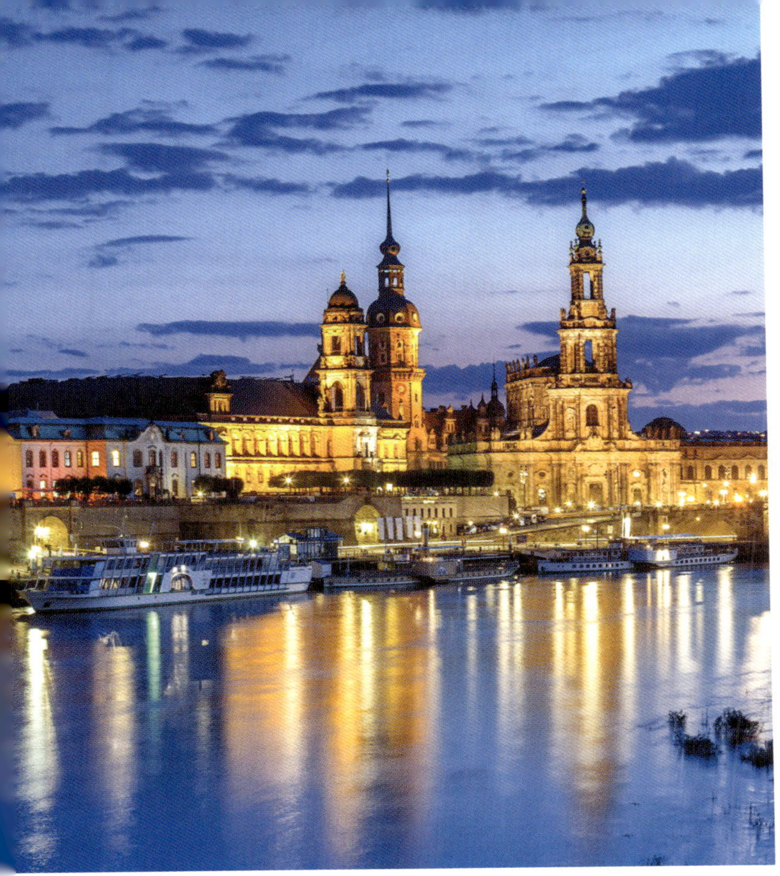

Von 1891 bis 1895 studierte Ernst Barlach an der Königlichen Akademie der Künste in Dresden. Damals war der Großteil der renommierten Lehranstalt für Maler, Bildhauer, Zeichner und Grafiker im Gebäude der ehemaligen Brühlschen Bibliothek am hohen Elbufer der Altstadt, der sogenannten Brühlschen Terrasse, untergebracht (auf dem Foto das vergleichsweise schlichte, lang gestreckte Gebäude in der Bildmitte, von dem nur der obere Teil des erkerartigen Mittelbaus punktförmig angestrahlt ist). Allerdings befanden sich dort aus Platzmangel nicht alle Unterrichtsräume des Hauses. So waren die Ateliers von Barlachs Bildhauer-Professor Robert Diez nicht hier, sondern in der Eliasstraße 32 untergebracht. Um den wachsenden Raumbedarf der Kunstakademie zu befriedigen, errichtete der bekannte Baumeister Konstantin Lipsius auf dem Gelände links neben der alten Brühlschen Bibliothek in den Jahren 1787 bis 1894 – also noch während Barlachs Studienzeit – einen monumentalen historisierenden Neubau, in dem alle Unterrichtssparten der Lehranstalt zusammengeführt werden sollten (auf dem Foto der hell erleuchtete, schlossartige Gebäudekomplex links). Wahrzeichen dieser neuen Akademie der Künste war die markante Glaskuppel, die den Übergang vom eigentlichen Akademiegebäude zum anschließenden Ausstellungshaus markiert (auf dem Foto die von innen erleuchtete Kuppel ganz links). Mit der hell schimmernden, goldenen Figur der griechischen Siegesgöttin Nike auf der Spitze ist sie eine effektvolle Ergänzung der weltberühmten Dresdner Altstadtsilhouette.

Im November 1897 erhielten Karl Garbers und sein Studienfreund und Werkstattgehilfe Ernst Barlach vom Magistrat der Stadt Altona den Auftrag, den Nordgiebel des im Bau befindlichen neuen Altonaer Rathauses mit einem monumentalen Relief zu schmücken. Der Entwurf der beiden jungen Künstler, der die zuständige Baukommission überzeugt hatte, sah dafür eine bewegte allegorische Szene vor, in deren Mittelpunkt ein Schiff auf schäumenden Wogen dargestellt war, das von seinen Insassen – einem Mann, einer Frau und einem Knaben – aufmerksam und entschlossen durch die bewegte See gesteuert wird, während ein beschwingtes engelgleiches Wesen dem Gefährt freundlich den Weg weist – in der Sprache der Bewerbungsunterlagen: „Das Schiff als Symbol einer abgeschlossenen Gemeinschaft mit einer Familie, dem Urgliede alles organischen Staatswesens, geleitet von schirmender, fürsorgender Weisheit. Zwei Flügelgenien zu beiden Seiten sind als Wächter über äußeren Frieden und als Schutzgeister vor gewaltsamer Störung aufzufassen.“ Schon ein Jahr nach der Erteilung des Auftrags war das riesige Sandsteinrelief vollendet. Anfang Dezember 1898 wurde es, zusammen mit den flankierenden Schutzgeistern, im Giebelfeld montiert. Nach der 2003 abgeschlossenen Restaurierung des Altonaer Rathauses erstrahlt das pathetische Frühwerk von Garbers und Barlach wieder im alten Glanz.

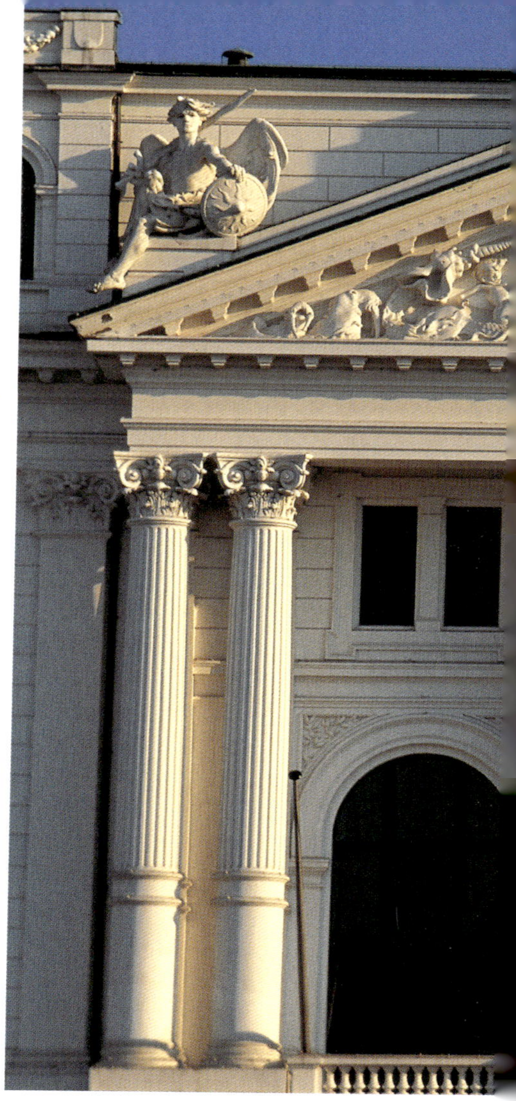

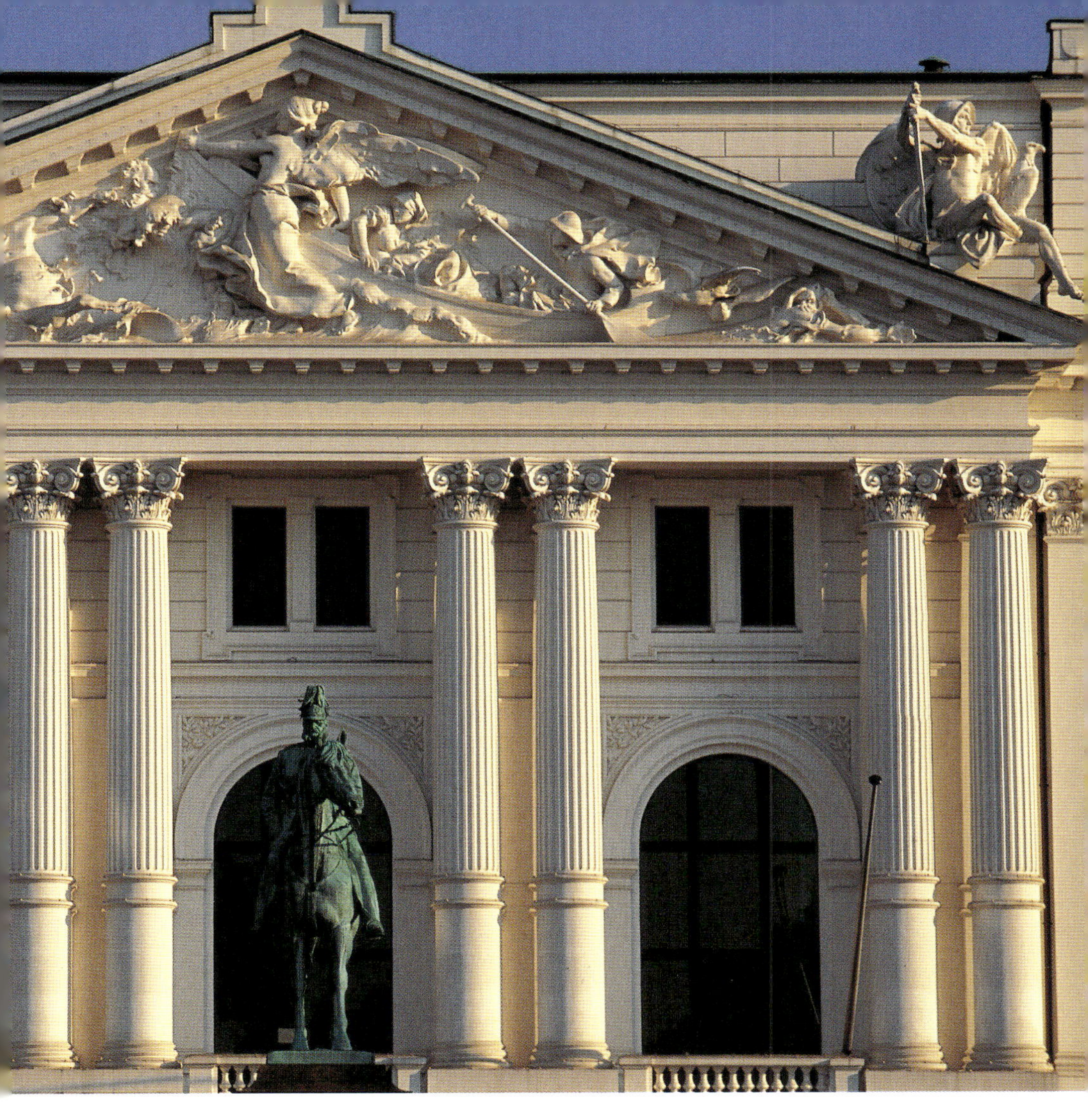

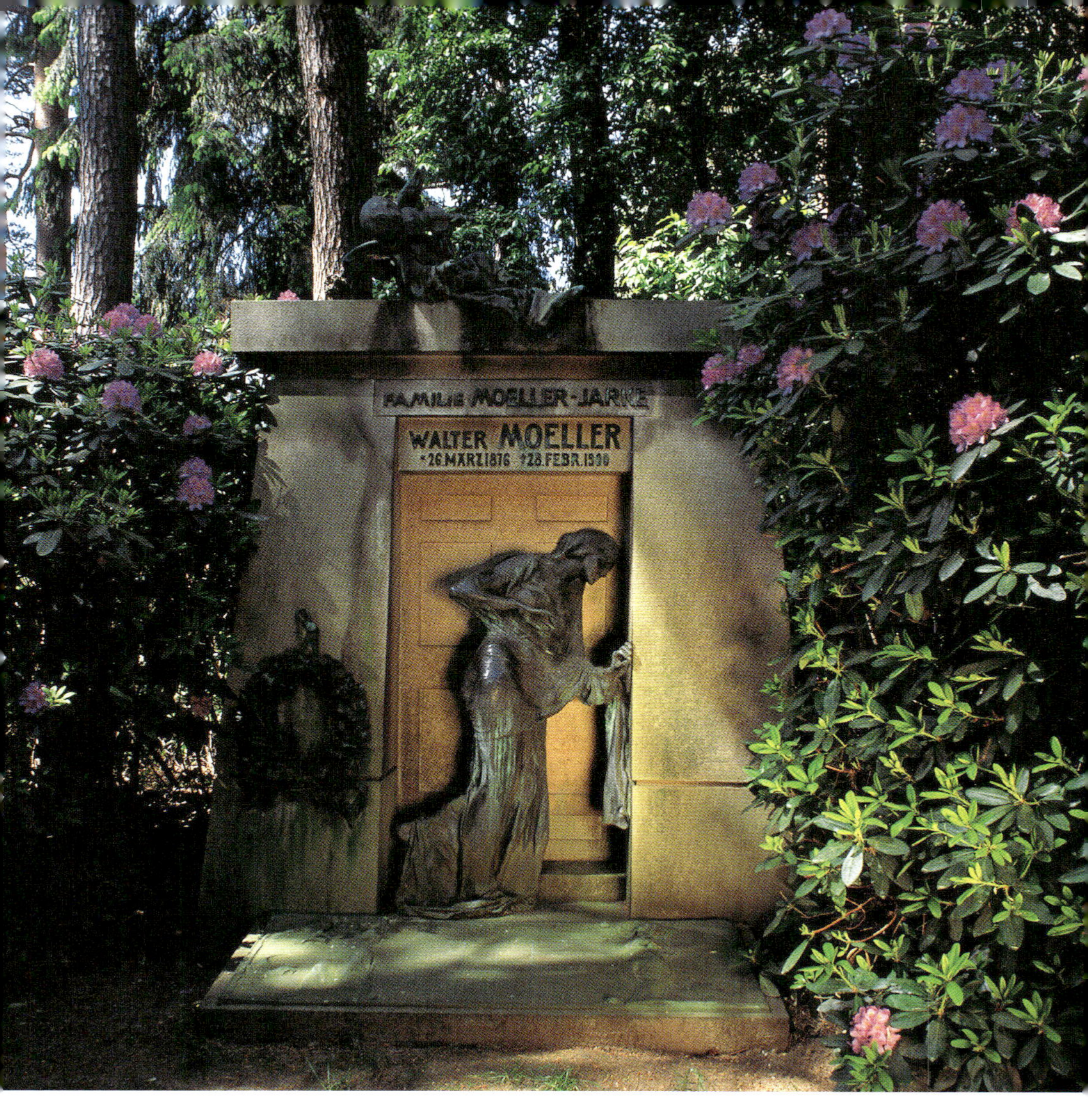
FAMILIE MOELLER-JARKE
WALTER MOELLER
* 26. MÄRZ 1876 † 28. FEBR. 19

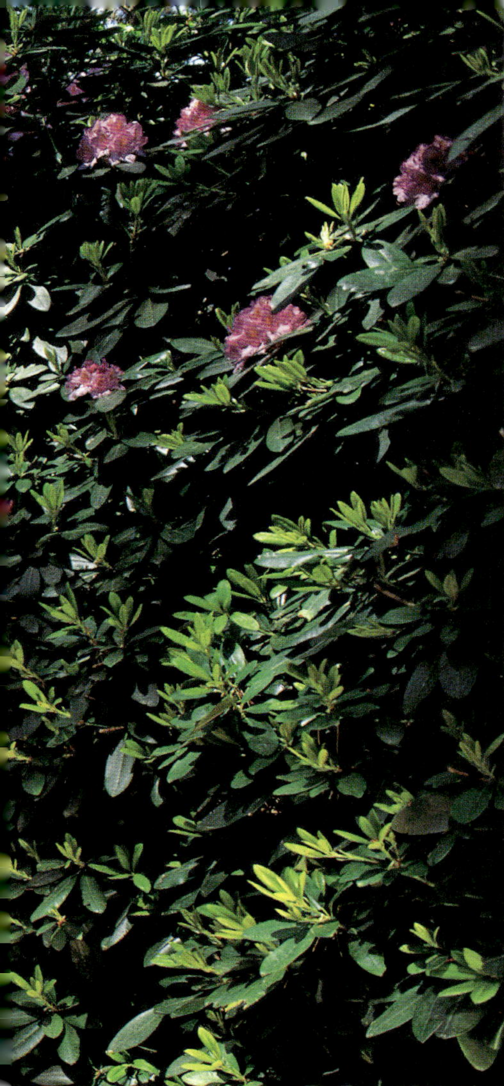

Barlachs Familiengrabmal Moeller-Jarke auf dem Ohlsdorfer Friedhof in Hamburg ist ein Jugendstil-Werk von hohem Reiz. Den Auftrag dazu erteilte ein weitläufiger Verwandter des Künstlers, der Hamburger Reeder und Konsul Gustav Moeller (1843–1921), der lange Zeit in Montevideo gelebt hatte. Als Erster sollte in der neuen Grabstätte sein Sohn Walter beigesetzt werden, der im Februar 1900 im Alter von nur 23 Jahren in Brasilien gestorben war. Die Arbeit am Grabmal Moeller-Jarke dauerte rund zwei Jahre – von 1900 bis 1902. Für den 30-jährigen Ernst Barlach, der seit September 1899 als freier Künstler in Berlin lebte, bedeutete dieser Großauftrag nicht nur eine künstlerische Ermutigung, sondern auch eine große finanzielle Hilfe. In einem Taschenbuch hat er 1901 das Konzept seines Werks beschrieben: „An der Grabespforte wachend steht ohne alle allegorische Kennzeichnung eine weibliche Figur, welche das rein menschliche Gefühl schmerzlicher Erinnerung verkörpert.
In Haltung und Gebärde soll sich ein Lauschen ins Innere des Grabes, zugleich aber ein alle äußere Störung abwehrendes, zur Andacht in Ernst aufforderndes Mahnen aussprechen. Trauer muss bei den Bewegungen Mäßigung und Ruhe auferlegen. Ein kleiner Engel selbst, dessen Musizieren als das Rauschen des umgebenden Waldes zu denken ist, hat im Hinblick auf die dem ganzen Platz auferlegte Feierlichkeit seinen Bogen abzusetzen. So wie er soll auch der Besucher des Grabes oder der zufällig Vorübergehende das immerwährende Walten der trauernden Erinnerung eindringlich empfinden."

Durchbruch (1906–1910)
Russland-Erlebnis und Neubeginn

Man kann den fatalen Zwiespalt, an dem der 36-jährige Ernst Barlach im Sommer 1906 fast zerbrochen wäre, exakt benennen: Während ihm, einerseits, der Durchbruch zu einer eigenständigen Kunst trotz aller Mühen nicht gelingen wollte, war er sich, andererseits, seiner künstlerischen Ideale und Ziele klar bewusst. Tatsächlich hatte er, noch ehe er aus seiner Misere nach Russland floh, die Charakteristika und Erfordernisse einer Kunst, wie sie ihm vorschwebte, in mehreren kleinen, unausgearbeiteten kunsttheoretischen Schriften deutlich formuliert. Danach müsse eine auf das Wesentliche gerichtete Kunst beim Betrachter zweierlei bewirken: „Erhebung zum Weltgefühl" und „Gottesgefühl". Mithin gestalte ein wirklicher Künstler seine Werke „in dem Sinn, der vormals zur Mythenbildung führte". Denn: „Jeder Gegenstand kann mythisch angesehen werden, man kann es auch anders nennen: Ausschöpfen der Ewigkeitszüge, deren Stimmung [...] zu der Menschenseele redet." Was aber die künstlerische Form anlangt, die allein imstande ist, eine solche bedeutsame und seelentiefe Kunst

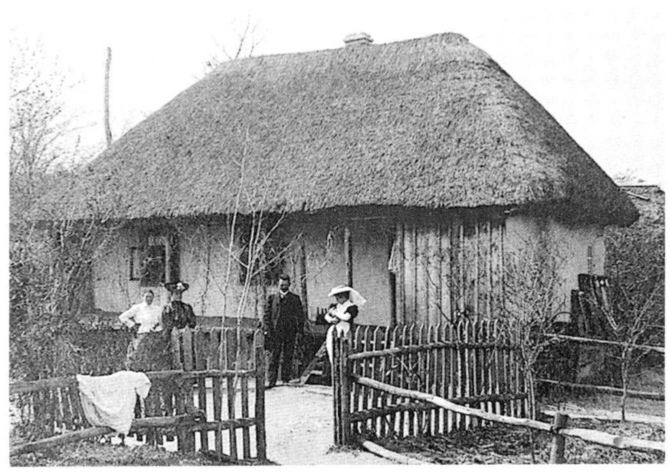

Diese malerische Bauernhütte im Dorf Pokatilowka bei Charkow, die Barlachs Bruder Hans als Sommerhaus nutzte, war Ernst Barlachs Hauptwohnsitz während seiner Russlandreise im Spätsommer 1906.

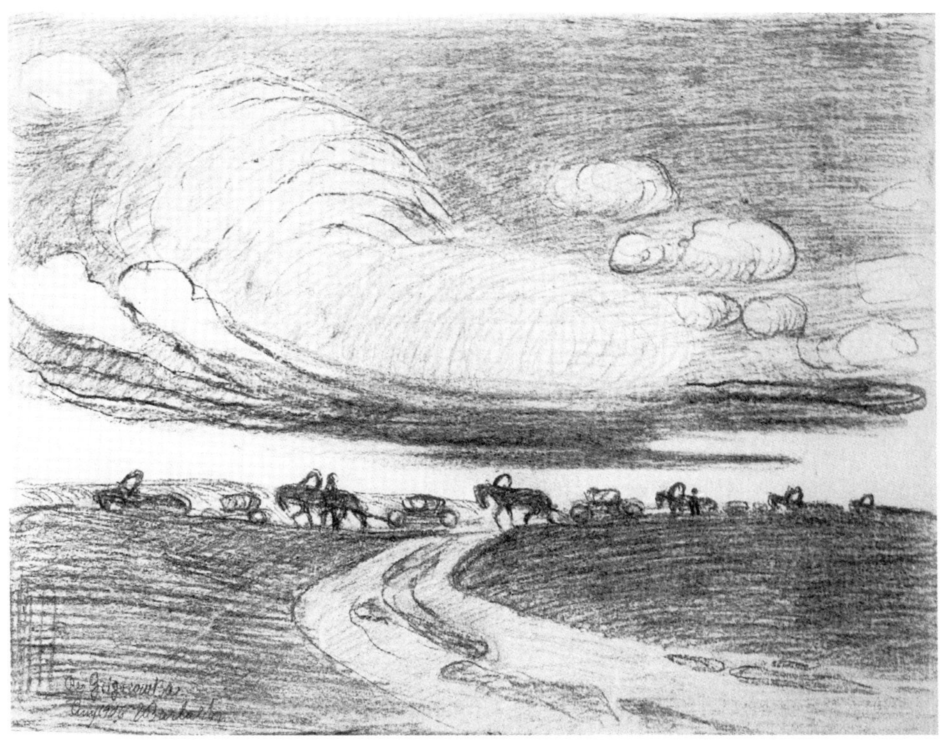

Die Kohlezeichnung „Wagenzug in der Steppe“ gehört zu den stimmungsvollen Skizzen, mit denen Barlach im Spätsommer 1906 seinen Eindruck von der überwältigenden Weite der südrussischen Landschaft festzuhalten suchte.

zu vermitteln, so müsse sie zwei Kriterien erfüllen: Sie muss einfach und sie muss monumental sein. Denn nur „Vereinfachung und Monumentalität gibt mir den Begriff der ewigen Ideen.“ Aus diesen Grundsätzen ergibt sich, so Barlachs Fazit, das Wesensmerkmal jeder echten Kunst: „Wenn der Künstler das Mystische so [...] gestaltet, dass es vertraute Welt wird, so hat er erhoben: durch das Gewöhnliche zum Unendlichen.“ Oder anders ausgedrückt: „Nur indem er die ewigen Ideen in allem sieht, sieht er das, was in Betracht kommt.“

Diese Vision, dieser unerfüllte Traum von einer im Mythischen wurzelnden, einfachen und monumentalen Kunst trieb den verzweifelten Ernst Barlach um, als ihn sein jüngerer Bruder Nikolaus in seiner Berliner „Hölle“ besuchte. Der war vor Jahren in die USA ausgewandert, hatte dort mit mäßigem Erfolg eine Farm betrieben und wollte nun, auf der Suche nach einer neuen, besseren Existenz, zum zweitältesten der vier Barlach-Brüder, Hans, in dessen russische Wahlheimat Charkow reisen. Ein, wie er hoffte, aussichtsreiches Unterfangen, denn der Ingenieur und Heizungsfachmann Hans Barlach war damals der einzige Erfolgreiche in der Familie. Er hatte 1903 den Sprung in den Süden Russlands gewagt, wo viele Auslandsdeutsche lebten, und dort ein kleines, florierendes Unternehmen für Maschinenbau und Heizungstechnik gegründet, das ihm Unabhängigkeit und einen bescheidenen Wohlstand sicherte. Hier, bei dem etablierten Bruder, winkten also – wenigstens vorübergehend – Sicherheit, familiäre Wärme und konkrete Hilfe. Und so war es für Nikolaus Barlach ein Leichtes, den verzweifelten Bruder Ernst zum Mitreisen zu bewegen. Am 2. August 1906, gegen Mitternacht, stiegen die beiden in den Zug, der sie über Warschau und Kiew nach Charkow bringen sollte.

Den dramatischen Stimmungsumschwung des folgenden Morgens und die Wochen danach hat ein überwältigter Ernst Barlach später ohne Umschweife als eine „Offenbarung" bezeichnet. Der beinahe hymnische Bericht darüber bildet den bewegenden Höhepunkt seines „Selbsterzählten Lebens": „Schon als wir durch Warschau zum anderen Bahnhof über die Weichsel fuhren, schüttelte mich die Beglücktheit des selig Erwachenden, der noch die Pein des mühsamen Sterbens nicht vergessen hat – ich sah, dass das Feld schnittreif meiner harrte. Ich dachte: Sieh, das ist außen wie innen, das ist alles ohnemaßen wirklich. – Und trotz Fieber und endlosem Bruderzwist fraß ich [...] alle Erscheinungen von Stadt und Steppe in einen unersättlichen Hungersack, in der Glut eines andern Fiebers, einer Angestecktheit nicht durchs Klima, sondern aus unheilbarem Verfallensein, für das ich bis zur Wehrlosigkeit zugerichtet war. Nichts Fremdes oder Bestürzendes alles war mir wie lang vertraute Kunde, aufgeschlossen, preisgegeben, widerstandslos meinem Gefallen und Belieben erbötig. [...] Form – bloß Form? – nein, die unerhörte Erkenntnis ging mir auf, die lautete: Du darfst alles Deinige, das Äußerste, das Innerste, Gebärde der Frömmigkeit und Ungebärde der Wut, ohne Scheu wagen, denn für alles, heiße es höllisches Paradies oder paradiesische Hölle, gibt es einen Ausdruck, wie denn wohl in Russland eines oder beides verwirklicht ist."

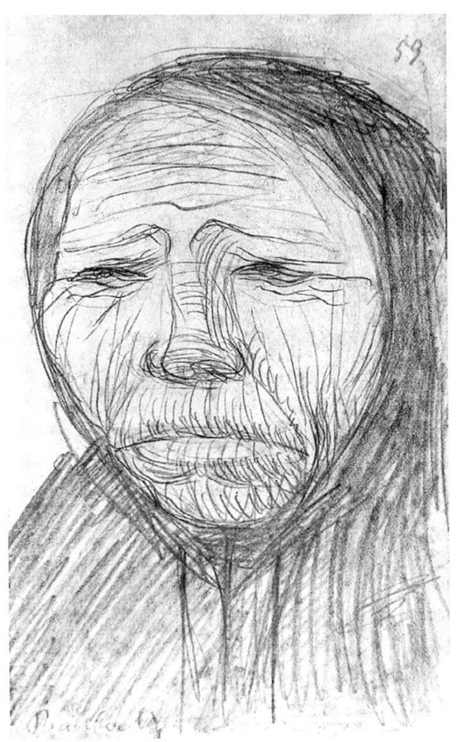

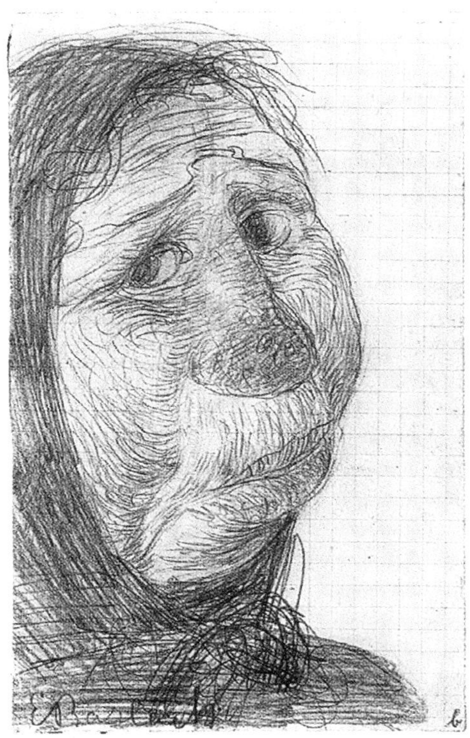

Zu Barlachs russischen Porträtstudien aus dem Spätsommer 1906 gehört auch diese groteske Gesichtslandschaft: „Kopf einer russischen Säuferin“.

Am 5. August werden die Reisenden von Bruder Hans in Charkow begrüßt und herzlich aufgenommen. Danach lässt ein tief erregter Ernst Barlach keinen Augenblick ungenutzt. Voller Angst, der „Zustand unerhörter Aufgewühltheit“ könne sich wieder verlieren, stellt er die neuen, visionären Gewissheiten bis zur Erschöpfung auf die Probe. Mit dem Skizzenbuch in der Hand durchstreift er unermüdlich Städte, Steppe und Dörfer. Dabei sind es vor allem die Menschen, die ihn faszinieren. Es sind einfache Menschen, die ihre Gefühle: Freude und Schmerz, Glück und Verzweiflung, Traum und Ernüchterung, Frömmigkeit und Auflehnung, in ungekünstelten Gesten zeigen. Und diese Gesten erstarren unter ihren urtümlichen Gewändern zu archaischen Plastiken, die dem hellsichtigen Beobachter zu Symbolen, zu Gleichnissen des Rätselwesens Mensch werden. Das ist der Durchbruch. Überwältigt erkennt der unermüdlich Zeichnende in Russlands Bauern, Hirten, Marktweibern, Bettlern und Mönchen die Modelle einer mythischen Kunst, wie sie ihm vor-

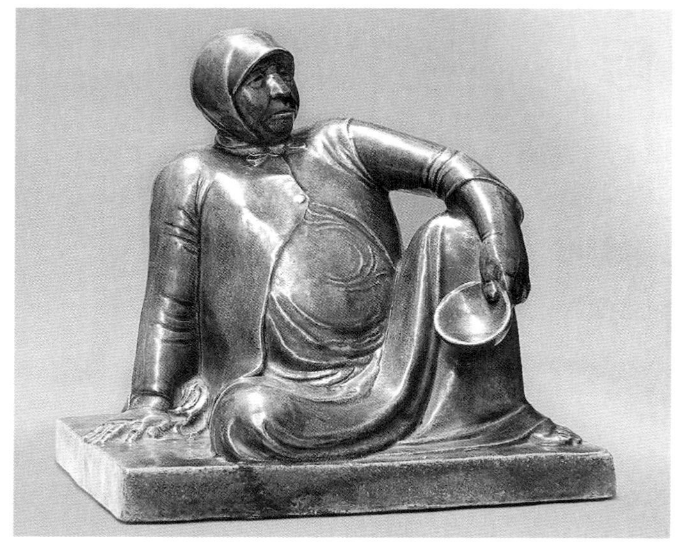

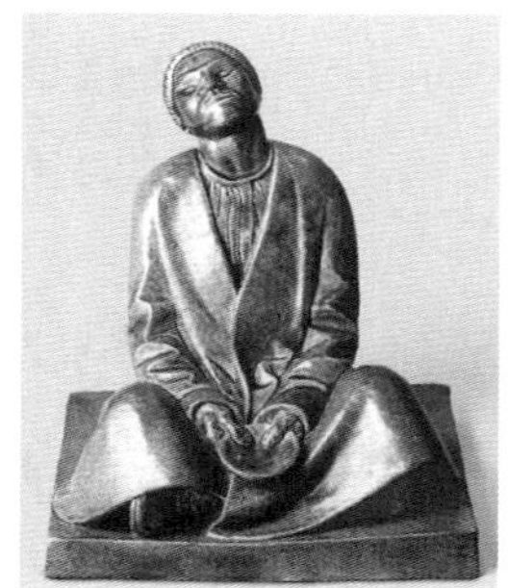

Diese beiden glasierten Tonfiguren „Blinder Bettler“ und „Russische Bettlerin mit Schale“ waren die ersten Plastiken, die Barlach nach seiner Rückkehr aus Russland im September 1906 in seinem Berliner Atelier schuf. Ausgestellt auf der Sommerschau der Berliner Secession, machten sie ihren Schöpfer über Nacht berühmt.

schwebte. Jahre später, in einem Brief an seinen Vetter Karl Barlach vom Oktober 1920, hat er diese Erkenntnis in einem Satz zusammengefasst: „Ich fand in Russland diese verblüffende Einheit von Innen und Außen, dies Symbolische: So sind wir Menschen, alle Bettler und problematische Existenzen im Grunde. Darum musste ich gestalten, was ich sah [...].“

Doch Barlachs Russland-Erlebnis bestand nicht nur in der Begegnung mit Menschen. Zu den großen und weiterwirkenden Eindrücken dieser Wochen gehörte auch die Begegnung mit der russischen Landschaft. Während er die zwischen verdämmernden Horizonten ausgespannte russische Steppe im leichten Pferdewagen durchquerte, empfand der andächtig Staunende geradezu körperhaft die Gegenwart der Unendlichkeit – eine spontane Erfahrung der Entgrenzung und Entdinglichung, die ihn tief erschütterte und in ihrer Eindringlichkeit zum zentralen Element seines mystischen Gottesbildes wurde: Gott als der Ferne, Dunkle, Unbegreifbare und doch Allgegenwärtige und Wirkmächtige. In den fragmentarischen Texten, die Freunde nach seinem Tod unter dem Titel „Russisches Tagebuch“ herausgeben werden, hat Barlach das Sinnbildhafte dieser intensiv gefühlten Unendlichkeit, die auf seinen Steppenfahrten unter den sich ständig verändernden Himmeln Südrusslands so überwältigend auf ihn eindrang, in großartige Sprachbilder gebannt.

Am 28. September, nach achtwöchiger Abwesenheit, war Barlach zurück in Berlin. Und nun, auf einmal, ging alles sehr schnell. Im Frühjahr des folgenden Jahres zeigte er auf der 13. Ausstellung der Berliner Secession die beiden ersten von Russland inspirierten Werke: einen „Blinden Bettler" und eine „Russische Bettlerin mit Schale". Die glasierten Tonfiguren hatte er in der Werkstatt seines alten Freundes Richard Mutz brennen lassen. Berlins Künstler und Kunstkritiker reagierten auf die ungewöhnlichen Plastiken überwiegend interessiert bis zustimmend. „Es gab" – so wird sich Barlach später im „Selbsterzählten Leben" an diese neue Erfahrung erinnern – „ein Aufatmen in meinem Gemüt und einen hübschen kleinen Tumult in meinem Kopfe, als ich mit zwei solchen Püppchen, wie die feiste Bettlerin und der betend lamentierende Bettler waren, den Beifall eines halben Dutzend Männer fand, deren Urteil ich nur zu gerne als unzweifelhaft verlässlich ansah." Einer dieser Männer war der schon erwähnte Kritikerpapst Karl Scheffler, der die neue, befreite Kunst des Russlandheimkehrers in einer längeren Rezension treffend charakterisierte: „Es

Zwei weitere Figuren Barlachs, die das Russland-Erlebnis des Künstlers widerspiegeln: „Liegender Bauer" von 1908 (unten) und „Sitzender Steppenhirt" von 1907.

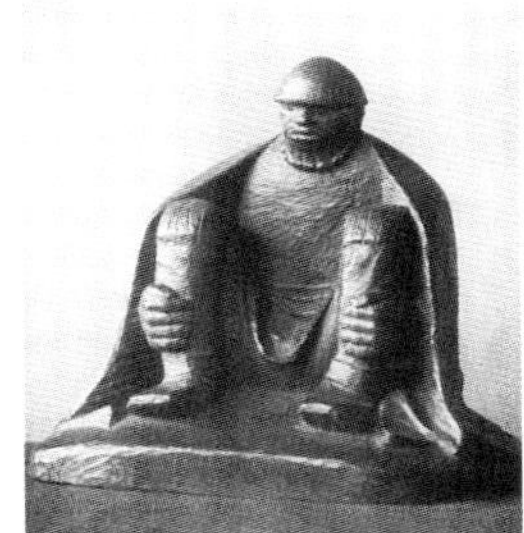

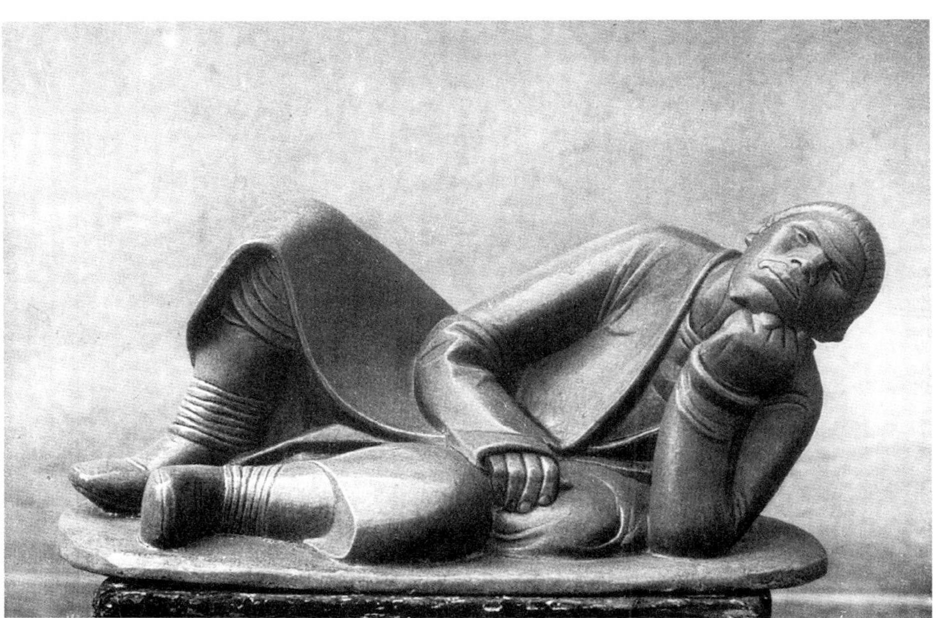

schwingt die Erschütterung des Künstlers vor seinem Stoff in den Bildwerken nach, und doch ist das menschliche Erlebnis zu einem künstlerischen Formerlebnis geworden." Das wird fortan für alle Werke Barlachs gelten.

In den folgenden Jahren werden auch weitere von Russland inspirierte Arbeiten Barlachs ein zunehmend freundliches Echo bei Kollegen und Betrachtern auslösen. Zu denen, die Barlachs außergewöhnliche Begabung damals spontan erkannten, gehörte auch der berühmte Tierbildhauer August Gaul. Als selbstloser Förderer junger Talente empfahl er den aufgehenden Stern am Berliner Kunsthimmel seinem Freund, dem einflussreichen Kunsthändler Paul Cassirer. Der machte dem verbissen arbeitenden Ernst Barlach ein verlockendes Angebot: Er wolle alle seine Bildwerke, die bereits fertigen wie auch alle zukünftigen, in Kommission nehmen und ihm dafür ein festes Monatsgehalt zahlen – ein Lebensminimum, das ihm in Zukunft ein ungestörtes Arbeiten ermöglichen werde. Barlach akzeptierte und verschaffte sich so Luft für die nun folgende arbeitsintensive Zeit, die ihn schnell und nachhaltig bekannt machen wird. Gleichwohl ging dieser Aufstieg nicht reibungslos vonstatten. Denn obwohl der Künstler aus dem Russland-Erlebnis unermessliche Inspiration schöpfte und den eingeschlagenen Weg folgerichtig weiterging, musste er noch jahrelang kämpfen, um sich von den tief sitzenden Einflüssen des Jugendstils zu befreien.

Die schwersten Sorgen bereiteten ihm indes seine persönlichen Verhältnisse. Eine junge Näherin, die eine Zeit lang sein Modell und seine Geliebte gewesen war, hatte am 20. August, also noch während seines Aufenthalts in Charkow, einen Knaben geboren, sich dann aber vom Vater ihres unehelichen Kindes ab- und einem anderen zugewandt. Barlach, der seinen Jungen nicht der Mutter überlassen wollte, entfachte daraufhin einen furiosen Rechtsstreit, der nach langem, erbittertem Hin und Her zu seinen Gunsten entschieden wurde. Schließlich, im Dezember 1908, erlaubte das preußische Justizministerium dem leiblichen Vater die Adoption seines mittlerweile zwei Jahre alten Sohnes Nicolaus und erklärte den Jungen damit für ehelich. Für den hart arbeitenden und in häuslichen Dingen gänzlich weltfremden Künstler war

Auch die „Bettlerin mit Kind“ gehört zu Barlachs russischen Figuren. Der Entwurf stammt aus dem Jahr 1907, aber erst drei Jahre vor seinem Tod, 1935, schuf er diese Version in Holz.

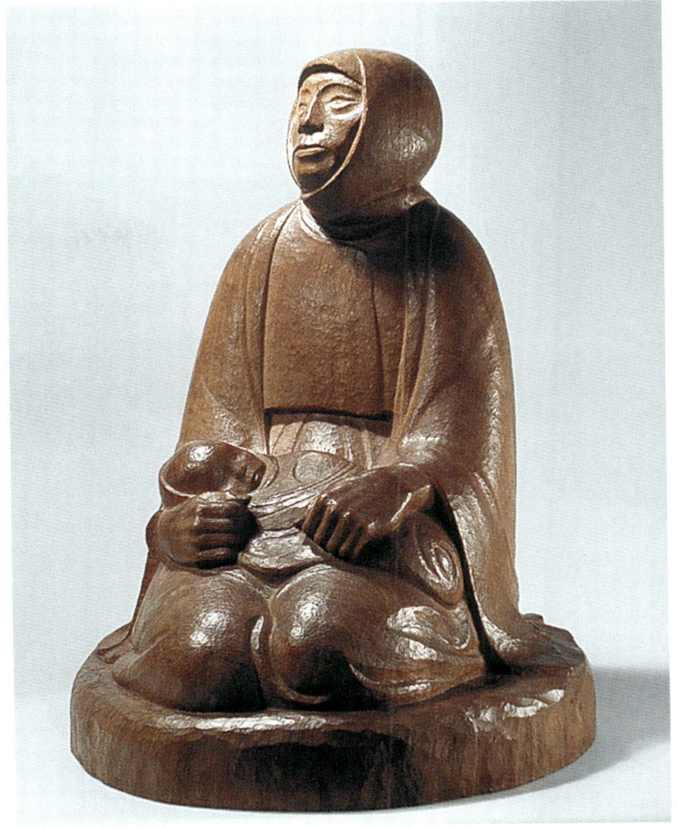

das eine schwere Belastung, zugleich aber der Beginn einer beinahe mystischen Vater-Sohn-Beziehung, die er in seinem ersten Drama „Blutgeschrei“ (endgültiger Titel: „Der tote Tag“) zum Verhältnis Vater-Gott/Menschen-Sohn religiös überhöhen und auf eine höchst eigenwillige Weise als modernes Mysterienspiel darstellen wird.

Während seines zweiten Berlinaufenthalts vor und nach der entscheidenden Russlandreise von 1906 lebte und arbeitete Ernst Barlach im damals noch ganz ländlichen Friedenau bei Berlin. Von dort unternahm er, allein oder mit Bekannten, weitläufige Wanderungen in die Wälder und um die Seen des Grunewalds. Das Foto zeigt eine seiner bevorzugten Wanderrouten: den idyllischen Uferweg des rings von Wäldern umschlossenen Grunewaldsees, an dessen Südostufer das Jagdschloss Grunewald liegt, ein reizvolles Ensemble, das 1542 für den Brandenburger Kurfürsten Joachim II. „im grünen Walde" errichtet wurde und zwischen 1669 und 1707 seine heutige barocke Gestalt bekam. Seit 1949 befindet sich dort eine kostbare Sammlung von Gemälden, Jagdtrophäen, Porzellanen und Zinngerätschaften.

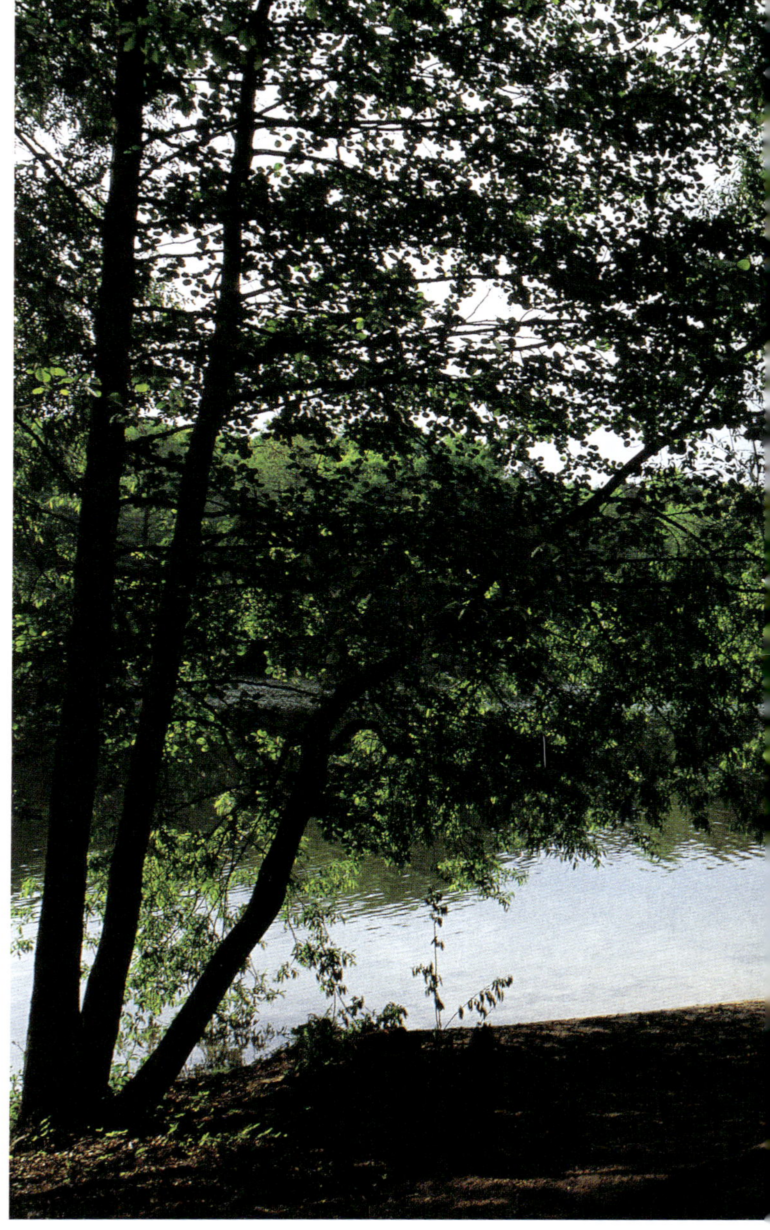

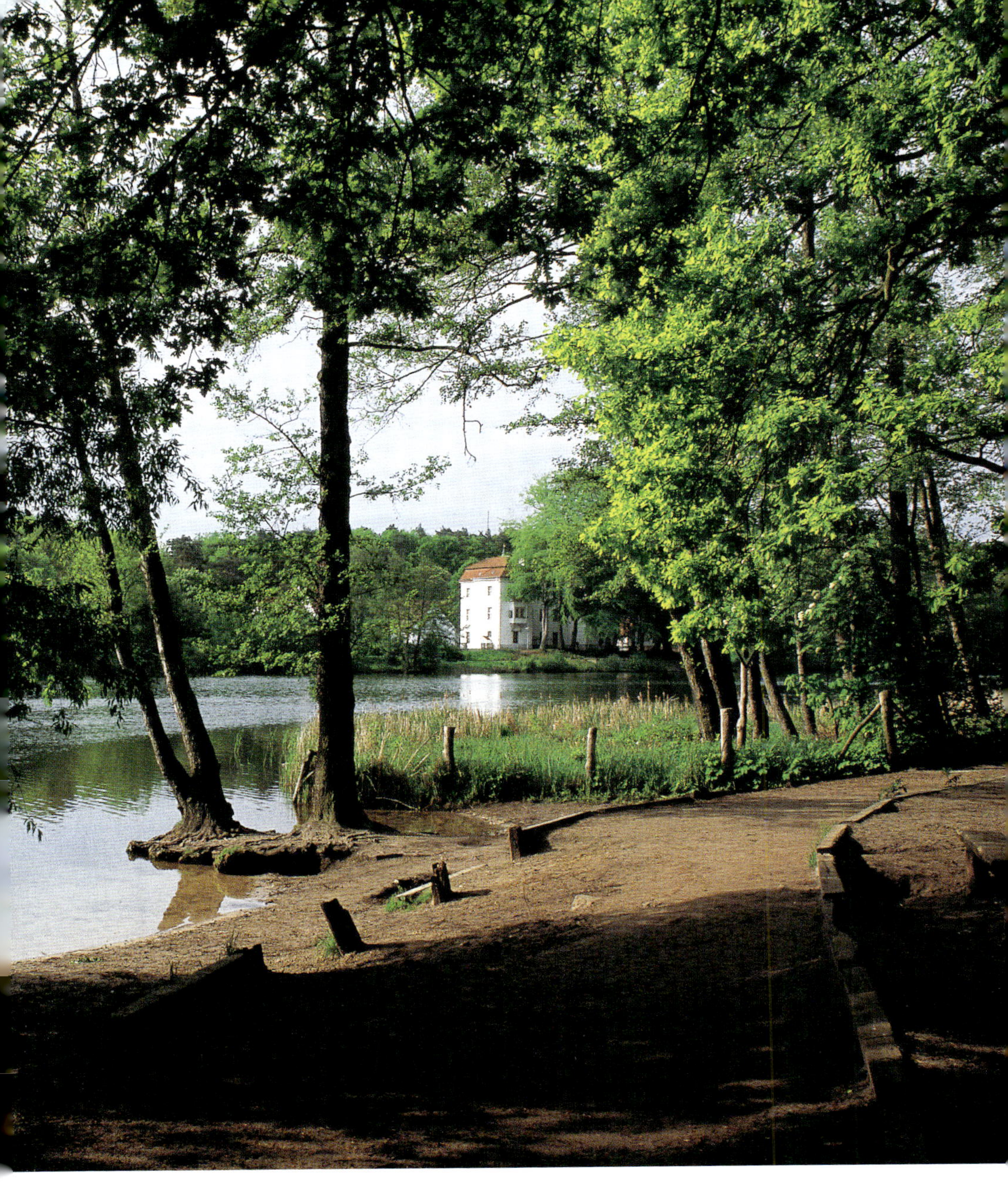

Der „Einsiedler von Güstrow“ (1906–1910)

Nach dem heftigen Gefühls- und Erkenntnissturm der Russlandreise gestaltete sich Barlachs Rückkehr in den Berliner Alltag zunehmend problematisch. Aus Angst, seine inneren Bilder zu verlieren, mutete er sich in freiwilliger Absonderung ein zuweilen übermenschliches Arbeitspensum zu. In jener Zeit sei der Künstler – so der berühmte Kunstkritiker Karl Scheffler in seinen Lebenserinnerungen – nur selten aus dem Haus gegangen, habe jede Geselligkeit gemieden, sei jeder Begegnung nach Möglichkeit ausgewichen, kurz, er habe „wie ein Eremit mitten in der Großstadt“ gelebt. Dazu kam die Sorge um seinen zweijährigen Sohn Nicolaus. Seit dem rechtskräftigen Urteilsspruch von 1908 trug er für den Kleinen die alleinige Verantwortung, eine enervierende Belastung für einen lebensunpraktischen Künstler, dem nach Schefflers Dafürhalten „jede Erfahrung fehlte, das Kind zu kleiden und richtig zu ernähren“.

Auf die Dauer konnte der zunehmend Erschöpfte diese doppelte Belastung nicht durchhalten. Und so mussten, um eine Katastrophe abzuwenden, Freunde und Förderer ihn schließlich aus seiner Zwangslage befreien. Am 9. November 1908 ersuchte Max Liebermann seinen Kollegen Max Klinger, den Begründer der Villa Romana Stiftung in Florenz, für seinen Schützling um ein Italien-Stipendium. „Lieber Klinger, ich komme heute mit dem Klingelbeutel: ob Sie nicht einen Platz für die Villa Romana frei haben? Es handelt sich um den Bildhauer Barlach, den wir alle für ein besonderes Talent halten und für dessen Entwicklung ein Aufenthalt in Florenz riesig vorteilhaft wäre. Die eigentümlichen Verhältnisse Barlachs machen schnelles Eingreifen uns zur Pflicht u. wenn augenblicklich kein Stipendium frei sein sollte, so wäre dem Manne mit dem freien Atelier schon gedient. Es handelt sich darum, Barlach der Kunst zu erhalten: das Pecunière (wenn es anders nicht ginge) würden wir [...] besorgen.“ Die Dramatik dieses Briefes war nicht übertrieben, wie Barlach selbst am Vorabend der Abreise in einem Abschiedsgruß an Hamburger Freunde beteuerte: Mit dem Entschluss, Berlin für eine Weile zu verlassen, habe er „ein Band durchgeschnitten, was mich beinahe erwürgt hätte". Damit er in Ruhe reisen konnte, hatte seine Mutter, die seit Kurzem einem ihrer Zwillingssöhne im mecklenburgischen Landstädtchen Güstrow den Haushalt führte, ihren kleinen Enkel Nicolaus bereitwillig in Pflege genommen.

Am 3. Februar 1909 verließ Ernst Barlach Berlin. Vier oder fünf Tage später, nach einem Zwischenaufenthalt in Verona, traf er in Florenz ein, wo er in einem Anbau der Villa Romana eine geräumige Atelierwohnung bezog. Hier oben, in der idyllischen Umgebung mit Blick auf die Stadt und die sanft geschwungenen Hügelketten der Toskana, stellte sich die Lust an der Arbeit rasch wieder ein. Schon zwei Wochen später meißelte der nun von Alltagssorgen Befreite an einem gewaltigen Block aus italienischem Nussbaum, aus dem in den folgenden Wochen der monumentale „Zecher" entstand. Noch vor Ostern ging das fertige Werk nach Berlin ab, während zwei weitere große Holzfiguren, ein stehender und ein hockender „Sterndeuter", schon Gestalt annahmen. Daneben entstanden in jenen Monaten zahllose Skizzen und eine stattliche Reihe ausgeführter Zeichnungen, dazu Projektentwürfe sowie Textfragmente zu einem Theaterstück mit dem Titel „Das Drama von dem König", das dann aber unausgeführt blieb.

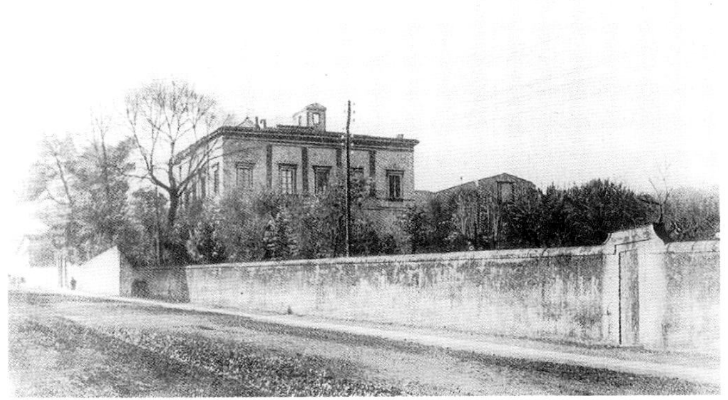

Die Villa Romana in Florenz, in der Barlach im Jahr 1909 zehn Monate als Gast des „Deutschen Künstlerbundes" verbrachte.

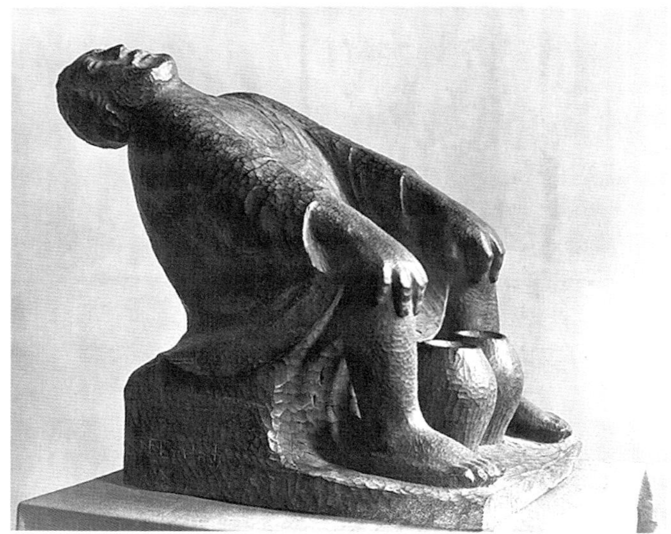

Barlachs erste in der Villa Romana in Florenz entstandene Holzfigur: „Der Zecher"

Während sich also Barlachs Hoffnungen im Künstlerischen erfüllten, blieb das Gesamterlebnis seines Florenzaufenthalts zwiespältig. Zwar traf der menschenscheue Norddeutsche sowohl in der Villa Romana als auch im städtischen Café Reinighaus, wo vor allem namhafte deutsche Literaten verkehrten, auf bemerkenswerte Gesprächspartner. Hier lernte er zum Beispiel den ihn genialisch anmutenden Dichter Theodor Däubler kennen, einen Bohemien und raumfüllenden „Prachtkerl, [...] allerhöchst intelligent und ein Temperament wie von Shakespeare gebaut", mit dem ihn schon bald eine enge Freundschaft verband. Auch knüpfte er persönliche Bande zu dem wortmächtigen Geschichtsphilosophen und Propheten der „konservativen Revolution" Arthur Moeller van den Bruck – eine auf Sympathie und ähnlichen Überzeugungen gegründete Verbindung, die zeitlebens Bestand hatte.

Dagegen konnte sich der eingefleischte Norddeutsche mit seinem Gastland nicht wirklich anfreunden. So schön und geschichtsträchtig Italien ihm auch erschien, seine Wesensart wollte sich ihm nicht erschließen. „Ich kann den Gemütston dieser Gegend nicht hören", gestand er seinem Förderer Gustav Moeller in einem langen Brief. In anderen Briefen nannte er zwar Florenz bewundernd einen „Kosmos" und wusste Städte wie

Siena, Pisa, Lucca oder Pistoia mit ihren „Herrlichkeiten" durchaus zu würdigen. Am Ende aber blieb ein Gefühl der Fremdheit und ein beinahe trotziges Bekenntnis zum Norden: „Güstrow kann sich sehr wohl neben eine toskanische Stadt stellen", versicherte der Italien-Heimkehrer einer Hamburger Freundin, „meinem Rasseempfinden und -fühlen entsprechen der hiesige Dom und die Pfarrkirche etc. mehr als die Marmordome. [...] Ja, es ist ein sehr übles Zeichen für unsere Kultur, dass alle Welt sich in Italien herumtreibt."

Zehn Monate nach seiner Abreise, am 15. November 1909, war Barlach zurück in Berlin. Und wieder erwies sich, wie schon nach der bewegenden Russlandreise, der Neuanfang als problematisch. Nach der ertragreichen Florentiner Arbeitsruhe erlebte der Heimkehrer die lärmende Glitzerwelt der ewig skandalierenden Metropole wie einen alles verschlingenden Moloch. Im Gegensatz dazu erschien ihm Güstrow, wo Louise Barlach mit ihrem Enkel mittlerweile in eine größere Wohnung zu Füßen des Schlosses umgezogen war, wie eine Oase der Stille. Und so keimte in ihm der Gedanke, die Arbeitszeit zwischen Berlin und Güstrow aufzuteilen. „Ich habe", schrieb er im Mai 1910 dem Münchener Verlegerfreund Reinhard Piper, „ein gewisses Zwangsgefühl hinsichtlich folgender Idee, mich wenigstens den Sommer über hier zur Arbeit einzurichten: Der Junge entschlüpft mir ganz, und habe ich ihn schon der Mutter genommen, so muss ich für einen leidlichen Vater schon Sorge tragen. Dazu kommt, dass ich weiß, hier komme ich zu ganz regelmäßigen Stunden Arbeit, in Berlin dagegen nicht, und ich bin alt genug, um dem endlich auftretenden Drang nach einiger Beständigkeit äußerer Umstände nachgeben zu dürfen."

Doch es waren nicht nur der Sohn und die Arbeitsruhe, die Barlach nach Güstrow zogen. Wenige Jahre zuvor hatte er für eine Kunst, wie sie ihm vorschwebte, in den einfachen Menschen Russlands endlich adäquate Modelle gefunden. Jetzt, wo das Bild jener pittoresken Gestalten allmählich verblasste, begegneten ihm hier in der ländlichen Umgebung auf Schritt und Tritt ihre norddeutschen Entsprechungen: Bauern, Ackerbürger (halb gewerbetreibende, halb Landwirtschaft betreibende Klein-

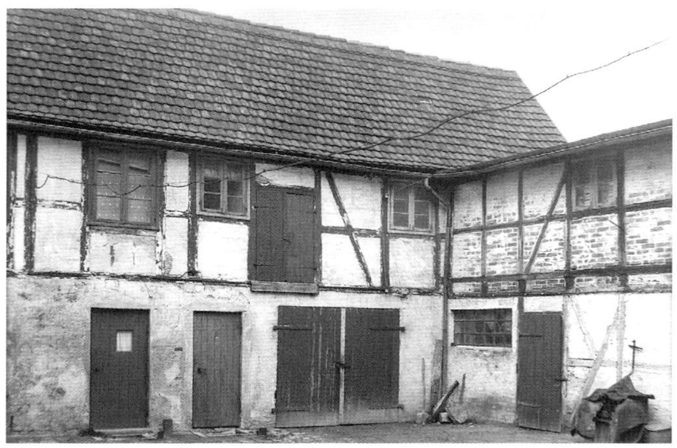

In einem nach hinten heraus gelegenen Anbau dieses alten Pferdestalls in Güstrow (heutige Adresse: Zu den Wiesen 30) unterhielt Barlach von 1911 bis 1926 sein primitives, schlecht beleuchtetes Atelier.

städter), Land- und Forstarbeiter, Hirten und Marktfrauen – einfache Menschen, durch deren wuchtige und kraftvolle Erscheinung, ganz wie in Russland, das Mythische, das Urwesenhafte, auf das er abzielte, hindurchschimmerte. Den Reiz, den diese archaischen Gestalten auf ihn ausübten, erläuterte er seinem Vetter Karl Barlach in einer Briefpassage so: „[…] hier gibt es eine etwas rückständige, aber gesunde Primitivität. Das Landleben gibt dem Geringsten eine aristokratische Form. Leute, die einsam, vereinzelt, unmassiert, unsummiert sind, haben schon als Erscheinung etwas Plastisches."

Zunächst hatte Barlach vor, nur den Sommer 1910 in Güstrow zu verbringen, um hier die Lithografien zu seinem ersten Drama „Der tote Tag" zu beenden, mit denen er sein Werk für die anstehende Publikation bebildern wollte. Doch noch während er daran arbeitete, beschloss er, auf Dauer dazubleiben. In Berlin schüttelte man über diese Schnapsidee verständnislos den Kopf. Barlach aber meinte es mit seiner Flucht aus der Metropole ernst. Erleichtert ließ er seinen Verlegerfreund Reinhard Piper wissen: „Hier komme ich zu ganz regelmäßigen Stunden Arbeit, in Berlin dagegen nicht." Anfang Oktober 1911 zog die kleine Familie, Großmutter, Vater und Sohn, in eine geräumige Vierzimmerparterrewohnung in der Schweriner Straße 22 (heute Nr. 40). Und kurz darauf mietete Barlach ganz in der Nähe einen primitiven Werkraum, den mittlerweile legendären Pferdestall, der in leicht veränderter Form noch existiert (heutige Adresse:

Zu den Wiesen 30). Im Romanfragment „Der gestohlene Mond“, einem Werk der letzten Lebensjahre, hat Barlach dieses „Atelier“ und sich selbst darin mit dem ihm eigenen Sarkasmus geschildert: „Nebenan [...] dunkelte ein Pferdestall, der sonst an einen Viehhändler, jetzt an einen Mann mit einem Totengräbergesicht vermietet war, der sich seit Kurzem am Ort befand [...] und sich beruflich mit Bildschnitzerei abgab, die er hinter keinen Überfluss an Licht spendenden Fenstern zum hinteren Garten ausübte. Er hackte Holz und planschte gelegentlich fleißig in Gips [...]. Die Krippe des Pferdestalls [...] war von mancherlei unzeitgemäßem Machwerk beladen, auch die Raufe, aus der die Pferde ehemals Heu zum Hafer rupften, war verstellt mit Dingen, die darum, weil sie höher standen, nicht besser waren oder wurden, am Fenster zum Hintergarten hatte sich der Mensch eine horizontal abgerichtete Ze-

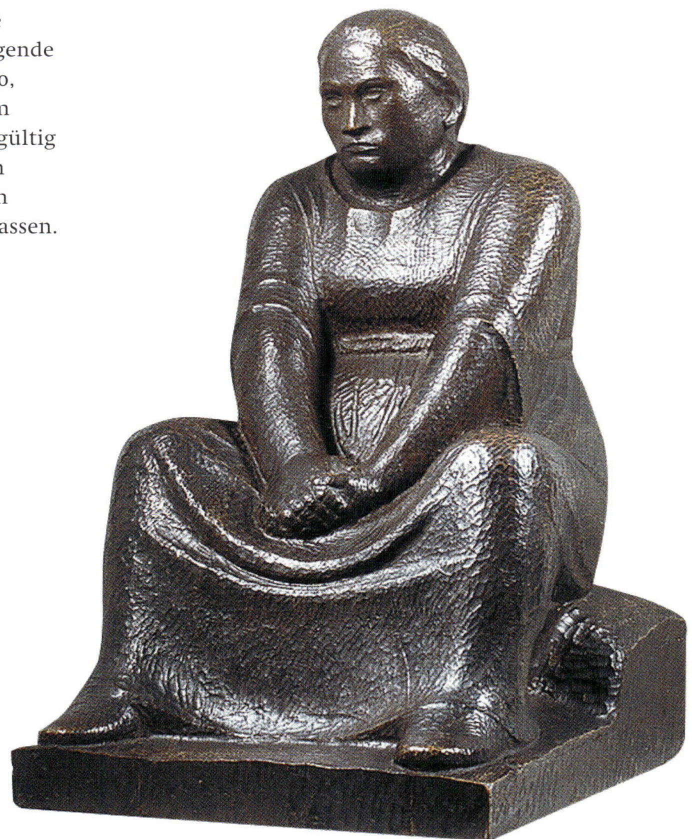

Das ausdrucksvolle Holzbildwerk „Sorgende Frau“ entstand 1910, in dem Jahr, in dem Barlach Berlin endgültig verließ, um sich im mecklenburgischen Güstrow niederzulassen.

mentplatte über die Pflastersteine des Stalles legen lassen, um seinen Böcken und Trittbrettern einen sicheren Stand zu schaffen."

Hier, im „Pferdestall", entstanden bis zum Ausbruch des Ersten Weltkriegs die Werke, die Barlachs Ruf als Bildhauer rasch festigten. Viele davon („Sorgende Frau", „Alte Jungfer am Stock", „Trauer", „Der Dorfgeiger" u. a.) lassen ihre mecklenburgischen Vorbilder, die er auf Landstraßen und Deichwegen, auf Märkten oder im freien Feld traf und skizzierte, unschwer erkennen. Andere („Der Einsame", „Die Vision", „Der Spaziergänger", „Panischer Schrecken", „Die Verlassenen" u. a.) spiegeln Seelenzustände, innere Erlebnisse oder Gesichte des Künstlers wider. In jenen frühen Güstrower Jahren entstand zudem eine Reihe ausdrucksstarker Porträtplastiken von Freunden und Bekannten, darunter mehrere Büsten der berühmten Schauspielerin und Frau Paul Cassirers, Tilla Durieux, Kopf und Maske des Dichter-Freundes Theodor Däubler sowie Büsten und Masken des Kunsthändlers Albert Kollmann.

Die Abendstunden verbrachte Barlach dann zu Hause mit Zeichnen oder mit dem Schreiben von Theater- und Prosatexten. Noch im Juni 1910 schloss er sein erstes, schwer erkämpftes Drama „Der tote Tag" ab – ein Stück, in dem das von ihm selbst als schicksalhaft erlebte Verhältnis Vater/Sohn ins Mythisch-Religiöse, ins Verhältnis Vater-Gott/Menschen-Sohn transponiert wird. Aufgabe des Menschen auf seinem Lebensweg sei es, so die in dunklen Metaphern verborgene Aussage des Dramas, aus der dumpfen Welt der Diesseitigkeit (im Drama symbolisiert durch die erdverhaftete Mutter) auszubrechen und, dem geheimnisvollen Fingerzeig des Vater-Gotts folgend, ins Helle, ins Reich des Geistes und der Freiheit aufzusteigen; eine Aufgabe, die der Mensch allzu oft in Blindheit verfehle. („Sonderbar ist nur, dass der Mensch nicht lernen will, dass sein Vater Gott ist.")

Anderthalb Jahre nach Abschluss des „Toten Tags", im Januar 1913, beginnt Barlach ein literarisches Projekt ganz anderer Art: den am Ufer der Elbe spielenden Roman „Seespeck", einen nach eigenem Bekunden „dunkelschweren" Text mit stark auto-biografischen Bezügen aus Wedeler Tagen, der zu Beginn des Ersten Welt-

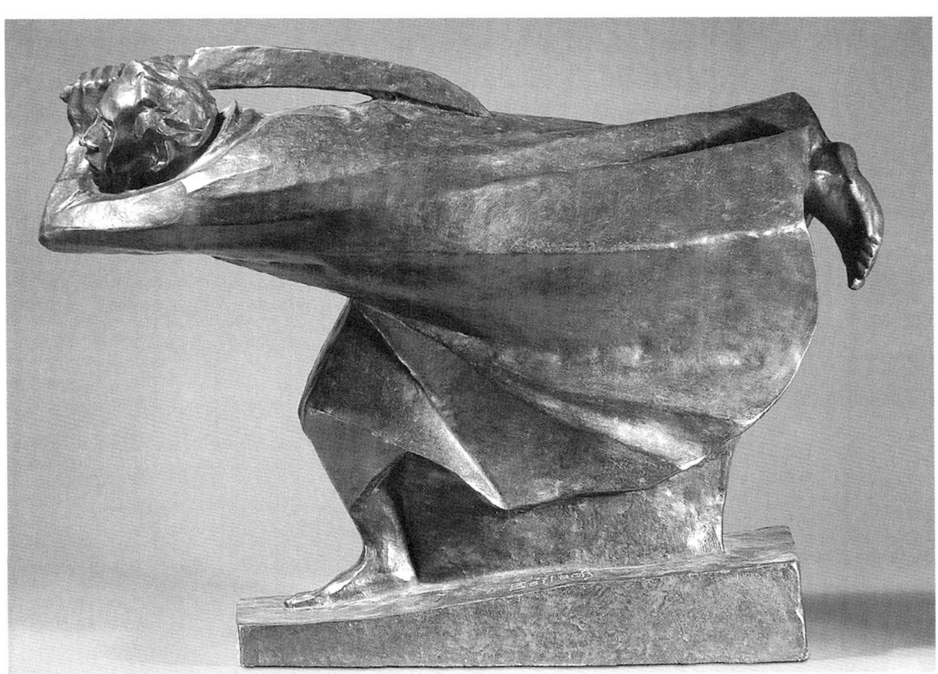

Eines von Barlachs bekanntesten Werken: „Der Rächer“, entstanden im September/Oktober 1914, unmittelbar nach Ausbruch des Ersten Weltkriegs. Die vorwärtsstürmende Figur symbolisiert die Begeisterung des Künstlers über den Krieg gegen das verhasste England.

kriegs in Stocken geraten und, wie alle groß angelegten Prosawerke des Dichters, schließlich Fragment bleiben wird.

In den stillen, zunehmend gleichförmigen Güstrower Arbeitstagen entwickelte sich das bildnerische, zeichnerische und dichterische Werk des Künstlers rasch von Stufe zu Stufe. Hatten Barlachs Figuren anfangs noch individuelle Züge, so nahmen sie mit den Jahren immer mehr den Charakter des Überindividuellen, des Allgemeingültigen an. Nicht ein Mensch, sondern der Mensch ist nun das Thema. Den Anstoß zu dieser Entwicklung gab das Katastrophenerlebnis des Ersten Weltkriegs, dessen Ausbruch im August 1914 Barlach, wie die meisten deutschen Künstler und Intellektuellen, zunächst überschwänglich begrüßte. Im „Güstrower Tagebuch“, das seine Entstehung dieser Anfangsbegeisterung verdankt, und in seinen Briefen ließ er seinen Hochgefühlen freien Lauf: „Zu arbeiten in diesen Zeiten ist ganz unmöglich. Alles in allem bin ich glücklich, diese Zeit nicht verschlafen zu haben. Für mein Empfinden ist es eine Erlösung von den ewigen Ich-Sorgen des Individuums, also eine Weitung und Erhöhung des Volkes." Und noch pathetischer: „Das Erleben dieser ganzen Zeit seit 1. August kann ich nur einem großen Liebesabenteuer vergleichen, so erschüttert und entselbstet es mich. Es ist ein großes Glücksgefühl, außer sich zu sein, erlöst von sich. Und dies Größere ist etwas Wahres, keine bloße Idee. In den ersten Tagen konnte ich nicht schlafen in diesem Zustand von Erweiterung."

In solcher „Sturmgebrausstimmung" schuf er für die programmatische Zeitschrift „Kriegszeit" seines gleich gestimmten Kunsthändlers und Freundes Paul Cassirer eine Reihe von Lithografien martialischen Charakters. Doch schon bald dämmerte dem Kriegsbegeisterten, der von Dezember 1915 bis Februar 1916 selbst als freiwilliger Reservist im (heute dänischen) Sonderburg diente, die tragische Dimension der Ereignisse. Als Cassirer Ende 1915 die „Kriegszeit" einstellte und statt ihrer seit April 1916 ein Nachfolgeblatt unter dem neutralen Titel „Der Bildermann" herausgab, wurde der Stimmungsumschwung in Barlachs Beiträgen sehr deutlich: Statt „Der Heilige Krieg", „Sturmangriff" oder „Der Drescher von Masuren" hießen seine Blätter jetzt „Aus einem neuzeitlichen Totentanz", „Selig sind die Barmherzigen" oder „Dona nobis pacem" („Gib uns Frieden").

Am Ende erschütterte die Kapitulation Deutschlands den erzkonservativen Demokratieverächter Barlach bis in die Tiefen seiner Persönlichkeit – eine abgründige Verstörung, die sein Werk nachhaltig verdüsterte. Von da an bekam seine Menschen-Kunst etwas Allgemeingültiges mit tragischem Unterton. Die klagenden und anklagenden Holzbildwerke der Jahre 1916 bis 1919 – „Frierendes Mädchen", „Grablegung", „Auferstehung", „Der Übergang", „Die Apfeldiebin", „Der Mann im Stock", „Moses" („Der Gesetzgeber"), „Die gemarterte Menschheit", „Die Hexe auf den Scheitern" – markieren den Anfang einer Entwicklung, die ein Jahrzehnt später in den großen Denk- und Ehrenmalen gipfeln wird.

Die Katastrophe des Ersten Weltkriegs veränderte aber nicht nur den Charakter von Barlachs Bildwerken, sie drängte auch sein religiöses Denken in eine andere Richtung. Fortan wird sich der Künstler als Gottesdenker mit zunehmender Entschiedenheit zu der Über-

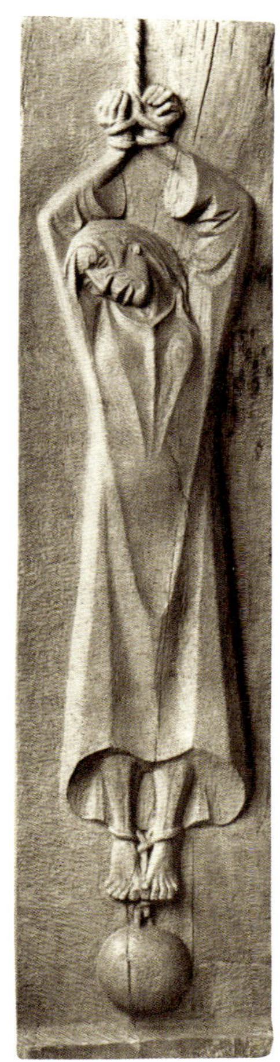

Unter dem Eindruck des Kriegselends schlug Barlachs anfängliche Kriegsbegeisterung seit 1916 ins Gegenteil um. Zu den Werken, die diesen Sinneswandel anzeigten, gehört das zwei Meter hohe Holzrelief „Die gemarterte Menschheit", das 1919, unmittelbar nach dem Ende des Ersten Weltkriegs, entstand.

Ernst Barlach mit seinem Freund und späteren Nachlassverwalter, dem Güstrower Lehrer Friedrich Schult. Das Foto wurde im August 1919 während eines Deichspaziergangs aufgenommen.

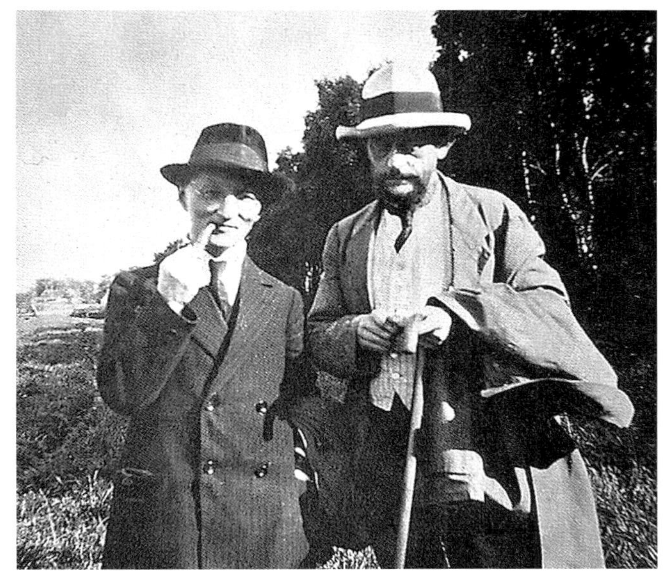

zeugung bekennen, dass zwischen dem unergründlichen Gott und dem Sinn menschlichen Daseins ein tiefer Zusammenhang bestehe. Denn in jedem von uns – daran glaubt Barlach nun fest – wese und schaffe der gestaltlose Gott als eine geheimnisvolle Kraft, die den Erdenkloß Mensch leise, aber unwiderstehlich zu einer höheren, geistigen Existenzform hindrängt. Es sei der tiefste Sinn menschlichen Daseins, sich dieser verändernden und läuternden Kraft zu öffnen und so über sich selbst hinauszugelangen. Das läutere alle persönlichen Schmerzen und Leiden zu „Notwendigkeiten und Bestandteilen der einen großen Harmonie des Daseins" – so steht es in einem Brief vom April 1925 an seine Nichte Gretchen Paleit.

Barlach hat dieses schicksalsergebene Über-sich-selbst-Hinausgelangen des Menschen in Anlehnung an die Begrifflichkeit Nietzsches sein „Werden" genannt und diesen Schlüsselbegriff seiner Weltsicht auch zum Leitmotiv seiner Kunst gemacht. Deshalb der tiefe Ernst, der still duldende oder tragische Zug, der über vielen seiner Gestalten liegt, das Sehnsuchtsvolle, Schmerzliche, Verzweifelte, aber auch Getroste, von innen Leuchtende oder Erlöste dieser Gestalten. Es ist demnach kein Zufall, wenn das Thema „menschliches Werden" auch zum Generalthema in zweien seiner tiefgründigsten Theatertexte wurde: in den Dramen „Der arme Vetter“ (erschienen: 1919) und „Der blaue Boll“ (erschienen: 1926) – Letzteres ein Stück, dessen Personen und Schauplätze dem Kleinstadtleben in Güstrow abgeschaut sind und dessen grandiose Schlussszene im Güstrower Dom spielt.

Wie rasch Barlachs Ansehen in Deutschland wuchs, nachdem er seine Künstlerexistenz in Güstrow neu begründet hatte, zeigen die nun einsetzenden Ehrungen. Schon kurz nach seiner Rückkehr aus Italien, im November 1911, wurde er in den Vorstand der Berliner Secession gewählt. Nur ein halbes Jahr später, im Mai 1912, eröffnete der „Sonderbund westdeutscher Kunstfreunde und Künstler“ in Köln eine Ausstellung, mit der die Veranstalter ihren Besuchern nichts Geringeres bieten wollten als eine Entstehungsgeschichte der modernen Kunst. Dass man bei einem Unternehmen dieses Anspruchs Barlachs Figuren, zusammen mit den Gemälden Edvard Munchs, im größten Saal der Ausstellung zeigte, war für den noch wenig bekannten Künstler eine außergewöhnliche Auszeichnung. Ehrenvoll auch, dass Paul Cassirer Barlachs seit der Russlandreise entstandenes Gesamtwerk noch in der Schlussphase des Krieges, im November/Dezember 1917, in seiner Berliner Galerie ausstellte. Nur ein Jahr später, im Januar 1919, wählte die angesehene Preußische Akademie der Künste Ernst Barlach zu ihrem Mitglied. Und noch im selben Jahr zollten ihm auch die deutschen Kunsthochschulen Anerkennung: mit der Berufung auf Lehrstühle in Berlin und Dresden und mit dem Anerbieten der Ehrendoktorwürde der Universität Rostock. Doch Barlach lehnte alle diese verlockenden Angebote ab. Er mochte seine Güstrower Arbeitsruhe nicht für das Linsengericht von Titeln, Ehren und öffentlichen Auftritten hergeben.

Aber nicht nur der bildende Künstler Barlach fand in den Nachkriegsjahren zunehmend Anklang und Anerkennung. Auch die Theater begannen sich für ihn zu interessieren. Schon im ersten Nachkriegsjahr wurden seine ersten beiden Dramen uraufgeführt: am 20. März 1919 „Der arme Vetter“ an den Hamburger Kammerspielen, am 22. November „Der tote Tag“ am Schauspielhaus Leipzig. Zwei Jahre später, am 23. März 1921, folgte dann – wiederum an den Hamburger Kammerspielen – die Urauf-

„Kussgruppe III". Die insgesamt drei Varianten dieser Liebesszene schuf Barlach im Sommer 1921, in einer Zeit, in der er um die Frau seines Freundes Friedrich Schult warb.

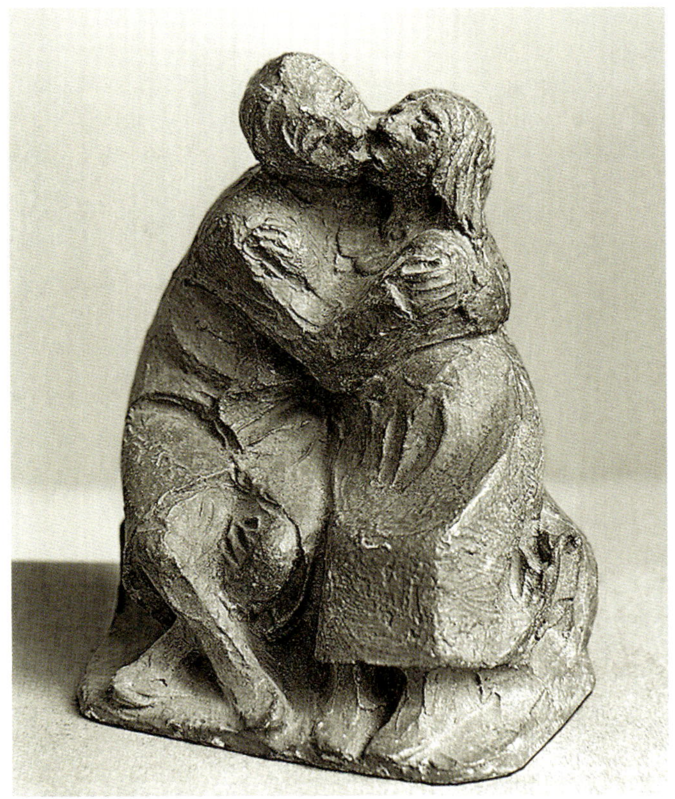

führung seines in Güstrow spielenden dritten Dramas „Die echten Sedemunds", das wenige Tage später auch am Schauspielhaus der Berliner Staatstheater unter der Regie von Leopold Jeßner herauskam. Diese Berliner Aufführung ist deshalb bemerkenswert, weil sie die Einzige war, bei der Barlach eines seiner Stücke auf der Bühne sah – für den Dichter ein traumatisches Erlebnis. Denn die strenge Stilisierung von Regie und Bühnenbild, für die Jeßner berühmt war, wie auch die überwiegend ratlosen, ablehnenden oder hämischen Kritiken trafen und verunsicherten den Sensiblen so nachhaltig, dass er nach diesem „Monumental- und Stilbums" zeitlebens das Theater mied, wenn eines seiner Dramen gegeben wurde.

Während am Kunsthimmel Barlachs Stern stieg, fielen auf sein persönliches Leben dunkle Schatten. Die unheimliche Seelenkrankheit der Mutter, die ihm seit Jahren den Haushalt führte und den Enkel betreute, hatte sich in den letzten Monaten zu solchen Exzessen gesteigert, dass er die 75-Jährige auf Anraten ihres Arztes am 2. August 1920 in eine Nervenheilanstalt nach Bad Kleinen bringen musste. Dort ging die alte Frau drei Tage später ins Wasser des Schweriner Sees. Das Leiden und der Selbstmord der Mutter ließen den Sohn mit quälenden Selbstvorwürfen und dem Gefühl tiefer Vereinsamung zurück. Verzweifelt schilderte er einem Freund seinen desolaten Zustand: „Die lange Krankheit, nein: monatelanges Sterben meiner Mutter, zuletzt die […] Umstände ihres endlichen Todes […] haben mich selbst einigermaßen zu-

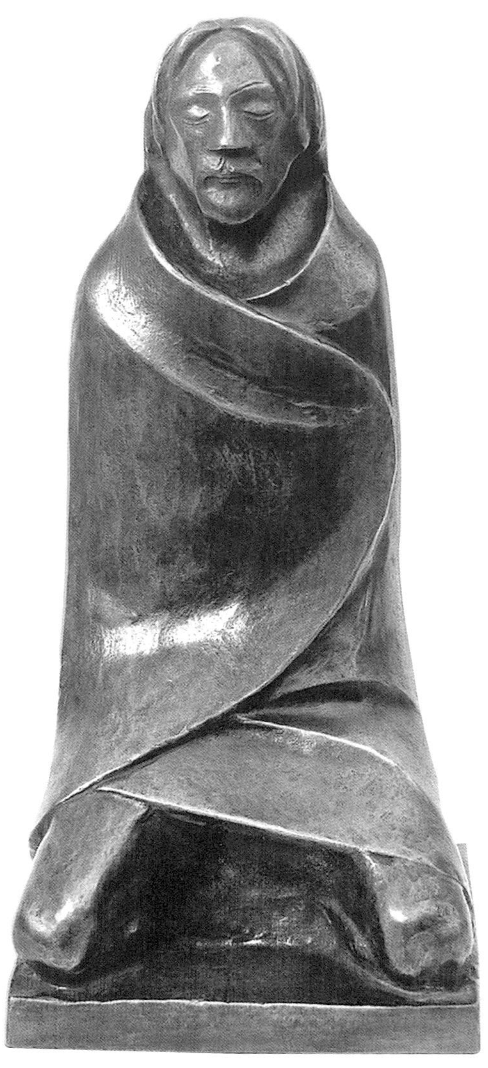

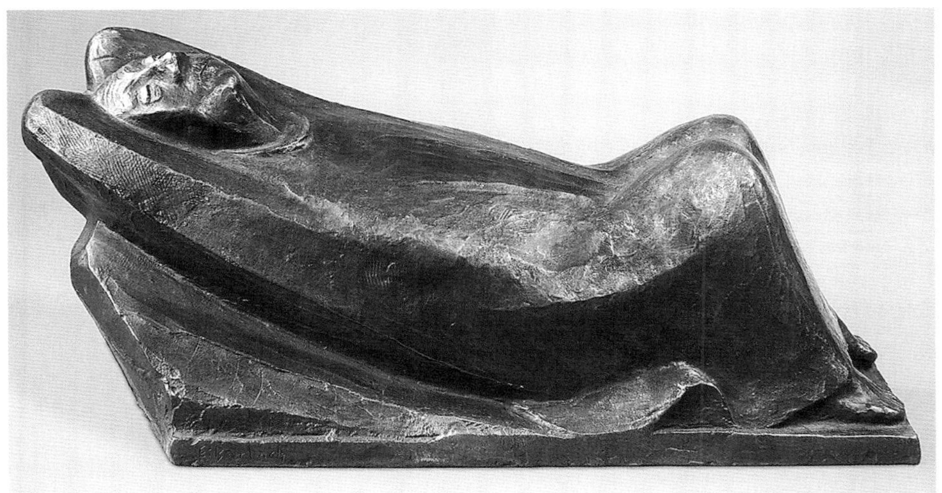

Nachdem er die schwere Lebenskrise der Jahre 1920/21 überwunden hatte, schuf Barlach in den folgenden Jahren eine Reihe von Spitzenwerken, darunter die 1925 entstandenen Bildwerke „Der Asket" („Der Beter") (links) und „Der Träumer" (oben).

gerichtet. Ich fühle mich miserabel und bin keinerlei Ansprüchen an persönliche Leistung gewachsen [...]. An Arbeit vermag ich nicht zu denken, natürlich – ich arbeite und habe gearbeitet, aber ich spüre keine Kraft und Lust der Bewältigung, es ist ein aussichtsloses Ringen mit Stärkerem [...]."

Ein Jahr später, im September 1921, drohte Barlachs Leben dann vollends aus den Fugen zu geraten. In seiner bitteren Einsamkeit machte er, nach einem monatelangen, hitzigen Flirt mit der Ehefrau seines Güstrower Bekannten und späteren Nachlassverwalters Friedrich Schult, dieser einen Heiratsantrag. Die junge kleinbürgerliche Frau, die bei ihrem unbedachten Tête-à-tête mit dem berühmten Künstler niemals ernstlich daran gedacht hatte, seinetwegen Mann und Kinder zu verlassen, lehnte entsetzt ab, und Barlach stand, nun ohne Freund und einsamer denn je, vor der ganzen Stadt als gewissenloser Künstlerhallodri und Hanswurst da, denn natürlich hatte die pikante Geschichte im klatsch- und tratschsüchtigen Güstrow wie ein Lauffeuer die Runde gemacht. In seiner wütenden Enttäuschung und dumpfen Hilflosigkeit dachte er ernstlich an Flucht ins ungeliebte Berlin, wo man ihm Professur und Atelier seines verstorbenen Förderers August Gaul angeboten hatte. Am Ende aber schreckte er vor einer so radikalen Wende seines Lebens doch zurück, weil er sich eingestehen musste, dass aus dem oft unerfreulichen Güstrower Kleinstadtmit- und -gegeneinander längst eine Symbiose geworden war: „Ich fühle mich", gestand er damals seinem Jugendfreund Friedrich Düsel, „der Landschaft hier so verwachsen, meine Vagabundenfreiheit kann ich so wenig aufgeben, dass ich deswegen das glänzende Anerbieten, freilich nach langem Schwanken, ablehnen durfte." Allerdings: „[...] die letzten vier Monate [...] werde ich nicht vergessen. Ich glaube, ich war irrenhausreif, ich trank und raste und erlitt Niederbrüche schlimmster Art."

Dann aber, Monate später, begann, für Barlach selbst überraschend und bewegend, eine Schaffensepoche von unerhörter Produktivität. 1922, ein Jahr nach der desaströsen Liebesgeschichte mit ihrer nachfolgenden Erstarrung, brach sich die aufgestaute Imagination in einer Flut großartiger Zeichnungen Bahn. Und in den folgenden Jahren, nach einem einjährigen Zwischentief, in dem die erschütternde Figur „Das Grauen" entstand, fühlte der 54-jährige neue, ungeahnte Kräfte in sich wachsen. „Es gibt Fluten und Ebben des Geistigen", schrieb der von neuer Zuversicht Erfüllte im Februar 1924 seinem Vetter Karl Barlach, „mir scheint, es will wieder tüchtig fluten." In dieser neuerlichen Hochstimmung entstand in rascher Folge eine Reihe von Barlachs berühmtesten Skulpturen, Spitzenwerke, die den Künstler nun auch international bekannt machten: 1924 der stolze „Wartende", eine Verbildlichung des Gottesrebellen Calan aus dem im selben Jahr uraufgeführten Drama „Die Sündflut"; 1925 das furiose „Apostel"-Relief, die eindringliche Dreifigurengruppe „Der Tod", der weltversunkene „Träumer" und der gottversunkene „Beter"; 1926 die in ihrem Unglück erstarrte „Gefesselte Hexe" und schließlich die tiefgründig-visionäre Gruppe „Das Wiedersehen" („Christus und Thomas" s. S. 126) – in ihrer verhaltenen Vieldeutigkeit eine vollkommene Verkörperung Barlachscher Bildhauerkunst.

Den Großteil dieser Skulpturen zusammen mit weiteren Arbeiten aus den Vorjahren – insgesamt 39 Hölzer – zeigte der Kunstsalon Cassirer 1926 in einer großen Retrospektive, die Barlachs Ausnahmestellung in der zeitgenössischen Bildhauerkunst eindrucksvoll belegte. Kritiker und Besucher waren von dieser Schau tief beeindruckt. „Alle diese Holzskulpturen", schrieb der sonst eher nüchterne Karl Scheffler bewegt, „sind Bekenntnisse, es sind gewissermaßen Dichtungen über das Leben in einem harten, widerspenstigen Material – melancholische Dichtungen, mit einem Zug zum Monumentalen, erfüllt von einem Heroismus ohne Pose [...]." Und der Direktor der Staatlichen Kunstbibliothek, Curt Glaser, ergänzte im Berliner Börsen-Courier: „Barlach besitzt eine starke typenschaffende Fantasie. Seine Figuren sind von einer gleichsam dramatischen Spannung erfüllt. [...] Sie sind die namenlosen Träger eines ungeschriebenen Dramas, in dem die Einsamkeit neben der Barmherzigkeit steht, der Ekstatiker neben dem Rächer, der Bettler neben dem Verschwender. Barlach sieht in jedem Menschen sein Schicksal [...]. In einer Zeit, deren bildnerische Tradition gebrochen war, suchte und fand dieser Künstler einen eigenen und nur ihm eigenen Ausdruck, schuf er eine Plastik außer und gegen seine Zeit, deren Schicksal es ist, ebenso von aller Außenwelt geschieden zu sein, wie jede ihrer Gestalten in ihrem abweisend geschlossenen Umriss, wie ihr Schöpfer selbst in seiner einsamen Werkstatt in Güstrow."

Die große Retrospektive von Barlachs Holzskulpturen öffnete im Februar 1926 ihre Pforten. Zu diesem Zeitpunkt war ihr Initiator, Barlachs Galerist, Förderer und Freund Paul Cassirer, schon seit mehr als einem Monat tot. Während eines theatralisch ausgetragenen Streits um das Scheidungsbegehren seiner Frau, der berühmten Schauspielerin Tilla Durieux, hatte er sich mit einer Pistole demonstrativ in die Brust geschossen. Für den öffentlichkeitsscheuen und geschäftsunwilligen Ernst Barlach war das ein schwerer und folgenreicher Schlag, denn obgleich der Kunstsalon Cassirer sein Werk vorerst weiterbetreute, war diese Betreuung für die neuen Inhaber, anders als bei dem Verstorbenen, doch mehr Pflicht und Routine als Herzensangelegenheit. Und so begann das künstlerisch so erfolgreiche Jahr 1926 für den „Einsiedler von Güstrow" mit einem Verlust, der in sein persönliches Dasein erneut eine tiefe Lücke riss.

Am Ende aber fiel doch dauerhaft Licht in sein nun noch einsamer gewordenes Leben. Schon 1924 war ein junges Bildhauerehepaar, Bernhard und Marga Böh-

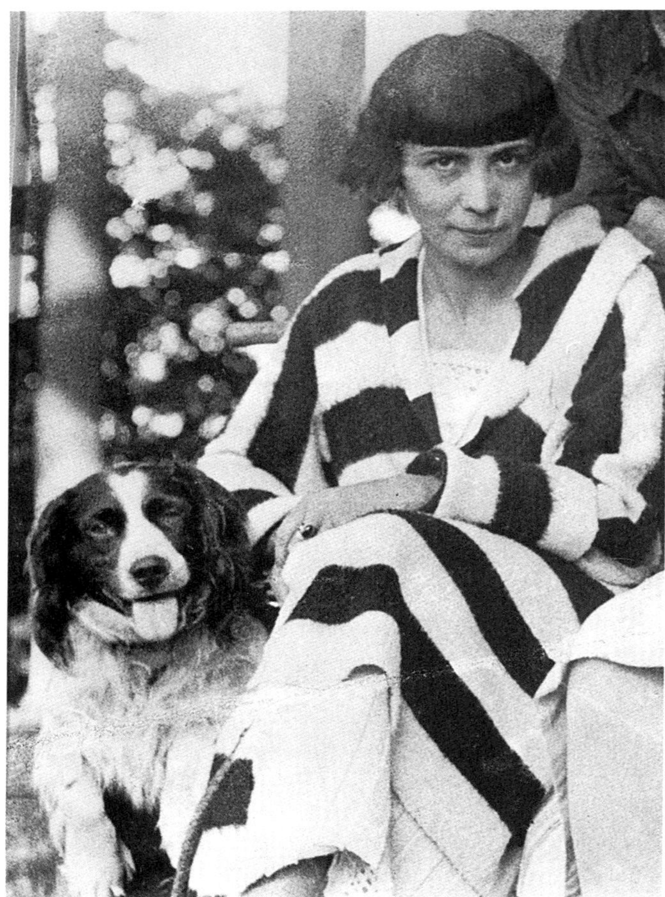

Im September 1928 gab Barlach seine Güstrower Stadtwohnung auf und übersiedelte ins Haus seiner Lebensgefährtin Marga Böhmer (1887–1969) am Inselsee. Das Foto rechts zeigt den Künstler vor diesem Termin. Die Aufnahme von Marga Böhmer stammt etwa aus derselben Zeit.

mer, nach Güstrow gezogen, wo sie sich vor den Toren der Stadt, zwischen Heidberg und Inselsee, ein kleines Haus gekauft hatten. Ihre Begegnung mit dem berühmten Künstlerkollegen hatte für beide Seiten tiefgreifende Folgen: Der achtzehn Jahre ältere Barlach verliebte sich in die aparte junge Frau, in deren Ehe es schon seit langem kriselte, und diese erwiderte seine Zuneigung. Im Mai 1926 fiel eine Vorentscheidung: Um klare Verhältnisse zu schaffen, wollte das kinderlose Paar sich scheiden lassen.

Ein seit Jahren schwelendes Ehezerwürfnis, eine bevorstehende Scheidung, eine neue Liebe der Noch-Ehefrau – einer solchen Belastung halten die persönlichen Beziehungen der Beteiligten nur selten stand. Doch hier geschah das Unwahrscheinliche. Weil Bernhard Böh-

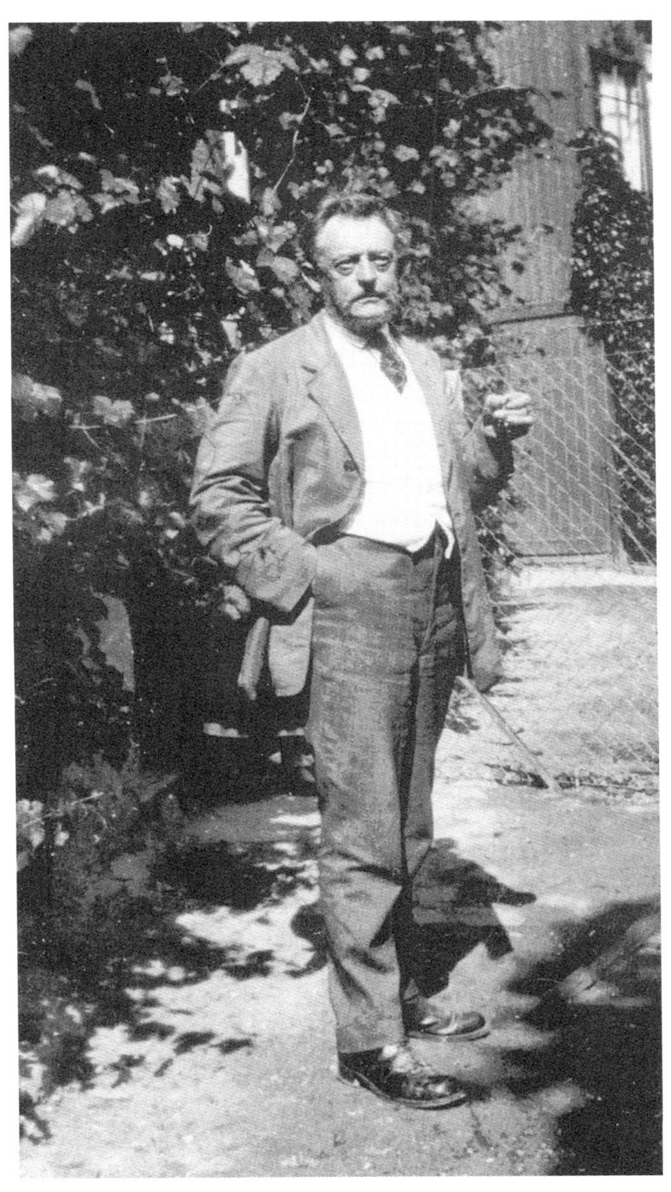

mer den Künstler und Menschen Barlach trotz aller Vorkommnisse unbeirrbar verehrte, weil umgekehrt Barlach die Loyalität des jungen Mannes, seine Tatkraft und handwerkliche Geschicklichkeit hoch schätzte und weil sich in der delikaten Angelegenheit alle vorbildlich diskret verhielten, blieben die menschlichen Bande zwischen ihnen einigermaßen intakt. Ja, mehr noch: Aus den konfliktträchtigen Verwicklungen der ersten Zeit entwickelte sich schon bald eine eigentümlich fest gefügte Symbiose der drei sehr unterschiedlichen Persönlichkeiten, ein wenn auch nicht spannungsfreies, so doch dauerhaftes und belastbares Miteinander, das bis zu Barlachs Tod Bestand haben sollte.

Eine erste Bewährungsprobe bestand das ungewöhnliche Bündnis noch im selben Jahr, als Barlach am Wettbewerb für ein Beethovendenkmal teilnahm, das der Magistrat von Groß-Berlin am 30. Juli 1926 unter acht namhaften deutschen Bildhauern ausgelobt hatte – mit der extrem kurzen Ablieferungsfrist bis zum 15. Oktober. Unter solchem Zeitdruck entwickelte der Künstler einen ungewöhnlichen Plan: Eine 13 Meter hohe, spitz zulaufende Rundsäule sollte von einem monumentalen Beethovenkopf gekrönt werden, unter dem, den Sockel umkreisend, neun überlebensgroße Figuren mit geschlossenen Augen einer imaginären Musik nachsinnen – ein „Fries der Lauschenden“, wie man die abgelösten und nebeneinander aufgereihten Gestalten später nennen wird. Allein hätte der 56-jährige Barlach das 2,60 Meter hohe Gipsmodell des Denkmals in den wenigen Wochen, die ihm für Entwurf und Ausführung blieben, schwerlich bewältigt. Mit der tatkräftigen Mithilfe von Marga und Bernhard Böhmer aber nahm das Projekt rasch Gestalt an. Und als dann alles fertig dastand, war es Bernhard Böhmer, der das klotzige Modell noch eben rechtzeitig nach Berlin transportierte und dort im vorgesehenen Ausstellungsraum aufbaute. Allerdings war die gemeinschaftliche Anstrengung schließlich doch vergebens, denn das Preisgericht empfahl keinen der eingereichten Entwürfe dem Berliner Magistrat zur Ausführung, weil nach seinem Dafürhalten „keiner […] der Ehrung Beethovens in Berlin voll gerecht“ wurde.

Wenige Monate nach dieser harschen Zurückweisung, am 4. Juni 1927, wurde die Ehe von Marga und Bernhard Böhmer amtlich geschieden. Von da an hielt Barlach sich häufiger im Böhmer-Haus auf als in seiner eigenen spartanisch-kleinbürgerlichen Stadtwohnung an der Schweriner Straße, in der seit dem Tod von Louise Barlach eine grantige Haushälterin das Regiment führte.

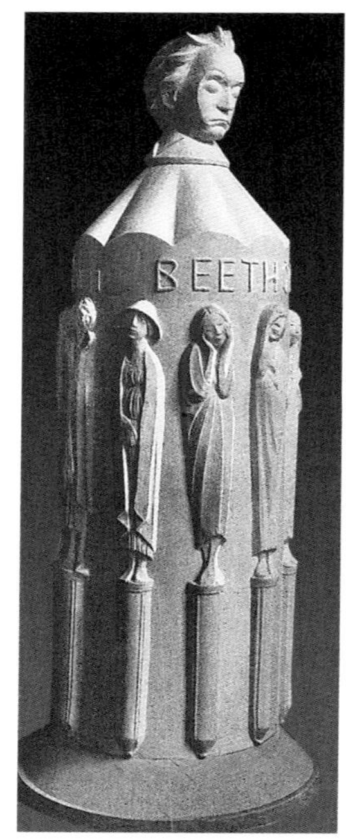

Barlachs Modell eines 13 Meter hohen Beethoven-Denkmals, für das der Berliner Magistrat im Sommer 1926 einen Wettbewerb ausgeschrieben hatte. Zwar wurde das Projekt nicht verwirklicht, doch der Künstler gestaltete die Sockelfiguren später zu einem seiner berühmtesten Werke um, zum „Fries der Lauschenden“.

Schließlich, Mitte September 1928, übersiedelte der Künstler endgültig an den Inselsee, wo er die ihm zugedachte Dachwohnung bezog: zwei intime, sorgfältig eingerichtete Räume. Marga Böhmer hat diese Wohnung später einer Freundin in einem Brief beschrieben: „Wie hätte es Dir wohl in dem kleinen Eldorado gefallen! [...] Die herrliche Atmosphäre dort, die alle Besucher gefangen nahm, dass sie oft nicht gleich sprechen konnten – das alles hättest Du erleben müssen. Die alten schweren und kostbar geschnitzten niederrheinischen Bauernmöbel, alle aus dem gleichen Jahrhundert. Wir haben lange daran gesammelt. Auf der blauen Wand [...] die roten altbäuerlichen Gardinen um das reich geschnitzte und bedachte [gemeint: mit einem hölzernen Baldachin versehene] große Bauernbett aus 1700, verschönt noch alles und verzaubert durch die Sonnenstrahlen, abends ganz besonders, schöne Farbeffekte, das alles war schon ein selten herrlicher Klang [...].“

Hier „im stillen Winkel“, in einer für ihn ungewohnt stimmungsvollen häuslichen Umgebung, wird sich von nun an Barlachs Privatleben abspielen, eine Ehe ohne Trauschein, die der Künstler wenige Wochen nach dem Umzug seinem Vetter Karl Barlach so beschrieb: „Wir, d. h. jetzt: Frau Böhmer und ich, leben einig miteinander und sind ruhig in einer schönen Gegenseitigkeit. Ich fühle, dass in mir eine Lücke geschlossen wird, dass mein Leben runder und völliger geworden ist.“

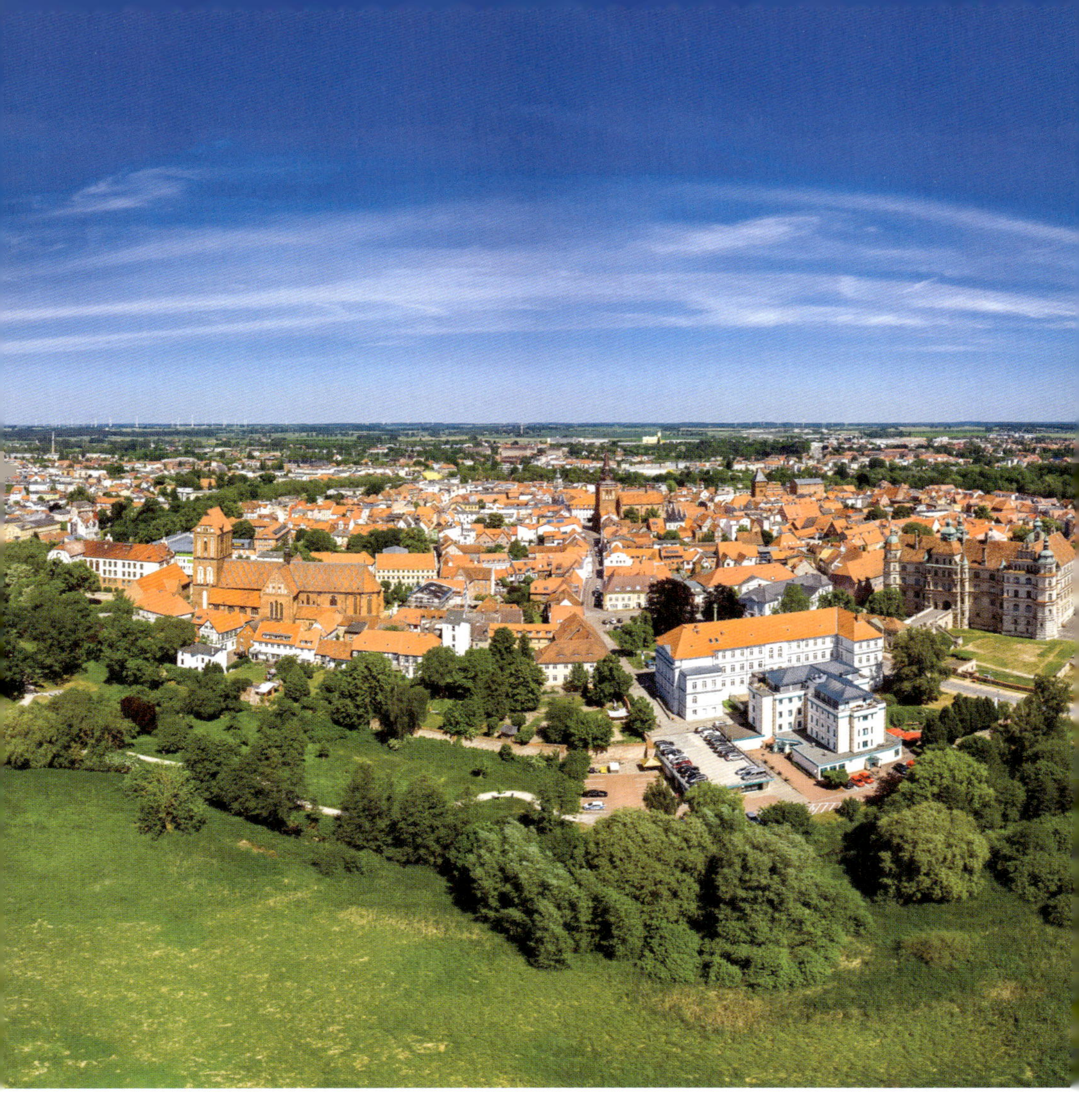

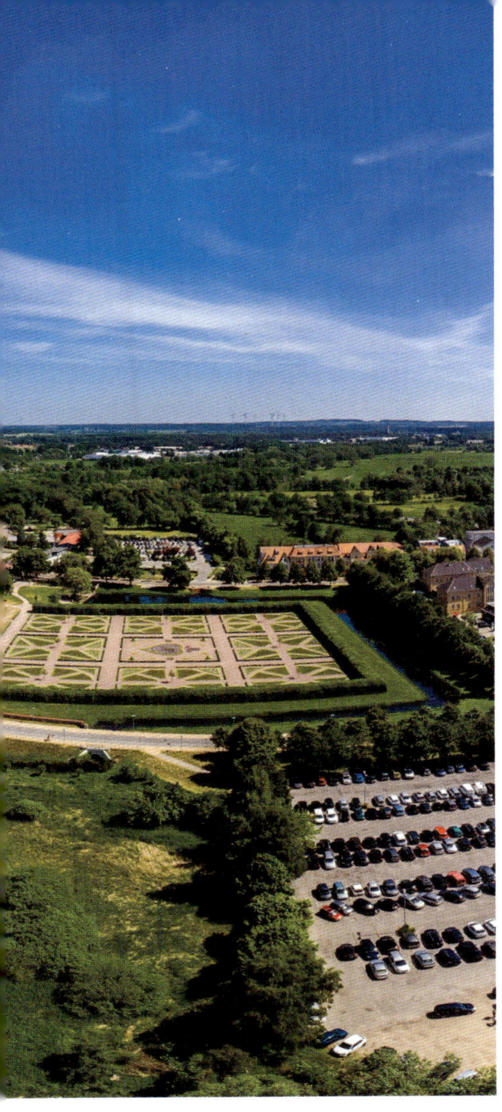

Dieser Blick auf das Häusergewirr Güstrows vermittelt einen guten Eindruck von der Gestalt und der Lage der alten Stadt, in der Ernst Barlach von 1910 bis zu seinem Tode im Jahre 1938 lebte und arbeitete. Rechts das Schloss der Herzöge von Mecklenburg, erbaut zwischen 1558 und 1594 von den Baumeistern Franz Parr und Philipp Brandin – ein Kleinod der Renaissancebaukunst im deutschen Norden. In der Bildmitte der Stadt, der Güstrower Dom, gestiftet 1226, geweiht 1335, vollendet in der zweiten Hälfte des 15. Jahrhunderts – ein ebenso wuchtiges wie stimmungsvolles Meisterwerk norddeutscher Backsteingotik.
Denkt man sich die Neubaugebiete im Hintergrund weg, dann lässt die Aufnahme ahnen, was Ernst Barlach neben der Ruhe, der ländlichen Atmosphäre und den hier ansässigen einfachen Menschen an seiner Wahlheimat Güstrow besonders reizte: die Geschlossenheit der Stadt und ihr nahezu unvermittelter Übergang in die weite mecklenburgische Landschaft, die er tagtäglich während vieler Stunden durchwanderte. Das Lebensgefühl, das ihm daraus erwuchs, hat er einem Briefpartner so beschrieben: „Güstrow ist ein Ort, wo man leben kann [...]. Hier ist es weit und eng zugleich, man wird nach innen verwiesen und hat doch Spielraum für Augen und Beine."

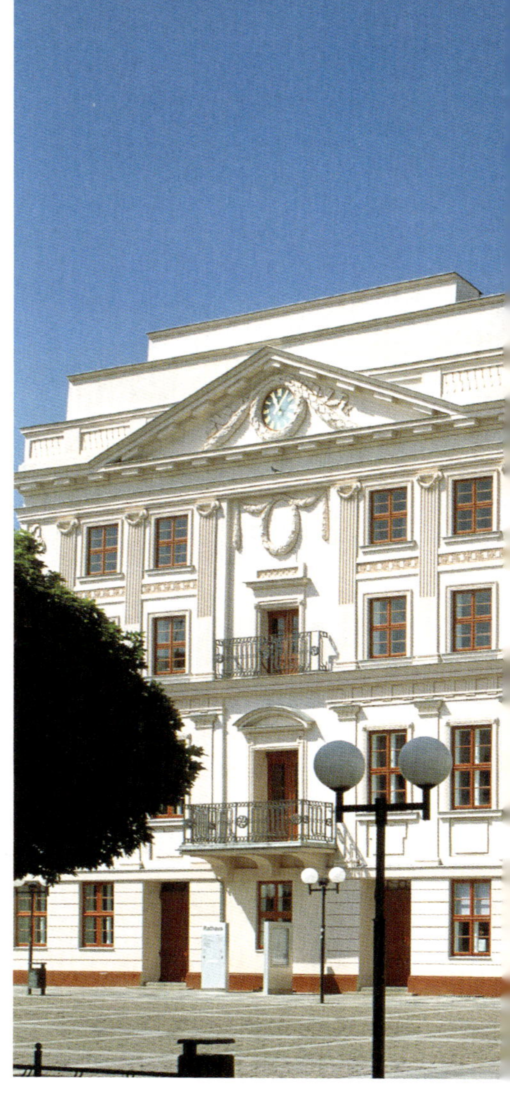

Mittelpunkt der Güstrower Altstadt ist der große rechteckige Marktplatz mit seinen prächtigen Bürgerhäusern. In seiner Mitte stehen, gleichsam Rücken an Rücken, die gotische Pfarrkirche St. Marien, von der man hier nur einen Seitenschiffgiebel und den wuchtigen Turm sieht, und das prachtvolle Rathaus. Dieser außergewöhnliche Bau, der den unbefangenen Betrachter ganz einheitlich anmutet, ist in Wirklichkeit ein Ensemble von vier mittelalterlichen Häusern, die bereits beim Bau der Pfarrkirche an ihrem Platz standen. Erst gegen Ende des 18. Jahrhunderts – in den Jahren 1797/98 – fasste der Architekt David Anton Kufahl die alten Häuser zu einem einheitlichen Gebäudekomplex zusammen, indem er ihnen die beschwingte klassizistische Fassade vorblendete, die seitdem die Ostseite des Güstrower Marktplatzes beherrscht.

Für Ernst Barlach war der weitläufige Platz eine Art städtisches Wohnzimmer. Hier saß er oft zur Kaffeestunde in der hellen, weiträumigen Gaststube des Hotels zum Erbgroßherzog oder abends im stimmungsvollen Weinlokal des Kauf- und Restauranthauses Grotefend an der südwestlichen Marktecke.

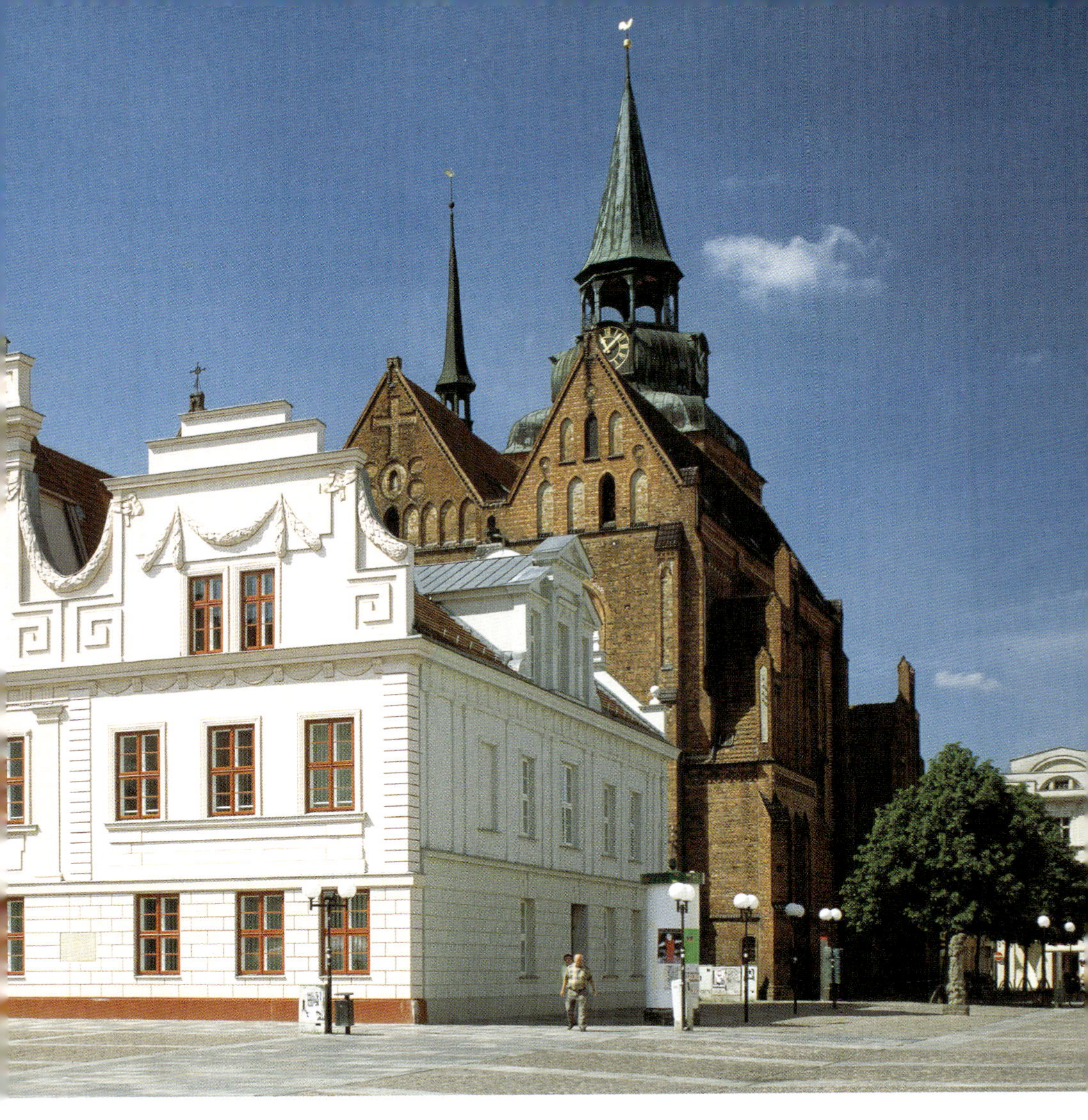

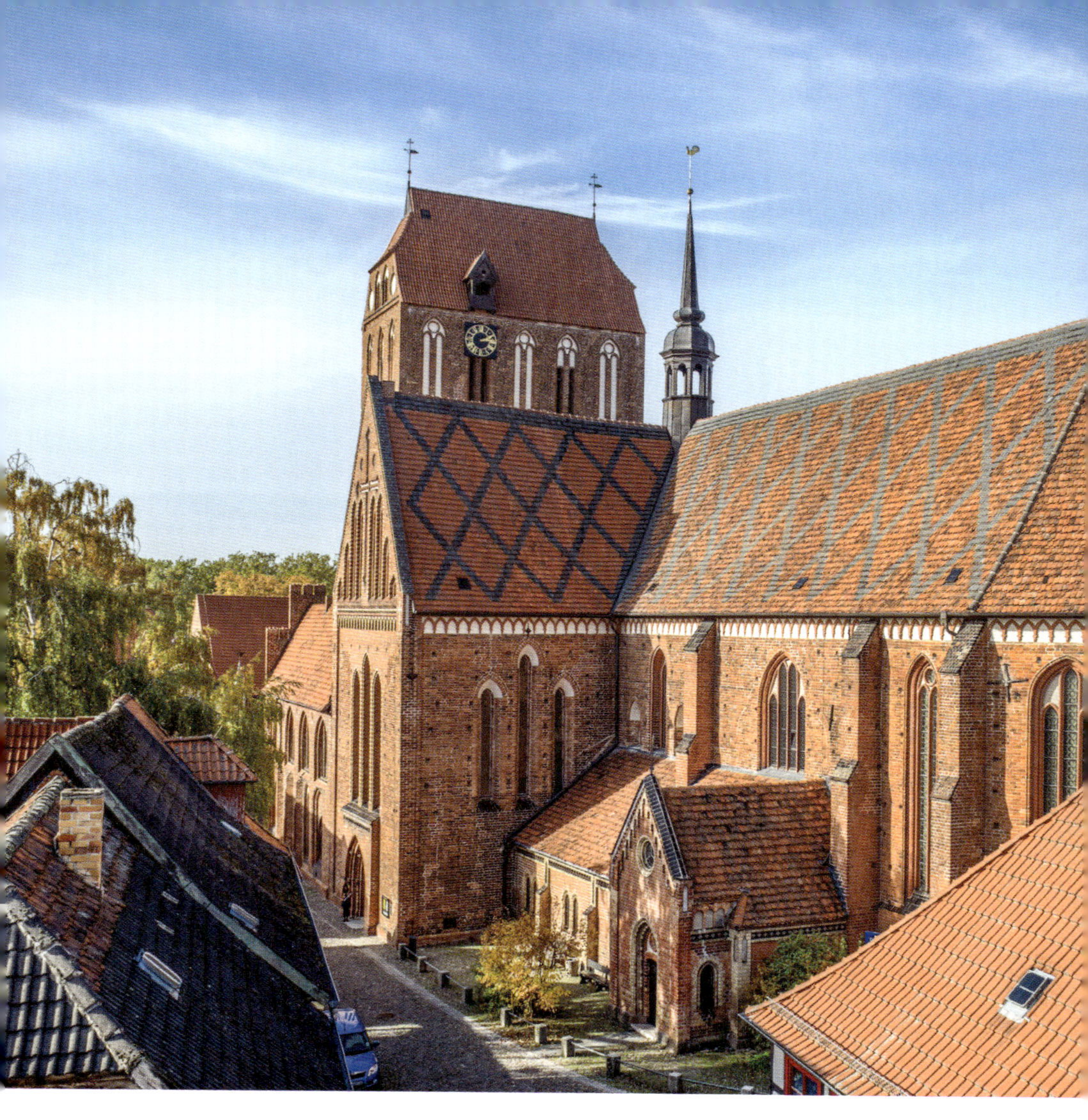

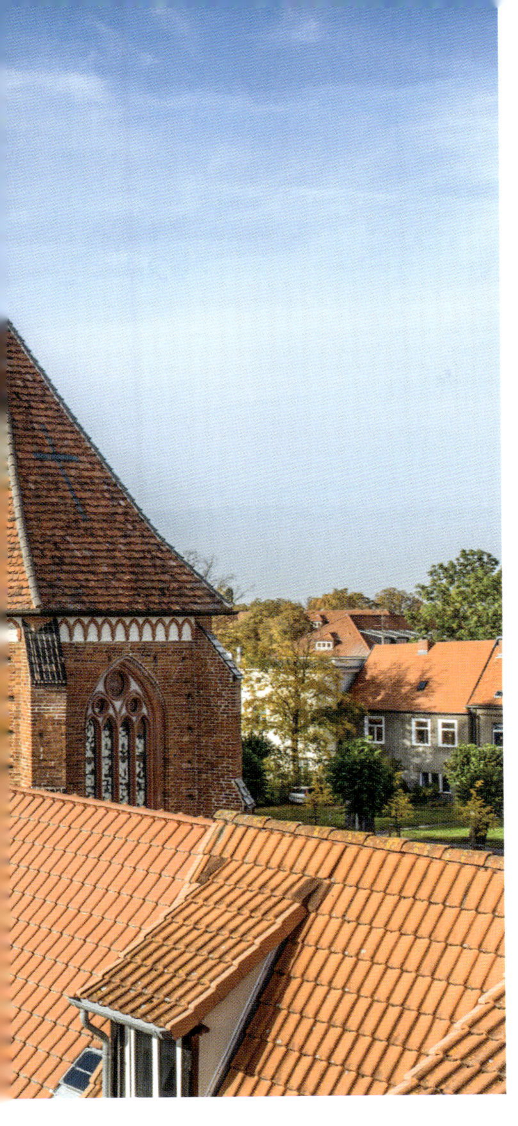

Wie ein schwer lastendes, rotes Gebirgsmassiv überragt der Güstrower Dom mit seinem lang gestreckten Chor und dem wuchtigen Westturm die Dachlandschaft der umliegenden Häuser, die auf der Südseite bis auf wenige Meter an das gewaltige Gotteshaus heranreichen. Die 1226 gestiftete und 1335 geweihte Kirche gehört zu den eindrucksvollsten Beispielen norddeutscher Backsteingotik. Das Innere beherbergt eine Reihe herausragender Kunstwerke: ein mittelalterliches Triumphkreuz, einen spätgotischen Flügelaltar, die zwölf hölzernen Apostelfiguren aus der Werkstatt des Lübecker Bildschnitzers Claus Berg (entstanden zwischen 1530 und 1535), die berühmten Herzoggräber des niederländischen Baumeisters und Bildhauers Philipp Brandin vom Ende des 16. Jahrhunderts und, nicht zuletzt, Ernst Barlachs „Güstrower Domengel“ – eine Hauptattraktion der Stadt. Ernst Barlach liebte die dichte Atmosphäre des Gotteshauses, besuchte dort an hohen Festtagen die Andachten und studierte mit Hingabe seine plastischen Meisterwerke, insbesondere die großartig bewegten Holzbildwerke von Claus Berg und seinen Schülern. Hier, im Güstrower Dom, in einem „engen Raum in halber Höhe des Turms“, spielt eine Schlüsselszene seines späten Dramas „Der blaue Boll“; und hier, zu Füßen einer der bergschen Apostelfiguren, endet das Stück mit einem bewegenden Dialog zwischen dem „Herrn“ und dem widerstrebenden Gutsbesitzer Boll, der am Ende dem göttlichen Anruf zu innerer Erneuerung Folge leistet: „Boll muss? Muss? Also – will ich!“

Im Westen der Güstrower Altstadt, nur wenige Gehminuten von Marktplatz und Dom entfernt, liegt inmitten eines alten, aufgelassenen Gräberfelds die im 15. Jahrhundert errichtete spätmittelalterliche Gertrudenkapelle, ein schlichter, aber fein gegliederter Backsteinbau mit hohen Spitzbogenfenstern und steilem Dach, der bis zur Mitte des 16. Jahrhunderts zunächst als Siechen-, später als Friedhofskapelle genutzt wurde. Von 1824 bis zum Beginn des Zweiten Weltkriegs war sie Kirche für die Insassen des im Güstrower Schloss untergebrachten Arbeitshauses. 1936 restauriert, diente der stimmungsvolle kleine Sakralbau der nationalsozialistischen Ortsgruppe als „Ahnenhalle“. 1952 wurde die mittlerweile als Baudepot zweckentfremdete und vom Verfall bedrohte Gertrudenkapelle erneut restauriert und im folgenden Jahr als Barlach-Gedenkstätte eröffnet. Zur Kustodin dieses außergewöhnlichen Museums setzte der Stadtrat Ernst Barlachs Lebensgefährtin, Marga Böhmer, ein. Für sie hatte man hinter den Giebelfenstern der Westseite eine kleine Dachwohnung eingerichtet, in der sie, umgeben von Erinnerungsstücken an den verstorbenen Künstler, bis zu ihrem Tode im März 1969 lebte. Heute ist die Gertrudenkapelle mit ihrer erlesenen Sammlung von Barlach-Werken Zweigstelle der Ernst Barlach Stiftung, die ihren Hauptsitz im Atelierhaus am Inselsee hat.

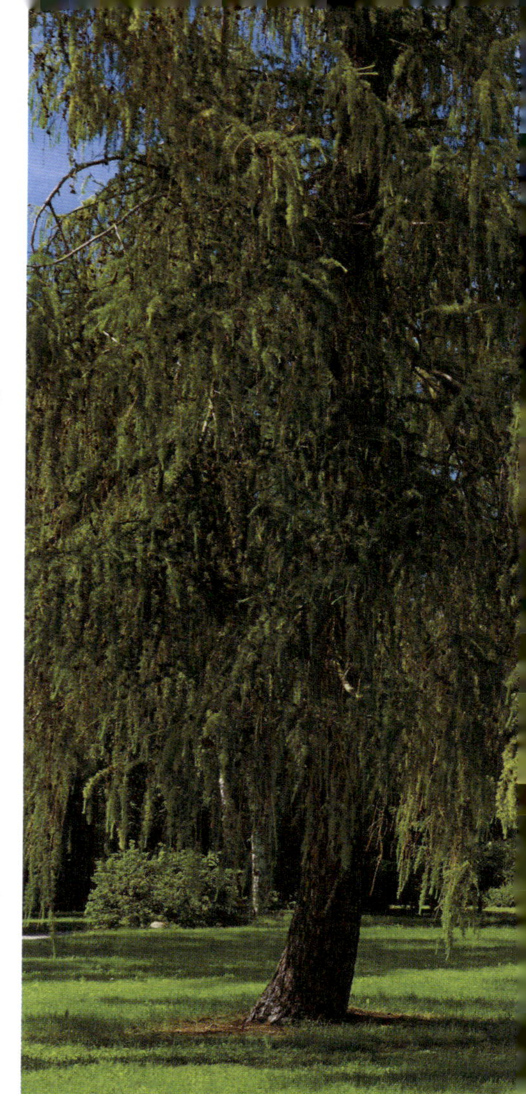

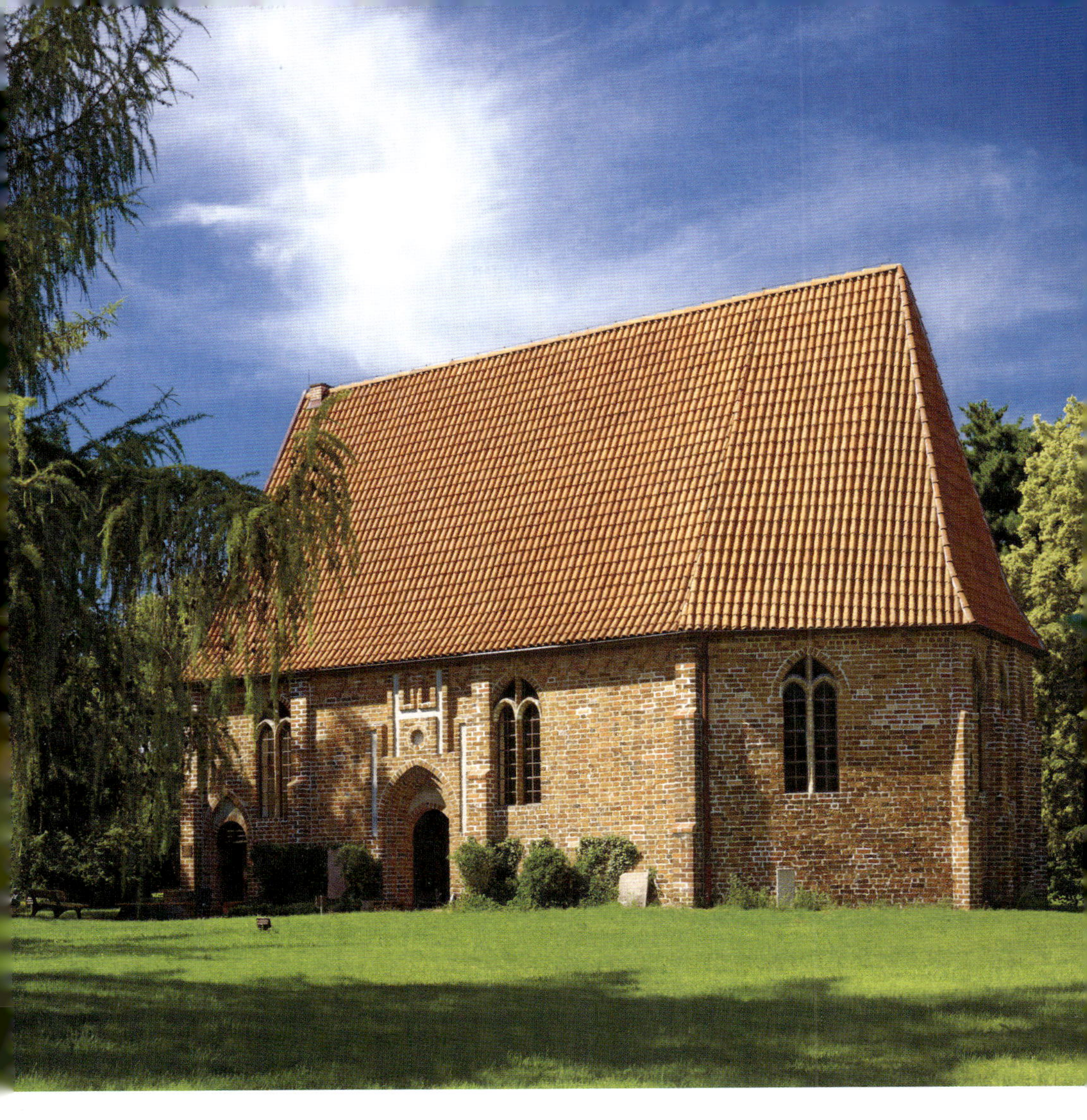

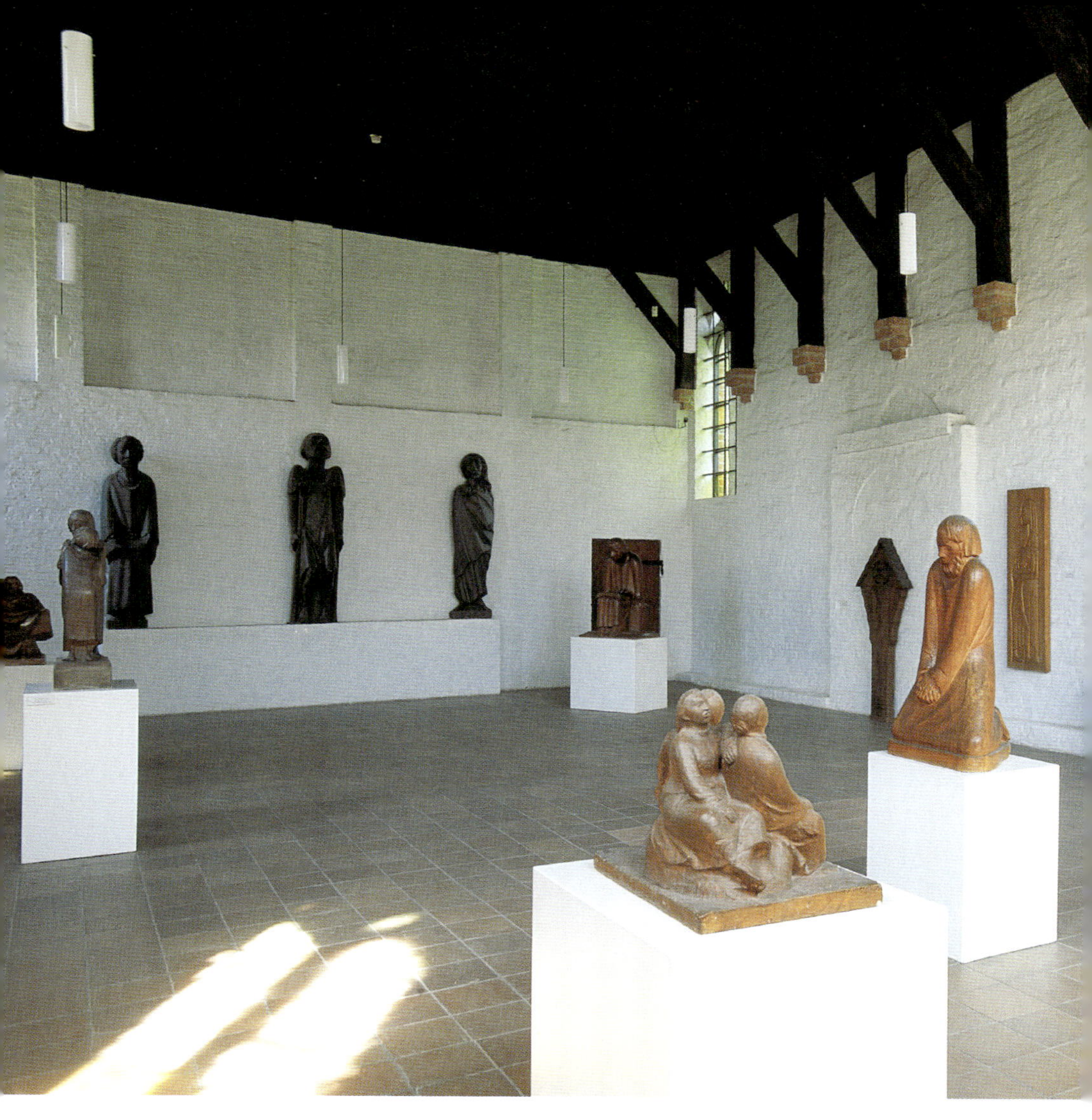

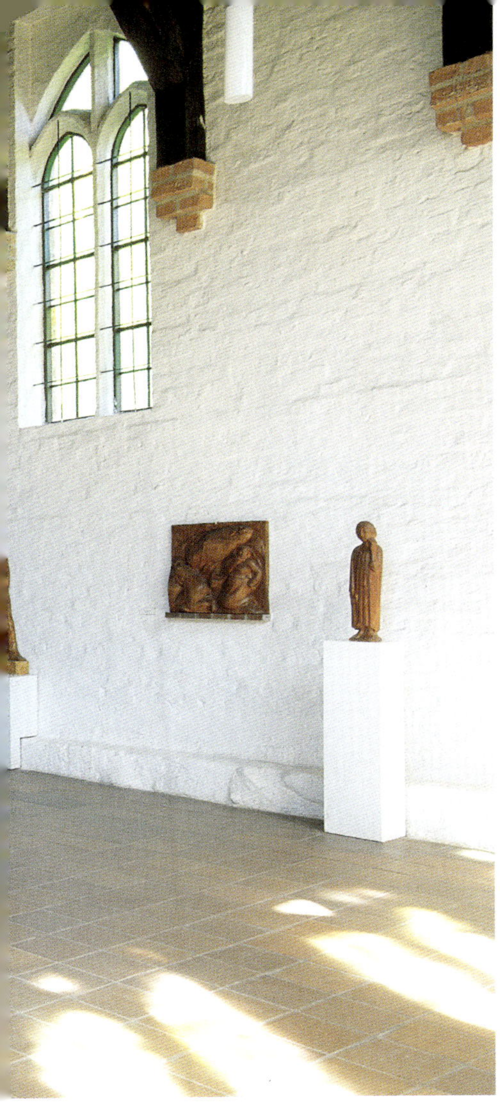

Die Atmosphäre im Inneren der Güstrower Gertrudenkapelle wird bestimmt durch die unverputzten weiß gekalkten Mauern, die flache, dunkle Holzdecke und die hoch liegenden Spitzbogenfenster, durch die ein helles, diffuses Licht in den dämmerigen Kirchenraum strömt. Die fensterlose Westwand (auf dem Foto hinten links) beherrschen die Zweitgüsse der drei überlebensgroßen Klinkerfiguren des „Sängers“ (links), des „Bettlers“ (in der Mitte) und der „Frau im Wind“ (rechts), die Ernst Barlach zwischen 1930 und 1932 für die Lübecker „Gemeinschaft der Heiligen“ schuf. Weitere Hauptwerke des Künstlers in der kleinen, aber aussagekräftigen Sammlung sind die Holzbildwerke „Lesender Klosterschüler“ von 1930 (auf dem Foto in der hinteren rechten Ecke, schräg stehend), „Der Zweifler“ von 1931 (in der rechten Bildhälfte, frei stehend hinter den „Drei Frauen“) und die auf dem Foto nicht sichtbare „Gefesselte Hexe“ von 1926.

Die erlesene Ausstellung in der Gertrudenkapelle versetzt den Besucher, der in der ein wenig abgelegenen Gedenkstätte oft allein ist, in eine eigentümlich meditative Stimmung, in der die ausgestellten Werke auf geheimnisvolle Weise zu sprechen beginnen. Dieses oft beschriebene Erlebnis bestätigt auf eindrucksvolle Weise die Klage Barlachs, dass seinen plastischen Gestalten „der sakrale Raum“ fehle.

Der „große Arbeitstag“ (1927–1932)

Schon während der Arbeit am Modell des Beethoven-Denkmals hatte Barlach die Unzulänglichkeit seines alten Pferdestalls nicht länger ignorieren können. Wollte er in Zukunft Projekte solchen Ausmaßes bewältigen, würde er sich nach einem größeren Atelier umsehen müssen. Ende Oktober 1926 war dieses neue Atelier gefunden: eine alte Autowerkstatt in der Walkmühlenstraße 21 mit zwei großen, hellen Räumen, die nur noch ein wenig hergerichtet werden mussten. Hier sollten demnächst die größeren Arbeiten entstehen, in die er – eigentlich gegen seinen Willen – „hineingestolpert“ sei. Dass diese größeren Arbeiten seine geliebte Privatheit empfindlich stören würden, darüber war Barlach sich im Klaren. Denn Großprojekte bedeuteten ja: Hineinreden der Auftraggeber, streitige Honorarverhandlungen, Termindruck, Korrespondenzen, Besuche – lauter Dinge, die er verabscheute. Doch für ein Zurück war es, wie er einem Bildhauerkollegen aus Pariser Tagen klagte, zu spät: „Ich mag ja nicht, will ja nicht, aber es hilft nicht!“

Das erste der anstehenden Großprojekte, das Barlach im neuen Atelier in Angriff nahm, war ein Ehrenmal, das die Güstrower Domgemeinde seinen im Ersten Weltkrieg gefallenen Mitgliedern errichten wollte. Dafür war zunächst ein Findling vor der Nordseite der Kirche vorgesehen. Doch diesem Plan hatte Barlach heftig widersprochen: Vor einen gotischen Backsteindom könne man keinen Naturstein legen. Gefragt, ob er denn nicht selbst ein Ehrenmal schaffen könne, war er zunächst ausgewichen. Dann aber, im Juli 1926, hatte er dem Domprediger Johannes Schwartzkopff einen Vorschlag unterbreitet: In die Nordhalle des Doms wolle er eine schwebende Figur hängen, die in Gestalt und Ausdruck den namenlosen Schmerz über die Menschheitskatastrophe des Ersten Weltkriegs verkörpern werde. Diese Figur solle – so der Bericht Schwartzkopffs in seinen Lebenserinnerungen – „über den Alltag hinausführen in eine andere Welt. Er selbst wolle nichts dabei verdienen und bäte nur um Ersatz der Unkosten." Trotz einigen Unbehagens bei den Entscheidungsträgern fand dieser Plan schließlich Zustimmung. Im Dezember 1926 machte sich Barlach, assistiert von Bernhard Böhmer, an die plastische Umsetzung seiner Idee. Ein Vierteljahr später, im Februar 1927, war das Gussmodell des „Güstrower Domengels" vollendet.

Was der Künstler mit seinem ungewöhnlichen Ehrenmal hatte darstellen wollen, hat er Karl von Seeger, der damals ein Buch über „Denkmale des Ersten Weltkrieges" herausgeben wollte, Anfang Februar 1929 in einem Brief anschaulich geschildert: „eine schwer ruhende Unbeweglichkeit als Ausdruck nie versiegenden Grams" und „eine Abgewandtheit aus der Gegenwart hin in die Zeit des unerhörten Geschehens", beides verkörpert durch „eine Erstarrtheit in vollkommener Entrücktheit". Tatsächlich hatte diese künstlerische Vision in seinem „Schwebenden" überzeugend Gestalt angenommen.

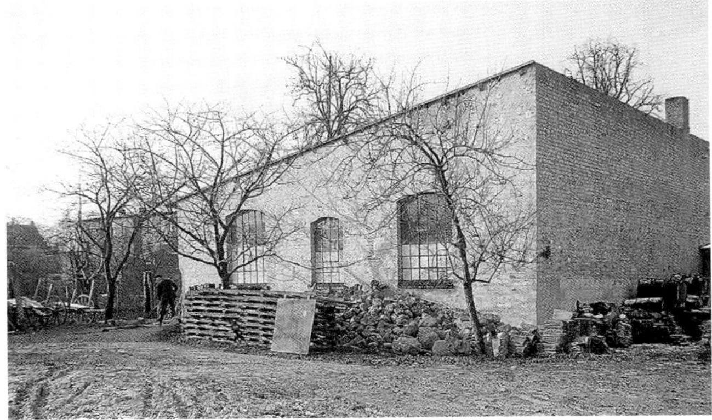

Barlachs neues Güstrower Atelier in der Walkmühlenstraße 21, eine ehemalige Autowerkstatt.
Hier entstanden zwischen Dezember 1926 und Februar 1931 seine großen Denkmale: der „Güstrower Domengel", der „Geistkämpfer" für die Stadt Kiel, das „Magdeburger Ehrenmal" und die ersten Figuren für die Lübecker „Gemeinschaft der Heiligen".

Am 29. Mai 1927 – dem Sonntag Exaudi – wurde das „Güstrower Ehrenmal" mit einem Festgottesdienst der Öffentlichkeit übergeben. Doch die Aufnahme vor Ort war zwiespältig. Während Konservative und Kriegervereine am „Güstrower Ehrenmal" das Vaterländische und Heroische vermissten, priesen die „Mecklenburgischen Monatshefte" den schwebenden Engel als „ein Denkmal, das anders als alle manchen Orts errichteten in einem stärkeren und reineren Sinn heroisch wie menschlich ist." Überwiegend zustimmend bis enthusiastisch reagierte auch die deutsche Kunstöffentlichkeit. Seit der „Domengel" an seinem Platz hing, pilgerten alljährlich unzählige

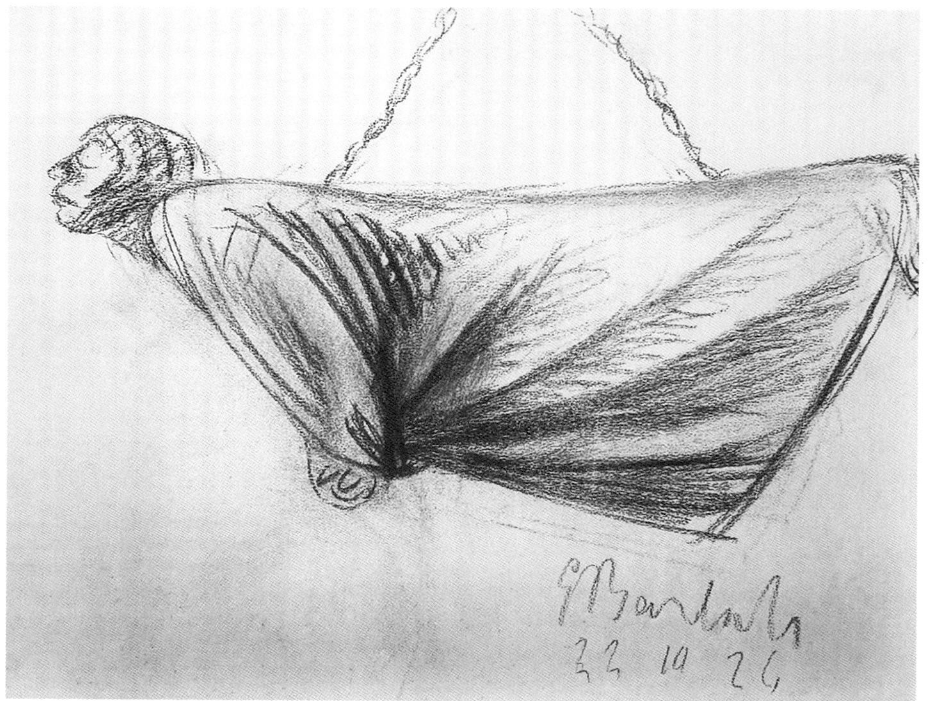

Seinen „Güstrower Domengel“ bereitete Barlach mit einer Serie großer Zeichnungen vor, in denen er sich der endgültigen Form des Schwebenden schrittweise annäherte.

Menschen aus aller Welt zu dem einzigartigen Werk, das heute unwidersprochen als eine der bedeutendsten religiösen Bildschöpfungen des 20. Jahrhunderts gilt.

Drei Wochen nach der Einweihung des „Güstrower Ehrenmals“ reiste der von der Arbeit erschöpfte Ernst Barlach zur Kur nach Bad Kissingen, wo er schon kurz nach der Ankunft mit der Niederschrift seiner seit Langem geplanten Autobiografie begann. Als er vier Wochen später die Rückreise antrat, hatte er den Großteil des Textes zu Papier gebracht. Was noch fehlte, ergänzte er zwischen September und Dezember am heimischen Schreibtisch. Ein Dreivierteljahr später, Anfang Oktober 1928, erschien das kleine Werk unter dem Titel „Ein selbsterzähltes Leben“ im Paul Cassirer Verlag, ausgestattet mit 23 Zeichnungen im Text und ergänzt um einen Anhang von 83 Tafeln, auf denen alle vollendeten Plastiken der Jahre 1906 bis 1927 im Großformat abgebildet waren.

Barlachs „Selbsterzähltes Leben“ ist ein ebenso originelles wie aufschlussreiches Buch. Verfasst in einer eigenwillig-bildhaften Sprache, beschreibt es in 15 knappen Abschnitten sehr anschaulich die Empfindungen, mit denen der Autor rückblickend die Stationen seines mühsamen Lebenswegs bewertete – bis zu dem Punkt, wo dieser nach endlosem Fehlgehen schließlich in Anerkennung und Erfolg mündete. Doch die ausbleibende Resonanz auf das mit Herzblut geschriebene Werk enttäuschte seine Erwartungen – ein Umstand, den er den Nachfolgern Paul Cassirers anlastete, die den Enthusiasmus des Freundes vermissen ließen. Zwar nähmen die neuen Verlagsherren seine Interessen „in anständiger Weise" wahr; Cassirer aber sei sein Freund und „Parteigänger" gewesen und habe, wenn es um die Förderung seines Werkes ging, nicht geknausert.

Gleich nach seiner Rückkehr aus Bad Kissingen nahm Ernst Barlach ein weiteres Großprojekt in Angriff: eine Denkmalgruppe für die Stadt Kiel. Die Geschichte dieses Vorhabens reichte zurück bis in den April 1924, wo man seine Mithilfe bei einem Ehrenmalprojekt erbeten hatte, das ein anderer ausführen sollte. Doch das hatte der auf strikte Eigenständigkeit Bedachte abgelehnt. Erst danach trug man ihm ein eigenes Projekt an, das von den Vertragsparteien im Frühjahr und Spätsommer 1927 eingehend erörtert wurde. Gedacht war nun an eine raumbeherrschende Großplastik, die zwischen zwei Außenpfeilern der Kieler Universitätskirche aufgestellt werden sollte.

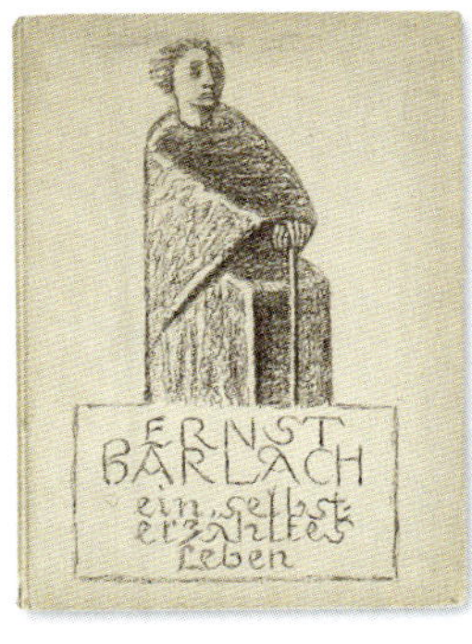

Die von Barlach selbst gestaltete Titelseite seiner Autobiografie „Ein selbsterzähltes Leben", erschienen im Oktober 1928 im Paul Cassirer Verlag, Berlin.

Dazu unterbreitete Barlach – nach zahllosen Vorstudien – einen ebenso ungewöhnlichen wie eindrucksvollen Vorschlag: Auf dem Rücken eines horizontal gedehnten, raubkatzenähnlichen Fabeltiers sollte ein schlanker Engel stehen – steil aufgerichtet, mit einem zum Himmel weisenden Schwert in beiden Händen. Die Interpretation des knapp fünf Meter hohen Bildwerks hat der Künstler – in einem Brief an seinen Kieler Verhandlungspartner Dr. Hahn – selbst gegeben. Dargestellt sei, so Barlach, eine „Gruppe der Selbstüberwindung". Der nach oben, ins Lichte, Klare strebende Geist des Menschen (symbolisiert durch den stehenden Engel) triumphiert über seine aus tiefsten Tiefen aufsteigenden dunklen Sehnsüchte, Instinkte und Triebe (symbolisiert durch das erdnahe, finster blickende Fabeltier). Diese Interpretation hatte vermutlich auch der Unbekannte im Auge, der der

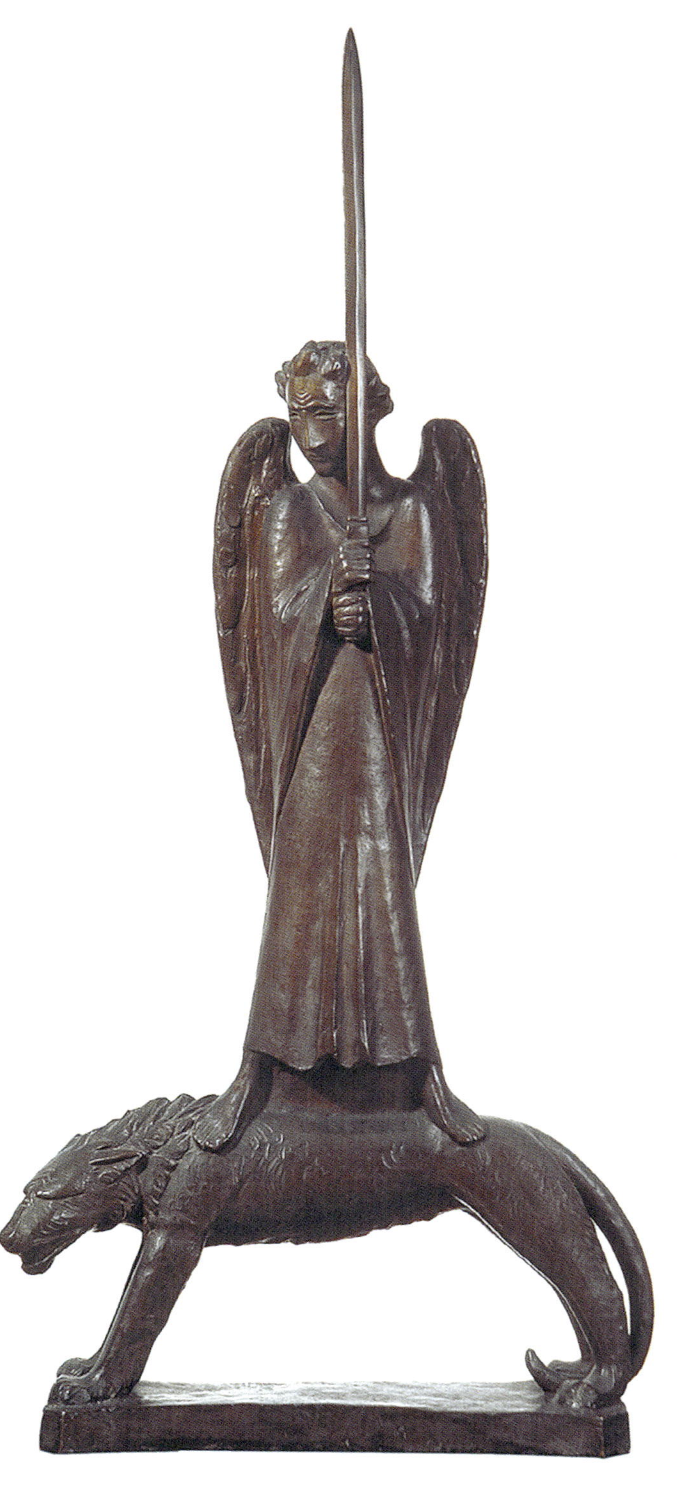

Das 1928 entstandene kleine Werkmodell des „Geistkämpfers“ zeigt eindrucksvoll Barlachs Konzept des Werks: Über die dunklen Triebe und Instinkte des Menschen (symbolisiert durch das geduckte Fabeltier) erhebt sich der menschliche Geist (symbolisiert durch die aufstrebende Gestalt eines Engels).

Gruppe später ihren heutigen Namen gab: „Der Geistkämpfer".

Den Eingang des Werkvertrages bestätigte Barlach seinen Auftraggebern am 30. Januar 1928. Danach vollendete er den „Geistkämpfer" in kürzester Zeit. Bereits im September konnte er nach Kiel melden, dass nach dem Engel nun auch das Tier zum Guss nach Berlin abgegangen sei. Mitte November stand das Werk fertig im Hof der Berliner Gießerei Noack. Zwei Wochen später, am 29. November 1928, wurde es vor der Heiligengeistkirche auf seinen Sockel gestellt. Offenkundig zum Missvergnügen vieler Bürger, denen der „Geistkämpfer" zu individuell, zu unpathetisch, zu unheroisch erschien. Mit verhaltenem Grimm berichtete Barlach seinem Bruder Hans von der verbreiteten Missstimmung: „Die Aufnahme der Gruppe ist [...] frostig und ablehnend. Man hatte zwei Tage vorher sogar das Schwert abgebogen in der Nacht, alle Rechtsparteien ziehen gegen mich vom Leder. Jede Art Dummheit wird laut und mit Behagen austrompetet."

Obwohl erschöpft, und von seinem Arzt zur Schonung ermahnt, gönnte Barlach sich keine Pause. Noch ehe der „Geistkämpfer" an seinem Ort stand, war er schon wieder „in voller Fahrt" beim nächsten Großprojekt: einem Ehrenmal für den Magdeburger Dom. Den Auftrag dazu hatte das preußische Kultusministerium erteilt, das als Patronatsbehörde des Doms das Mal als Gedenkstätte für die Gefallenen des Ersten Weltkriegs stiften wollte. Barlachs Grundidee, die er schon im August 1927 zeichnerisch und ein Jahr später auch als Vormodell formuliert hatte, zielte diesmal, anders als in Güstrow, auf keine sinnbildliche, sondern auf eine realistische Darstellung des Krieges. Das Grauen der Schlachtfelder sollten sechs überlebensgroße Gestalten veranschaulichen, in der oberen Reihe, hinter einem Grabkreuz aufgereiht, drei Soldaten: ein erstarrter, ein schicksalsergebener und ein verängstigter; und zu Füßen der drei Krieger drei Halbfiguren als Verkörperungen von verzweifelter Trauer, Tod und Entsetzen.

Schon im November 1928 begann Barlach mit dem Aufbau des Arbeitsmodells, im Februar 1929 wurden im benachbarten Bützow die großen Eichenholzkloben zugeschnitten, ab April besorgte Bernhard Böhmer mit

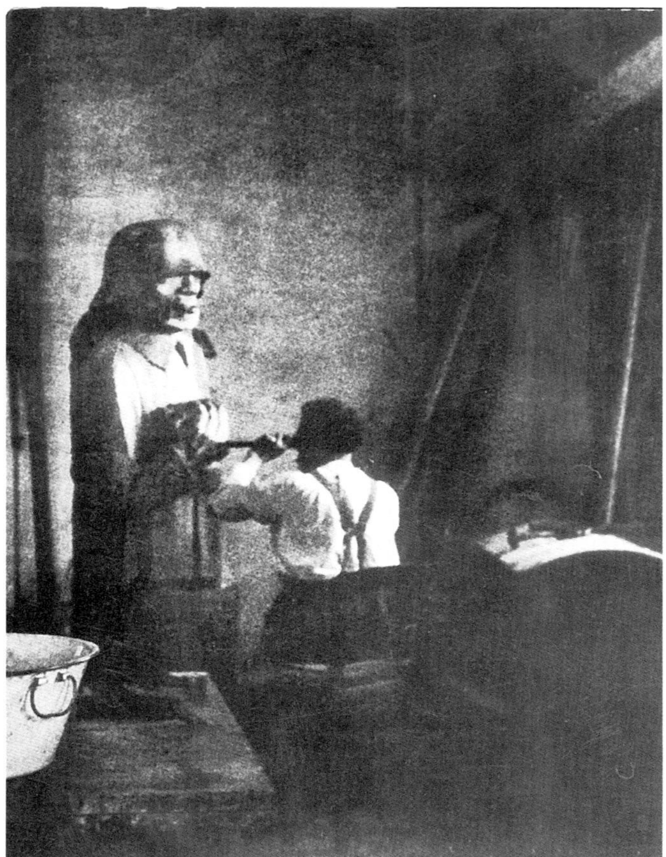

Sommer 1929: Ernst Barlach bei der Arbeit am linken Teilstück des „Magdeburger Ehrenmals" – eine Arbeit, die den herzkranken 59-Jährigen an den Rand seiner Kräfte brachte.

beigezogenen Hilfskräften das Zurichten der Einzelteile, dann machte sich Barlach selbst an die Arbeit. Es war Schwerstarbeit, die den Herzkranken zuweilen überforderte. Dennoch schritt das Werk rasch voran. Schon Ende Oktober waren alle drei Stücke fertig und zusammengesetzt. Am 1. November wurde das Ehrenmal in Barlachs Gegenwart probeweise an seinen Platz gestellt. Dreieinhalb Wochen später, am 24. November 1929, fand im Magdeburger Dom die feierliche Einweihung statt – diesmal in einer unverhohlen frostigen, ja feindseligen Atmosphäre. Denn weitaus die meisten der Anwesenden empfanden die Aussage des Barlach-Mals als zu kritisch, zu pessimistisch, zu trostlos. Sie vermissten daran das für sie Wesentliche: die Verklärung der Gefallenen als Helden und die Darstellung ihres Heldentods als vaterländische

Tat. Wortführer des Widerstands waren der Stahlhelm-Bund, der Nationalverband deutscher Offiziere und die Deutschnationale Volkspartei, deren Vertreter vor allem Barlachs Soldaten als „rassefremd“ ablehnten, als Menschentypen eines „stumpfen slawisch-mongolischen Typs“.

Dass Barlach auf solche Anfeindungen empfindlich und zornig reagierte, hatte gute Gründe. Denn zwischen Oktober 1928 und Januar 1929, in der Zeit also, in der das Werkmodell des „Magdeburger Ehrenmals“ entstand, war ein für die Nachbarstadt Malchin gedachtes Ehrenmalprojekt am Widerstand vaterländischer Vereine gescheitert. Empört berichtete der Düpierte am 22. Januar 1929 seinem Bruder Hans über die andauernden Verleumdungen, die nicht nur seinen künstlerischen Ruf, sondern auch seine wirtschaftliche Existenz in Gefahr brachten: „Meine Entwürfe für ein Ehrenmal in Malchin sind dadurch zu Fall gebracht, dass man mich als Juden denunzierte, als auch, dass man behauptete, ich hätte das kommunistische Volksbegehren gegen den Panzerkreuzer unterschrieben [...]. Ich fahnde nach Beweisen ‚schwarz auf weiß‘ und werde ganz gegen meine Neigung genötigt sein, vorzugehen mit Klagen, denn der Stahlhelm ist zahlreich, also quantitativ übermächtig, und seine Hetze greift polypenarmig weit im Lande herum.“ Doch zu den angedrohten Klagen kam es nicht, denn „Beweise schwarz auf weiß“ waren nicht aufzutreiben. Und so blieb dem Künstler nach dem Verlust des schon sicher geglaubten Auftrags nur, sich unter der Überschrift „Wider den Ungeist“ in einem zornigen Dossier Luft zu machen.

Es ist ein großartiger Text, in dem Barlach gegen Ende noch einmal seine ganz eigene Auffassung von einem Ehrenmal für Gefallene darlegt: „Wollt ihr die Toten ehren, so lasst sie in ihrem Bereich der Ruhe. Spickt nicht die Tragik ihres Schicksals mit fetter Pietät, gebt zu, dass sie waren, aber nicht sind, indem ihr das Andenken vom Zweckschwall säubert, und gönnt ihnen die Vollendung, deren sie teilhaftig wurden durch Letztgültigkeit, durch Eingehen ins Unwiederbringliche.“ Und dann hält er den Kriegerverbänden und ihren Sympathisanten den Spiegel vor: „Das Lange und Breite von dem Allen ist, dass ihr Siegesdenkmäler haben wollt hinten herum,

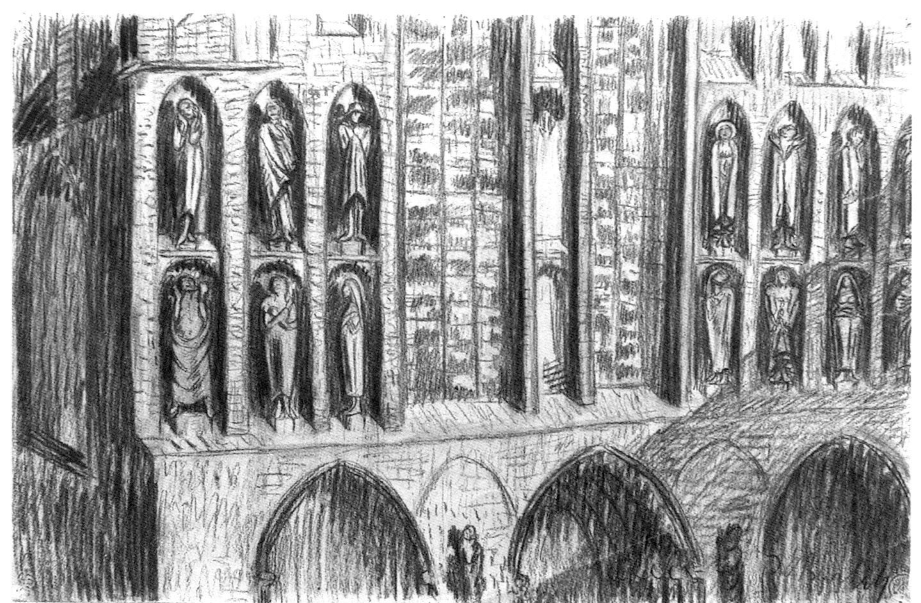

Oktober 1929: Barlachs Ideenskizze für das Großprojekt einer „Gemeinschaft der Heiligen“ für die Fassadennischen der ehemaligen Kloster-Kirche St. Katharinen in Lübeck

wenn es von vorn und ohne Umschweife nicht angeht, also Eitelkeitsbefriedigung, da ja die Toten nichts davon haben, bei dem sich selbst einsetzenden Erben ihrer Taten.“ Hellsichtige Worte, die aber, weil unveröffentlicht, seine Gegner nicht erreichten.

Nach Vollendung des „Magdeburger Ehrenmals“ fühlte sich Barlach „zermürbt“ und „völlig ausgepumpt“. Nur widerwillig und zuweilen unwirsch reagierte er deshalb auf Anfragen, Bitten und Besuche, die seinem bevorstehenden 60. Geburtstag galten. Denn im Jubiläumsjahr 1930 planten Museen, Kunstvereine, Galerien und Künstlervereinigungen in Berlin, Kiel, Lübeck, Hamburg, Essen und anderenorts Ausstellungen und Feiern – „Festklimbim“, den er zutiefst verabscheute. Grimmig beklagte er sich im Dezember 1929 bei seinem Münchener Verlegerfreund Reinhard Piper: „Ich kann halt die Festmiene nicht leisten aus gründlichem Mangel einer festlichen Vorstellung von mir und meinem Getue. Sollen mir die Leute doch meine Ruhe lassen, ich hab' es schauerlich satt, gepriesen zu werden, als unzureichender Anlass zu eigener Wichtigmacherei von solchen zu gelten, denen ich am Ende ganz fernstehe.“ Das war in hohem Maße ungerecht, denn die meisten dieser Geburtstagsveranstaltungen demonstrierten den hohen Rang des Künstlers auf überzeugende Weise. Wie auch manche Einführungsrede die Eigenart der barlachschen Kunst treffend charakterisierte.

Während die Berichte über diese Huldigungen die Gazetten füllten, sah sich der Gefeierte mit einer Aufgabe konfrontiert, die, wäre sie zu bewältigen gewesen, sein Lebenswerk als Bildhauer hätte krönen können: Sechzehn überlebensgroße Figuren für die Backsteinfassade der ehemaligen Klosterkirche St. Katharinen in Lübeck. Nach der Vorstellung ihres Initiators, des Lübecker Museumsdirektors Carl Georg Heise, sollten diese Gestalten in ihrer Gesamtheit eine „Gemeinschaft der Heiligen" bilden – nicht Apostel oder Kirchenheilige, sondern, als Ausdruck moderner, undogmatischer Frömmigkeit, „beispielhafte Gestalten der ringenden und leidenden Menschheit", vom selbstgewissen Gläubigen bis zum modernen Hiob und Zweifler. Für die Finanzierung des Projekts war vorgesehen: Jede der glasierten Klinkerfiguren sollte in zwei Exemplaren gegossen und gebrannt werden, von denen Heise eines an Museen oder Sammler verkaufen wollte, um so die Kosten für weitere Figuren und das Honorar für den Künstler aufzubringen.

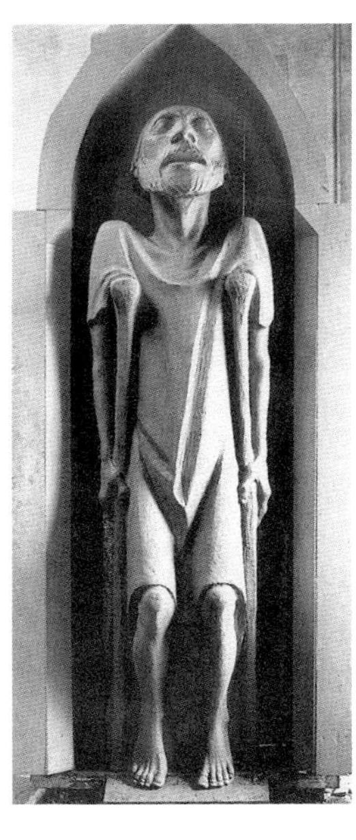

Die erste Figur für die „Gemeinschaft der Heiligen": „Der Bettler", fertiggestellt im Juli 1930. Das Foto zeigt das originalgroße Tonmodell des berühmten Werks in einer hölzernen Modellnische.

Barlach war von der Kühnheit dieses Plans zunächst ebenso erschreckt wie fasziniert. Unmittelbar nach Heises erstem Güstrow-Besuch, im Oktober 1929, fixierte er den Grundgedanken des gigantischen Vorhabens in einer großen Übersichtsskizze. Zwei Monate später – der Lübecker Denkmalrat hatte inzwischen zugestimmt – prüfte er die Wirkung der geplanten Figuren an einem Architekturmodell. Dann, im Juli 1930, entsteht in nur vier Wochen das Gipsmodell der ersten „Heiligengestalt": „Der Bettler" – neben dem „Güstrower Domengel" Barlachs ausdrucksstärkste und berühmteste Schöpfung. Zwei weitere Figuren folgen im Abstand von mehreren Monaten: „Der Sänger" (Klinkerbrand 1931) und die „Frau im Wind" (Klinkerbrand 1932). Dann machen die Zeitumstände, allgemeine Geldnot und die Machtübernahme der Nationalsozialisten dem einzigartigen Projekt ein jähes Ende.

Wie gegen alle Barlach-Werke im öffentlichen Raum, so regte sich auch gegen die geplante „Gemeinschaft der Heiligen" schon bald heftiger Widerstand. Als

Heise im November 1930 den „Bettler“ ausstellte, brach in Lübeck ein Sturm der Entrüstung los. In einer groß angelegten Kampagne sammelten die „Lübeckischen Anzeigen“ mehr als 700 Unterschriften für einen Protestantrag an Senat, Bürgerschaft und Denkmalrat. Zwar erreichte dieses Bürgerbegehren sein Ziel nicht, doch sah sich Heise gezwungen, die fertiggestellten Barlach-Figuren vorerst nicht in den Fassadennischen, sondern im hohen Chor von St. Katharinen aufzustellen.

Nach der Fertigstellung des „Bettlers“, im Hochsommer 1930, war Barlach so erschöpft, dass er erneut eine Kur in Bad Kissingen antreten musste. Doch Erholung wollte sich diesmal nicht einstellen. Dabei warteten auf ihn nach der Rückkehr mehrere Aufgaben, die gleichzeitig erledigt werden mussten.

In Hamburg sollte eine im Bau befindliche Ehrenmal-Stele am Rathausmarkt rückseitig mit einem großen Flachrelief geschmückt werden. Dafür hatte der Künstler, den Hamburgs Oberbaudirektor Fritz Schumacher für diese Aufgabe gewonnen hatte, die Figur einer im Schmerz aufrechten Kriegerwitwe entworfen, die ihr Kind tröstend an sich zieht. Die Entscheidung über diesen Vorschlag zog sich bis in den Herbst 1930 hin, während die altbekannten Gegner gegen Barlachs Gestalten im Parlament und in der Öffentlichkeit mobil machten. Dabei waren Urteile wie „ägyptisch-syrischer Monumentalstil“, „hamitischer Typus“, „zu fremd, zu afrikanisch“, „fremdstämmige Plastik“ oder „künstlerische Dekadenz“ noch vergleichsweise harmlos. Anderes war für den Künstler und seine Auftraggeber bitterer: So die Bemerkung des berühmten Berliner Bildhauers Hugo Lederer, Barlachs Arbeit sei „eine Verhöhnung des Menschentums“. Empört ersucht der tief Getroffene den Kollegen Lederer um eine Richtigstellung – er erhält noch nicht einmal eine Antwort.

Erst am 3. November 1930 konnte sich der Senat endlich zu einem Entschluss durchringen. Danach mussten Werkmodelle in ansteigender Größe hergestellt werden, eine Arbeit, die sich bis in den Mai 1931 hinzog. Erst dann konnte ein Steinmetz mit der Übertragung des Reliefs auf die Stele beginnen. Ende Juli war die Arbeit abgeschlossen. Am 2. August 1931 fand die Einweihung statt, aus Angst vor Protesten unangekündigt, in aller Frühe

Ernst Barlach bei der Arbeit am Gipsmodell (1:2) für das Relief des „Hamburger Ehrenmals". Das Foto entstand im Frühjahr 1931 im großen Werkraum des neuen Atelierhauses am Inselsee.

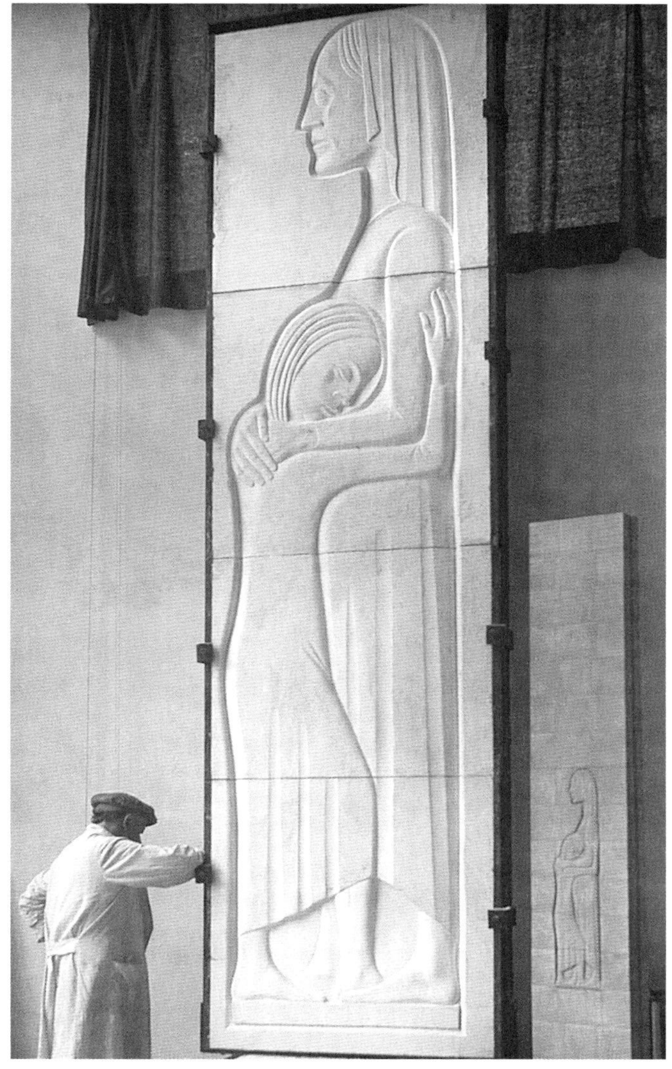

und im kleinsten Kreise. Ein blamables Schauspiel, das die Kommunistische Volkszeitung treffend kommentierte: „Bürgermeister Ross und einige Vertreter des Senats legten [...] am Sonntag einen Kranz nieder und fertig war der ganze Klimbim."

Das größte und letzte Modell seines „Hamburger Ehrenmals" hatte Barlach bereits in seinem neuen Atelierhaus am Inselsee gearbeitet, einem repräsentativen Klinkerbau, der zwischen September 1930 und Mai 1931 auf dem weitläufigen Nachbargrundstück des Böhmer-Hauses entstand und moderne Werkstatträume und Wohnung unter einem Dach vereinigte. Doch als das ansehnliche Bauwerk fertig dastand und rasch zum beliebten Ausflugsziel der Güstrower wurde, mochte der Künstler nur die hellen, gut ausgestatteten Werkräume nutzen: der großzügig bemessene Wohnteil mit seinen stimmungsvollen Zimmern war ihm zu aufwendig. Deshalb richteten sich hier zunächst sein Sohn und seine Haushälterin, später Bernhard Böhmer mit seiner zweiten Frau ein, während der Bauherr selbst in den intimen Dachzimmern des Böhmer-Hauses wohnen blieb.

So sehr Barlach seine neuen Arbeitsräume genoss, so unbehaglich fühlte er sich angesichts der Schulden, die er zur Finanzierung des Atelierhauses hatte machen müssen: „Der Bau hier ist eine fressende Krankheit", klagte er seinem Vetter Karl Barlach im April 1931, „Geld, Geld, immer mehr Geld muss flüssig gemacht werden." Doch die Furcht war übertrieben, denn in Wirklichkeit war die Finanzierung des Atelierhauses nach menschlichem Ermessen solide abgesichert: 1. durch die Honorare der laufenden Großprojekte, 2. durch ein gewinnträchtiges Gussprogramm von zunächst 16 (später 20) Bronzen, das sein neuer Galerist Alfred Flechtheim Mitte Juli 1930 mit dem Künstler vereinbart hatte, und 3. durch den großzügig dotierten Auftrag, die Sockelfiguren des Beethoven-Denkmalentwurfs von 1926 zu einem eigenständigen Werk umzugestalten.

Der Anstoß dazu war von Tilla Durieux, der Frau seines verstorbenen Kunsthändlers Paul Cassirer, ausgegangen. Diese hatte im Februar 1930, vier Jahre nach Cassirers Selbstmord, den jüdischen Generaldirektor und Konzernherrn Ludwig Katzenellenbogen geheiratet. In ihrem geräumigen Haus wollte sie nun einen privaten Musiksaal einrichten. Dafür sollte Barlach die für sein Beethoven-Denkmal entworfenen Gestalten in Holz ausführen und an der Längswand des Raumes in einer Abfolge von flachen Nischen aufreihen. Als im November 1930 der Auftrag zu diesem „Fries der Lauschenden" erteilt wurde, schien für den Künstler ein langgehegter Traum endlich in Erfüllung zu gehen. Mit Begeisterung stürzte sich der Erschöpfte in die neue Arbeit.

Nur einen Monat später war die erste der auf neun Figuren angelegten Reihe, „Der Wanderer“ („auch ein bisschen mein Porträt“) fertig. Doch das so hoffnungsvoll begonnene Projekt stand unter keinem guten Stern. Im August 1931 musste Ludwig Katzenellenbogen wegen der nicht mehr beherrschbaren Krise seiner Unternehmen alle Zahlungen und damit auch die Ratenzahlungen an Barlach einstellen. Ende Oktober 1931, kurz nach Lieferung der zweiten Figur („Die Tänzerin“), wurde er verhaftet und ein halbes Jahr später wegen diverser Wirtschaftsvergehen zu einer Gefängnisstrafe verurteilt, was seinen wirtschaftlichen Ruin besiegelte. Danach blieb dem resignierten Barlach nur noch die Fertigstellung der letzten von drei vorab bezahlten Figuren („Die Träumende“), dann musste er das Vorhaben notgedrungen einstellen.

So endete der ruhmreiche Lebensabschnitt, den der Künstler nicht ohne Stolz seinen „großen Arbeitstag“ nannte, mit einer bitteren Enttäuschung und unerwarteten finanziellen Sorgen, die, zusammen mit den bösartigen Angriffen und Intrigen gegen seine Ehrenmale, den Alternden und zunehmend Kränkelnden allmählich zermürbten. Was er seinem Bruder Hans im Dezember 1931 schreibt, klingt wie ein Hilfeschrei: „Die lästigen Erscheinungen, von denen Du schreibst, sind die Zutaten unserer Jahre, ich kenne das seit 1925 und habe täglich mit Schwindel, Blutandrang, dickem Kopf usw. zu tun. Kein Tag ohne, und dabei das tausendfache Drum und Dran – wir müssen beide unsere Kräfte über Gebühr anspornen, statt ein bisschen leichter hat man es viel schwerer als früher, die Sorgen, muss ich sagen, wachsen, es haben sich noch unbezahlte hohe Baukosten erwiesen, die zu erhoffenden Zahlungen in Konsequenz von Verträgen stocken, aber damit muss ich sehen, fertig zu werden […].“ Zu dieser Zeit ahnte er noch nicht, dass dies erst der Anfang einer noch viel größeren Katastrophe war.

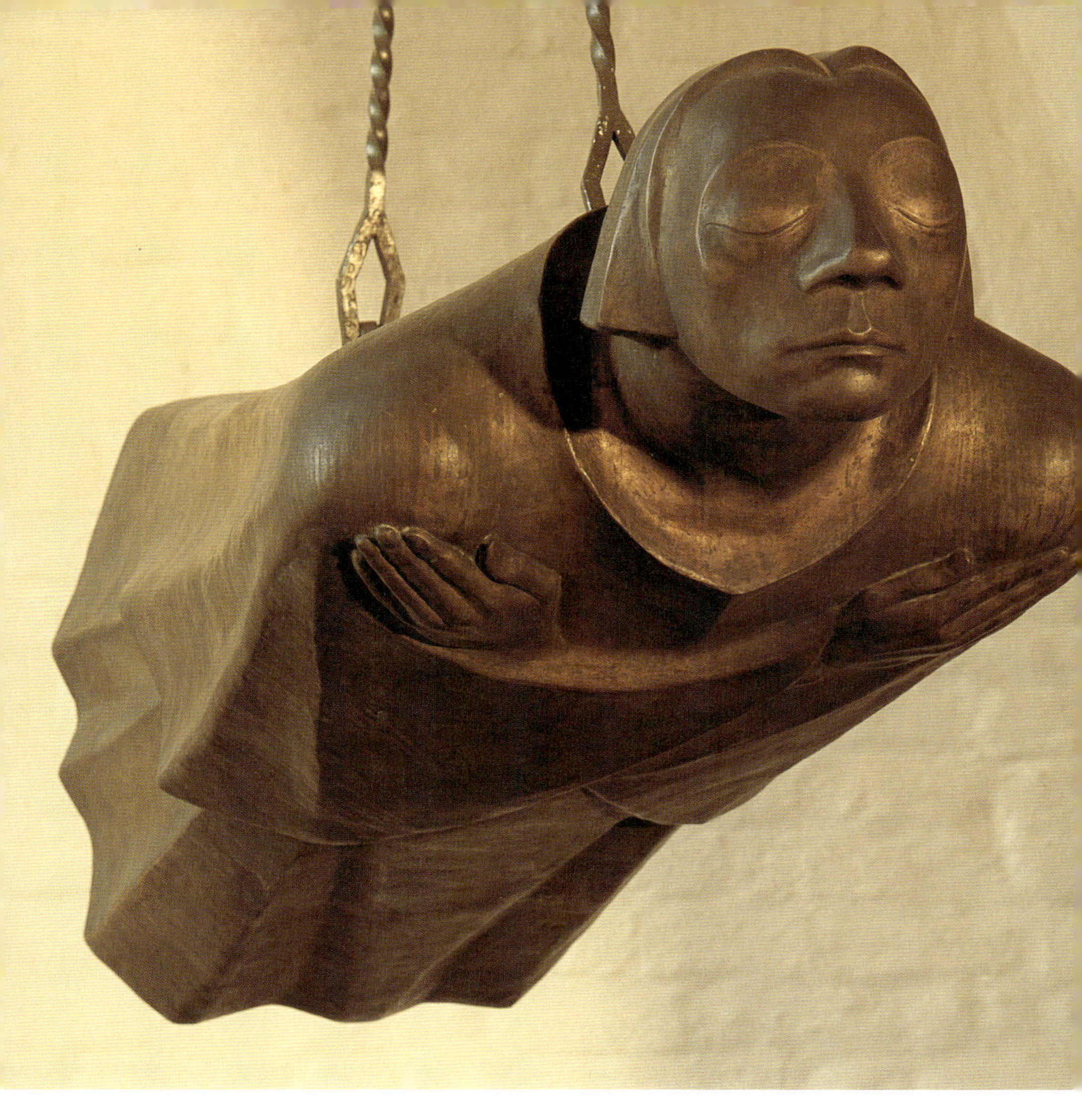

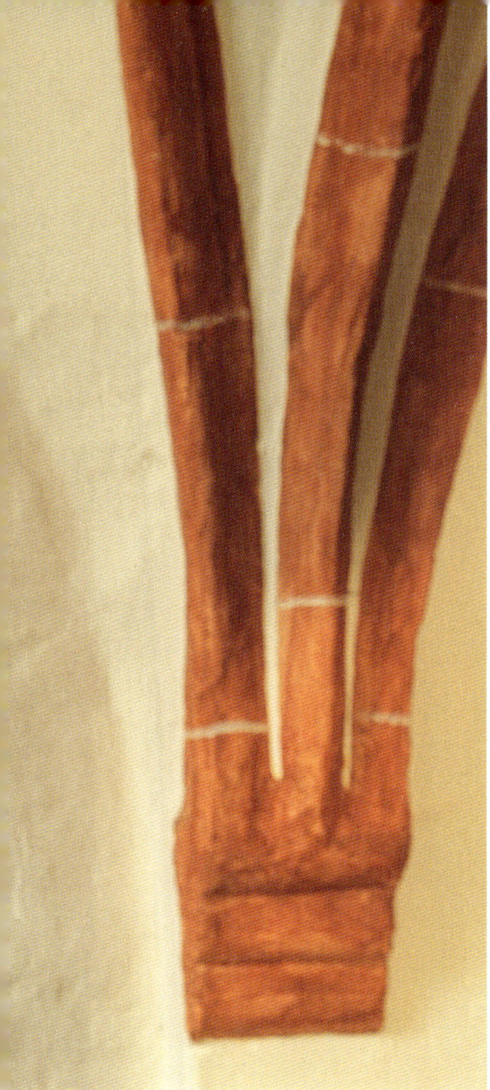

Ernst Barlachs „Güstrower Domengel“, eingeweiht im Mai 1927, hängt heute wieder an seinem alten Platz in der Nordhalle des Güstrower Doms. Die schwebende Figur war das erste der aufsehenerregenden Ehrenmale, die der Künstler zwischen 1927 und 1931 für die Gefallenen des Ersten Weltkriegs schuf. Was das in der Kunstgeschichte einzigartige Werk ausdrücken soll, hat Barlach einem anfragenden Buchautor wie folgt erläutert: „Es galt mir, eine schwer ruhende Unbeweglichkeit als Ausdruck nie versiegenden Grams, hängend, weil der irdischen Bedingtheit entrückt, in den Brennpunkt einer ziemlich kleinen und nur zur Dämmerung erhellten Seitenkapelle des Doms zu bannen. Alles dient dem Wunsch, eine Abgewandtheit aus der Gegenwart hin in die Zeit des unerhörten Geschehens glaubhaft zu machen, die schmerzvolle Erinnerung schlechthin zu symbolisieren [...]. Es war mir bewusst, dass ich eine Erstarrtheit in vollkommener Entrücktheit, gewissermaßen die Kristallisierung der Vorstellung von ewiger Dauer, formen musste, um der Größe der Aufgabe gerecht zu werden.“

Im August 1937 ließen die Nationalsozialisten den „Güstrower Domengel“ als „entartete Kunst“ abhängen und später „zu Kriegszwecken“ einschmelzen. Die jetzige Figur ist die Abformung von einem Zweitguss, der wenige Monate nach Barlachs Tod von Bernhard Böhmer in Auftrag gegeben worden war und das Dritte Reich in einem Versteck überdauerte.

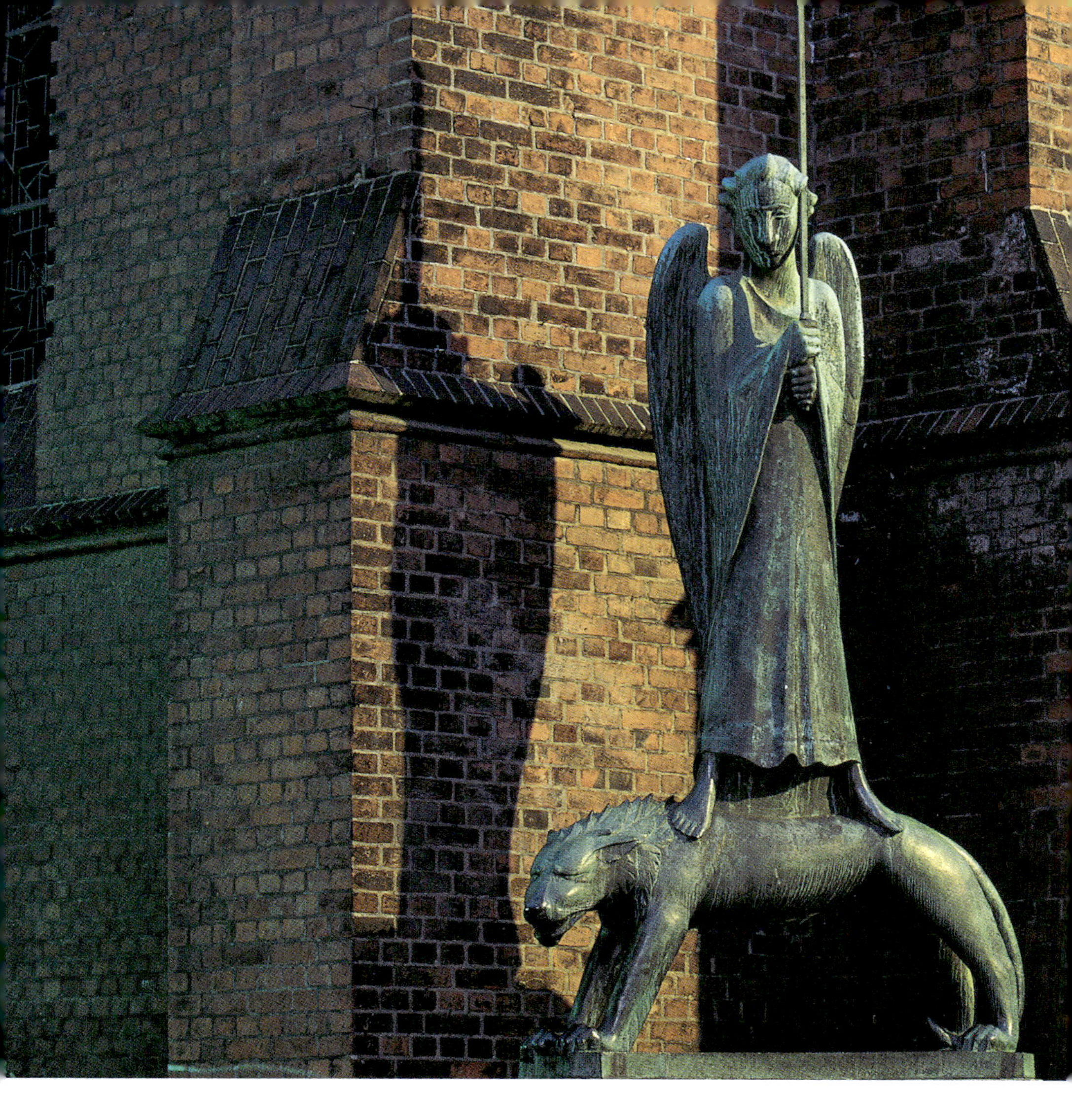

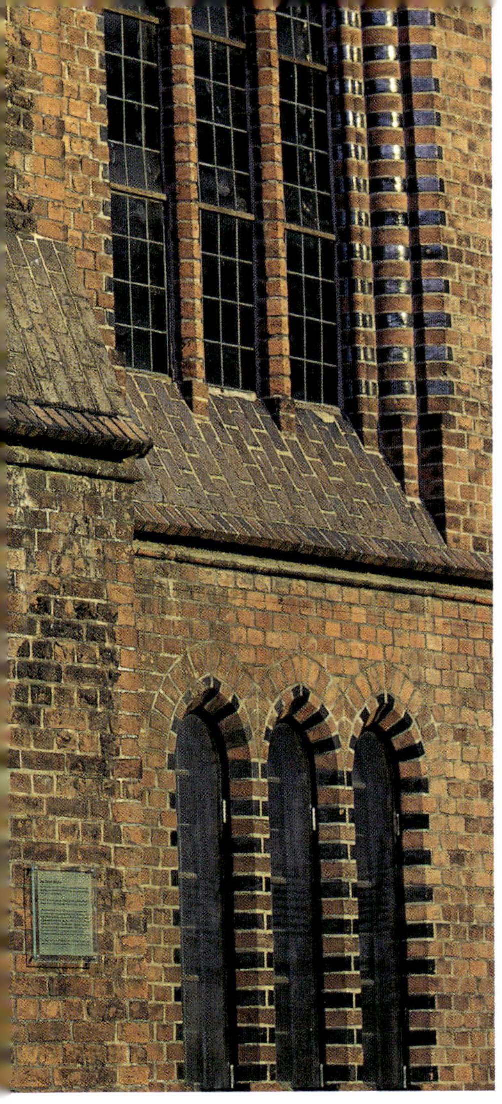

Ernst Barlachs „Geistkämpfer“, ein Auftragswerk des Kieler Magistrats, entstand ein Jahr nach dem berühmten „Güstrower Domengel“ und wurde im November 1928 an seinem Bestimmungsort vor der Heiligengeistkirche aufgestellt. Die annähernd fünf Meter hohe Bronzeplastik ist eine metaphorische Darstellung der Zwitterstellung des Menschen zwischen seinen dunklen Instinkten und Trieben (symbolisiert durch das erdnahe, finster blickende Fabeltier) und seinem ins Lichte, Klare strebenden Geist (symbolisiert durch die schlanke Gestalt des Engels mit seinem himmelwärts gerichteten Schwert) – in Barlachs eigenen Worten: eine „Gruppe der Überwindung [...]. Dieses darzustellen ist meine exakte Meinung gewesen. Das nach oben Strebende trennt sich vom Erdig-Horizontalen. Erweitert: Erhabenheit (‚Erhebung‘) über dem Leiden (Leiden hier: Gebundenheit an Trieb, Zweck und Schicksal in der Zeitlichkeit).“ Der von den Nationalsozialisten zur „entarteten Kunst“ erklärte „Geistkämpfer“ wurde am 20. April 1937, Hitlers 48. Geburtstag, abgebrochen, gelangte nach Barlachs Tod durch ein Zusammenwirken glücklicher Umstände in die Hand von Verehrern des Künstlers und überdauerte das Dritte Reich in einem dörflichen Versteck. Weil die Heiliggeistkirche im Krieg durch alliierte Fliegerbomben zerstört worden war, gab man dem nach Kiel zurückgeführten Werk im Juni 1954 einen neuen Platz zwischen zwei Außenpfeilern der wiederhergestellten spätmittelalterlichen St.-Nikolai-Kirche am Alten Markt.

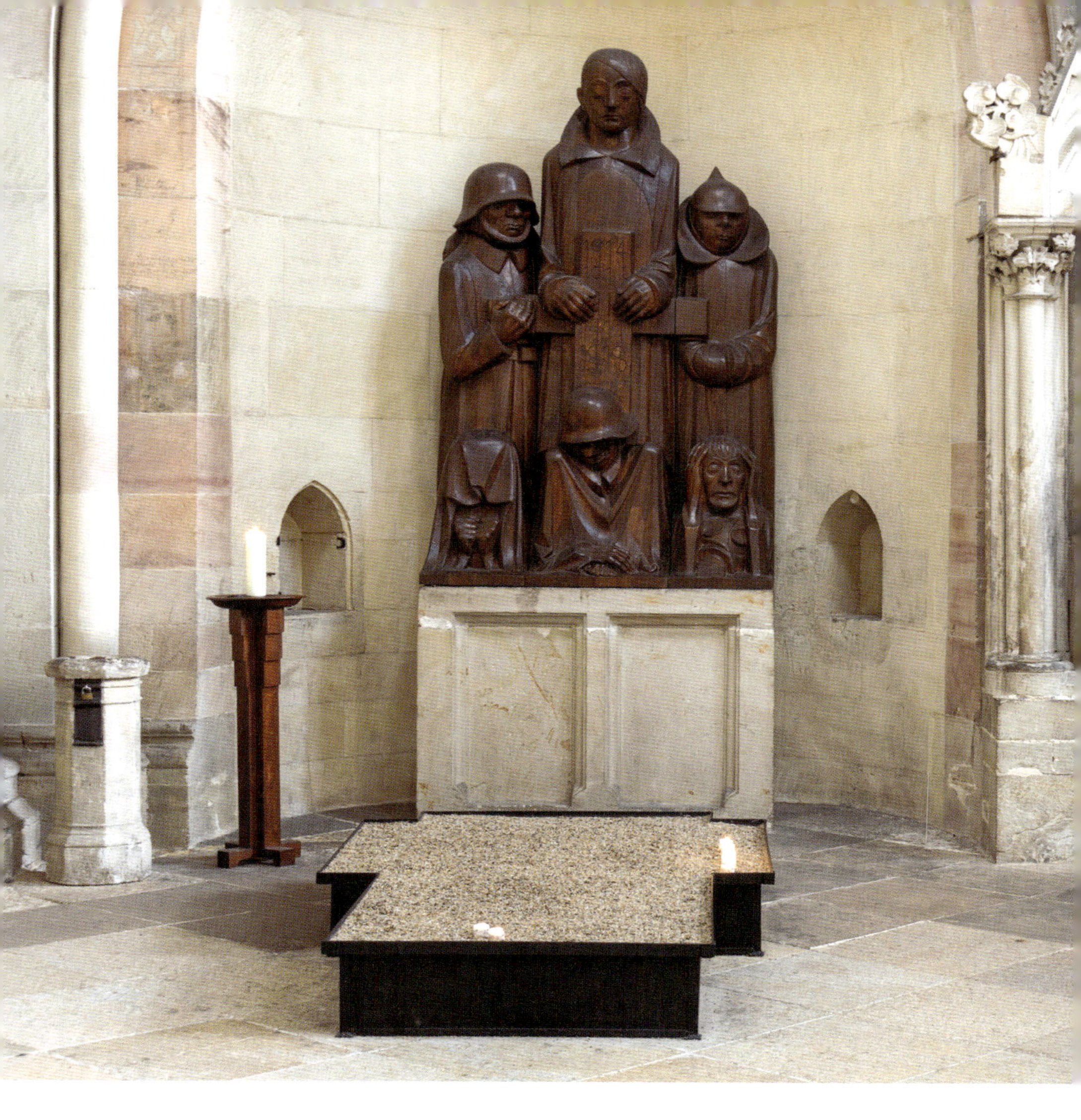

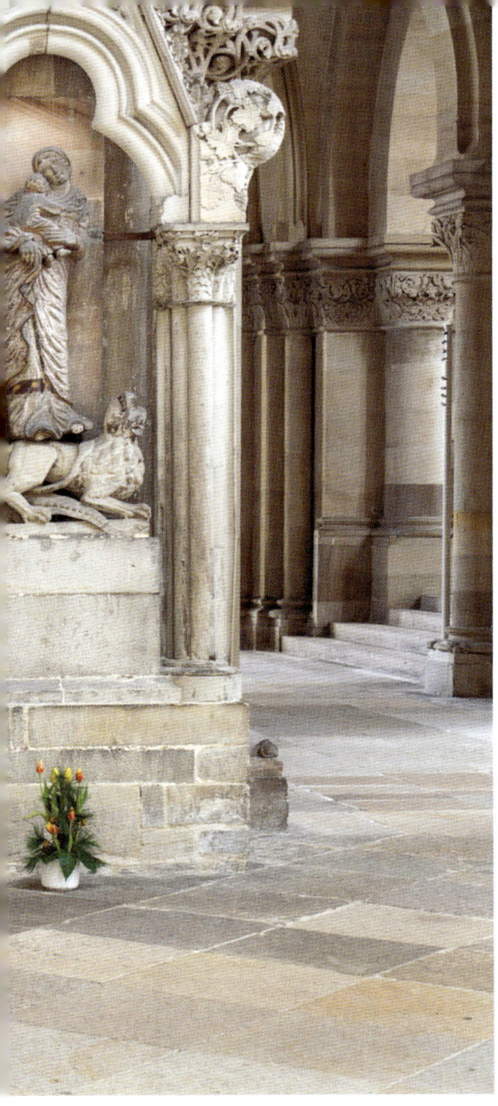

Anders als beim „Güstrower Domengel“ stellte Barlach in seinem 1929 entstandenen „Magdeburger Ehrenmal“ die Schrecken des Ersten Weltkriegs nicht gleichnishaft, sondern ganz direkt dar. Sechs überlebensgroße Gestalten sollten dem Betrachter durch ihr Erscheinungsbild das Grauen der Schlachtfelder vor Augen führen: in der oberen Reihe ein vom Schrecken erschütterter, ein schicksalsergebener und ein hilflos-verängstigter Soldat, zu ihren Füßen drei Halbfiguren von elementarer Ausdruckskraft, Verkörperungen von Trauer, Tod und Entsetzen.

Barlachs Ehrenmal im Magdeburger Dom war ein Geschenk der Preußischen Regierung an ihre Patronatskirche. Doch bei den Beschenkten war der Widerstand von Anfang an groß. Sie vermissten an den Figuren „das Edle, Hohe“ und kritisierten die „dumpfe, brütende Verzweiflung“ der Gesichter und ihren „stumpfen slawisch-mongolischen Typ“.

Wie schon im Einweihungsjahr verlangte der Domgemeinderat wenige Wochen nach dem Machtantritt Hitlers erneut die Beseitigung des ungeliebten Barlach-Werks – diesmal mit Erfolg. Im August 1934 verfügte die Reichsregierung seine Überführung in einen schwer zugänglichen Nebenraum der Berliner Nationalgalerie. Durch das planvolle Zusammenwirken von Verehrern des Künstlers hat Barlachs „Magdeburger Ehrenmal“ das Dritte Reich unbeschadet überdauert. 1956 kehrte es an seinen ursprünglichen Platz im Magdeburger Dom zurück.

Seitdem gehört es zu den Hauptsehenswürdigkeiten des wiederhergestellten Gotteshauses.

Nachdem Ernst Barlach im Spätsommer 1928 aus seiner unwirtlichen Stadtwohnung ins Haus seiner Lebensgefährtin Marga Böhmer gezogen war, betrachtete er den im Süden Güstrows gelegenen Inselsee gleichsam als seinen „Haus-See". Hier, nur wenige Schritte von seinem neuen Domizil entfernt, konnte man im Sommer ungestört baden, auf langen Uferwegen spazieren, Kahn fahren oder, wie es in einem Brief an seinen Verleger-Freund Reinhard Piper heißt, dem „Schwadronieren des Wassergevögels" lauschen, während im Winter die weite, oft ohrenbetäubend krachende Eisfläche den leidenschaftlichen Wanderer zum „nächtlichen Herumtreiben" einlud.

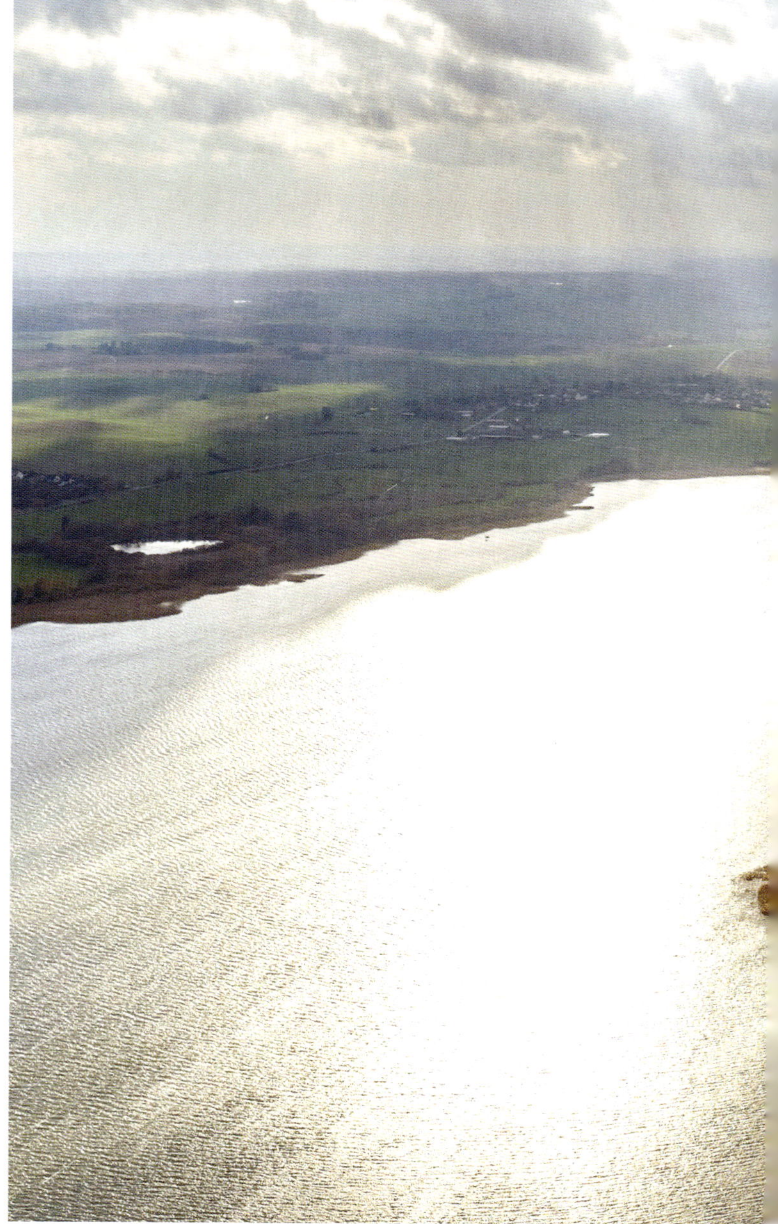

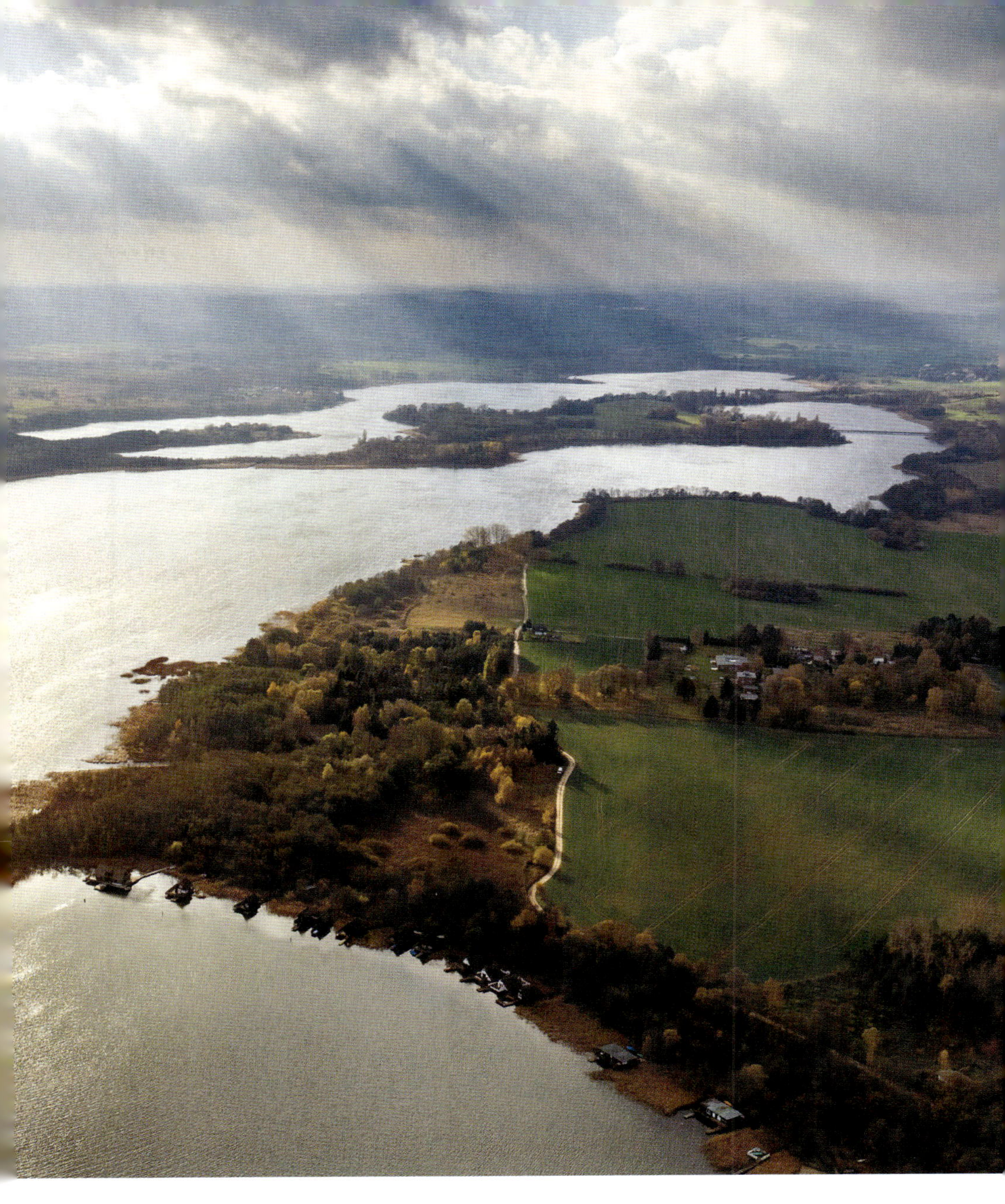

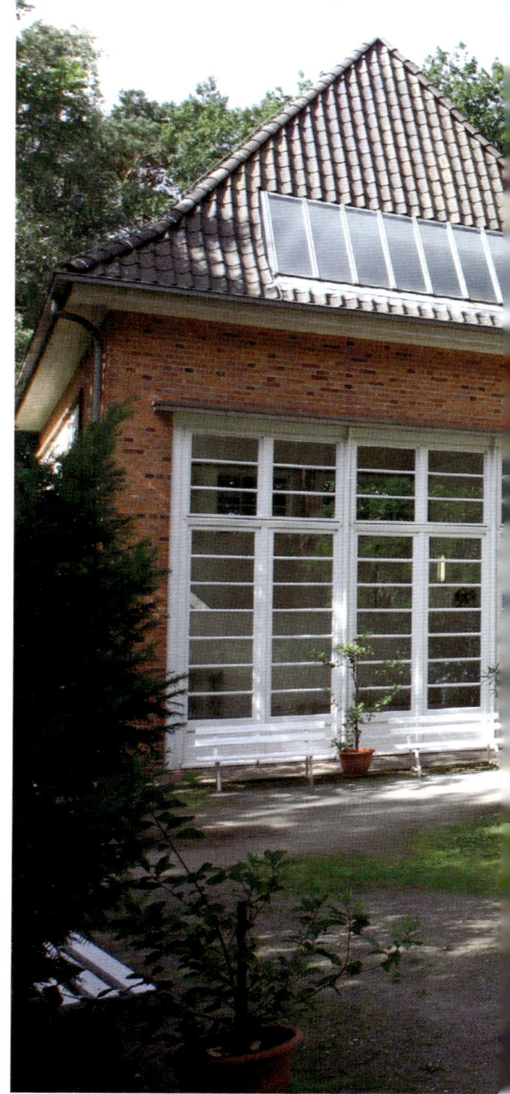

Nachdem Ernst Barlach hatte einsehen müssen, dass er für schon erteilte oder in Aussicht stehende Großaufträge modernere und besser ausgestattete Atelierräume brauchen würde, begann er im Spätsommer 1930 auf einem 4400 Quadratmeter großen Waldgrundstück, das unmittelbar an das Böhmersche grenzte, mit dem Bau eines repräsentativen Atelierhauses. Das Foto zeigt links das zwei Stockwerke hohe „große Atelier" mit seinen bequemen Glastüren, durch die auch sehr große Werkstücke leicht hinein- oder heraustransportiert werden konnten. Auf der rechten Bildhälfte die Rückseite des anschließenden Wohntrakts. In der Ecke der vormals private Hintereingang des Hauses, durch den die Besucher der Barlach-Gedenkstätte heute in die Atelier- und Ausstellungsräume gelangen.
Das im Originalzustand erhaltene, mittlerweile sorgfältig restaurierte Atelierhaus am Inselsee vor den Toren Güstrows ist seit 1978 öffentlich zugängliches Museum. Nach der Wiedervereinigung Deutschlands wurde der Ausstellungsbetrieb in den Jahren 1990–93 zunächst durch das Zusammenwirken des Landes Mecklenburg-Vorpommern mit den Erben des Künstlers sichergestellt. Seit dem 1. Januar 1994 ist für die Bewahrung, Bearbeitung und Präsentation des reichhaltigen künstlerischen, dokumentarischen und privaten Nachlasses die Ernst Barlach Stiftung zuständig, die ihre Arbeits- und Büroräume hier, im ehemaligen Wohntrakt des Atelierhauses, hat.

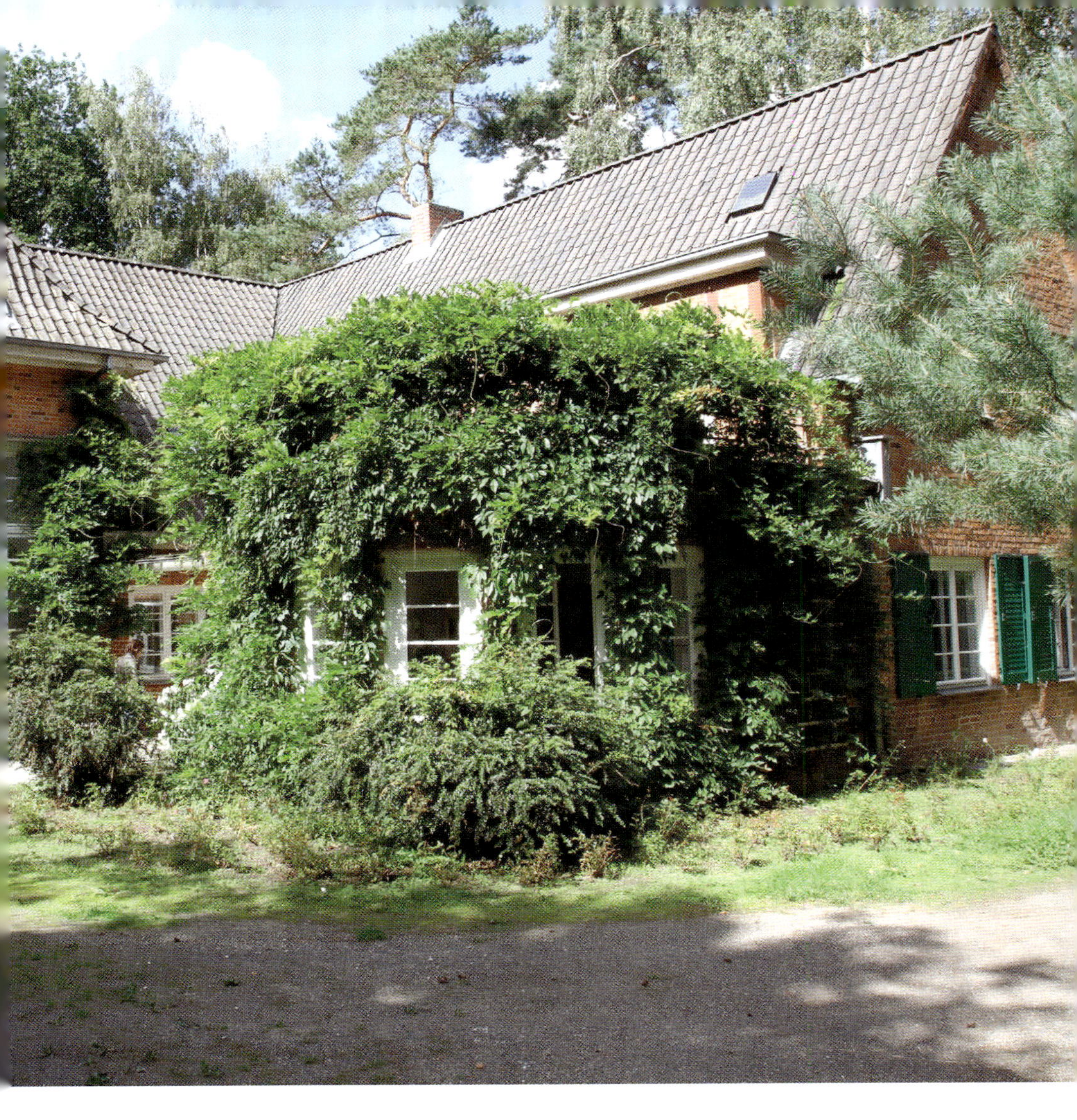

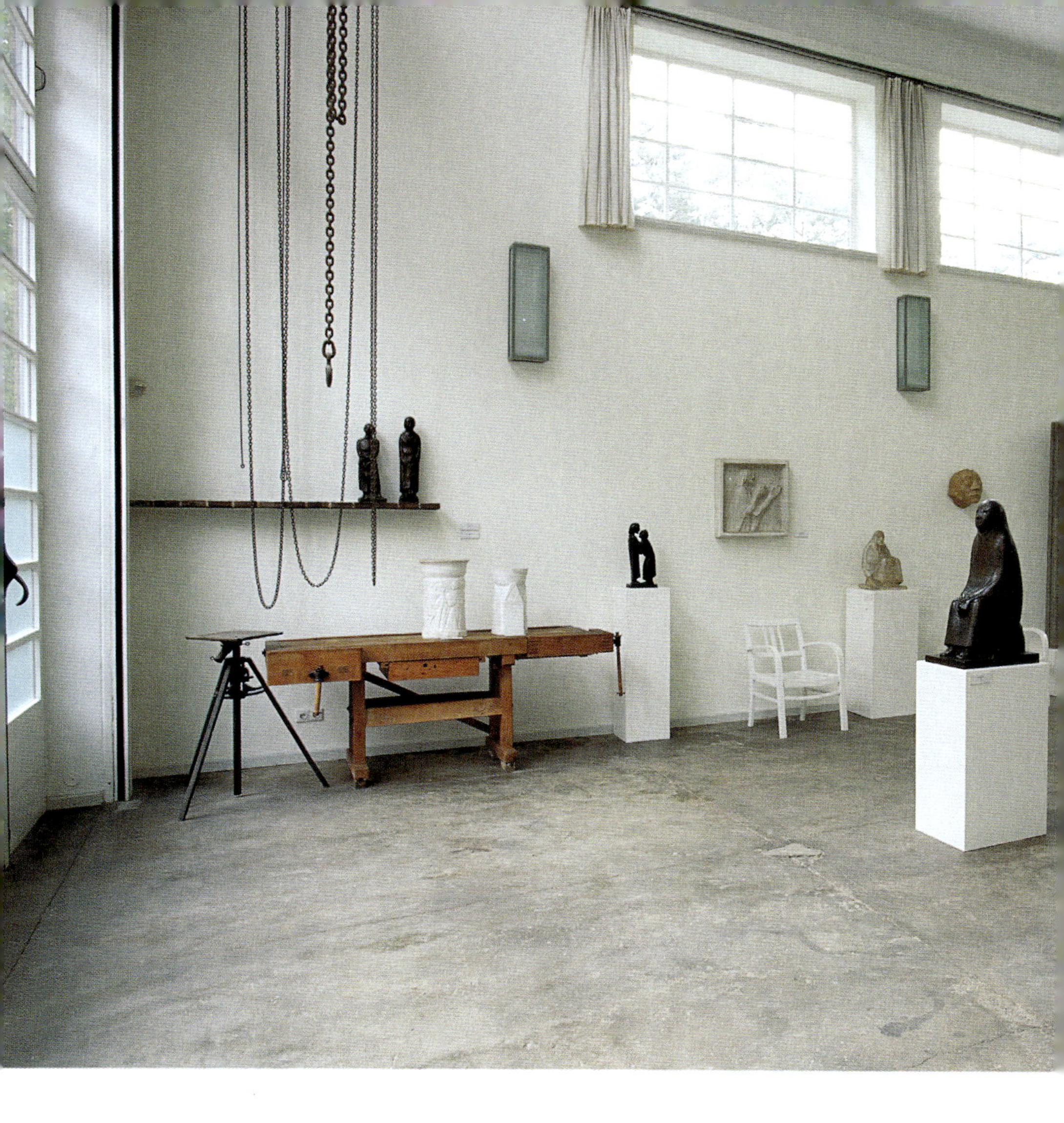

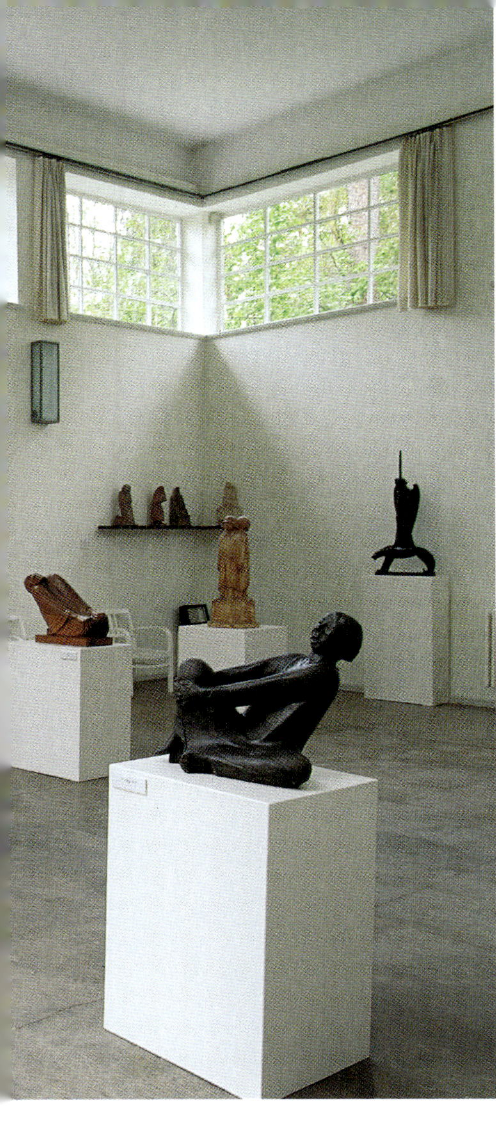

Das „große Atelier" in Ernst Barlachs Atelierhaus am Inselsee ist ein weiter, schön proportionierter Raum, der durch ein hoch liegendes Fensterband und durch ein (hier nicht sichtbares) Atelierfenster im Dach hell beleuchtet ist. Links die großen Glastüren, durch die auch sperrige Werkstücke bequem herein- oder hinausgeschafft werden konnten. Daneben, in der Ecke, der alte Flaschenzug, die Werkbank des Künstlers und ein originaler Bildhauerbock. Hier, in dieser lichtdurchfluteten Werkstatt, arbeitete Ernst Barlach von 1931 bis zu seinem Tod 1938. Hier entstanden seine plastischen Spätwerke, vom „Sänger" für die Lübecker „Gemeinschaft der Heiligen" bis zu den erschütternden Teakholz-Figuren „Lachende Alte" und „Frierende Alte", mit denen der Verfemte 1937, ein Jahr vor seinem Tode, der ohnmächtigen Verzweiflung über seine hoffnungslose Situation im Dritten Reich Ausdruck verlieh.
Heute ist das „große Atelier" Ausstellungsraum für einige herausragende Werke und interessante Werkmodelle des Künstlers. Vorn die Zinkplastik „Der singende Mann" aus dem Jahre 1928. Dahinter, links und rechts, die „Lachende Alte" und die „Frierende Alte". An der linken Wand, neben einer Reihe kleiner Werkmodelle,
das zu Demonstrationszwecken angefertigte Modell des „Hamburger Ehrenmals" von 1931. An der rechten Wand das in Bronze gegossene Entwurfsmodell des Kieler „Geistkämpfers" aus dem Jahr 1928

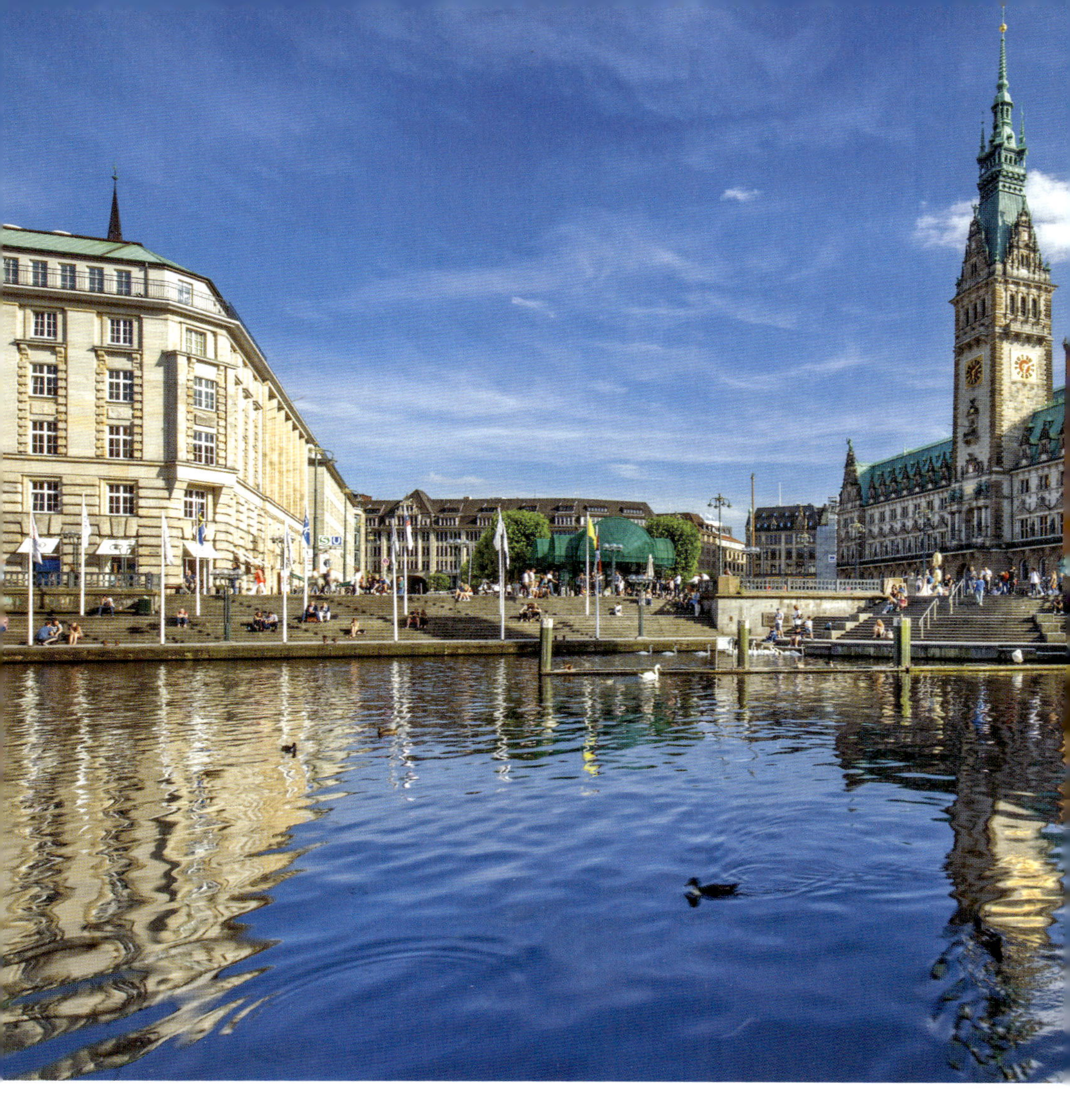

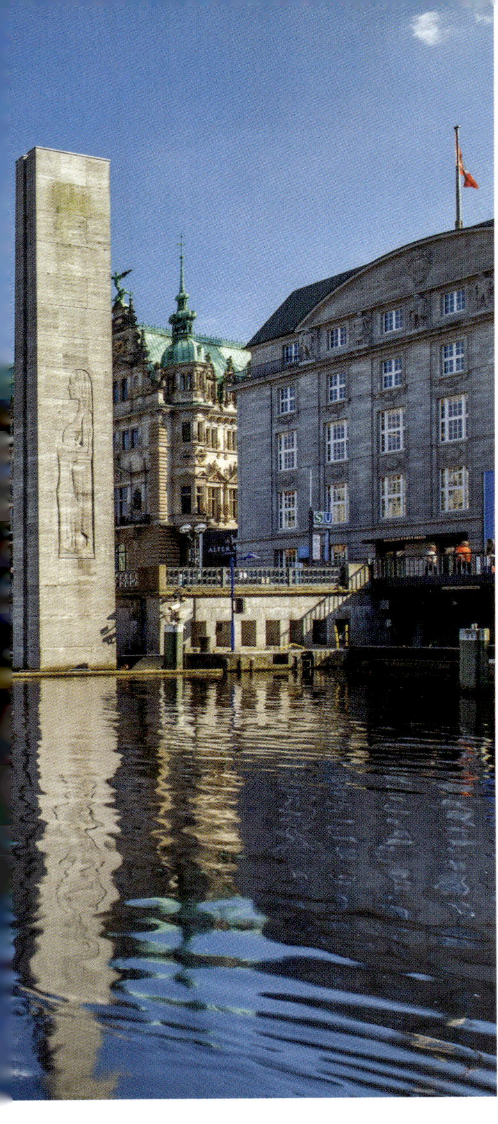

Ernst Barlachs letztes vollendetes Ehrenmal war das große Relief auf der 21 Meter hohen Stele, die der Hamburger Architekt Klaus Hoffmann 1930 zur Erinnerung an die Gefallenen des Ersten Weltkriegs am Rande des Hamburger Rathausmarkts errichtet hatte. Um die Aussage dieses reinen Architekturmonuments zu verstärken, veranlasste der Hamburger Oberbaudirektor Fritz Schumacher den Senat, Ernst Barlach mit der Ausgestaltung der schmucklosen Rückseite zu beauftragen. Nach längerem Zögern schlug der Künstler dafür das Flachrelief einer im Schmerz erstarrten Kriegerwitwe vor,
die ihre Arme tröstend um ihre verwaiste kleine Tochter legt. Anfang August 1931 wurde das von Anfang an heftig angefeindete Werk der Öffentlichkeit übergeben. Wie alle anderen Kriegsdenkmale Barlachs fiel auch das „Hamburger Ehrenmal" dem nationalsozialistischen Terror gegen die „entartete Kunst" zum Opfer. Im Februar 1939, vier Monate nach dem Tod des Künstlers, wurde es aus der Stele gemeißelt, zertrümmert und noch im selben Jahr durch einen aufsteigenden Adler des Hamburger Bildhauers Hans Ruwoldt ersetzt. Nur ein Jahr nach Kriegsende, im Juni 1946, beschloss die Hamburger Bürgerschaft die Wiederherstellung des zerstörten Reliefs. Doch weil sich ausgerechnet die Verwalter des barlachschen Werks mit wirren Argumenten gegen den Beschluss sträubten, dauerte es noch mehr als drei Jahre, bis das aus alten Werkmodellen rekonstruierte „Hamburger Ehrenmal" in seiner ursprünglichen Gestalt wiedererstand.

Im Oktober 1929 unterbreitete der Lübecker Museumsdirektor Carl Georg Heise dem zögernden Ernst Barlach den Vorschlag, für die Blendnischen der Lübecker Katharinenkirche 16 überlebensgroße Figuren aus gebranntem Ton zu schaffen, mit denen der Künstler seinem Menschenbild in Form „beispielhafter Gestalten der ringenden und leidenden Menschheit" Ausdruck verleihen sollte. Doch dieser großartige Plan einer „Gemeinschaft der Heiligen" scheiterte, nachdem die Nationalsozialisten 1933 die Macht übernommen und der „entarteten Kunst" den Kampf angesagt hatten. Bis dahin waren erst drei der geplanten Figuren fertig geworden: „Der Bettler", „Der Sänger" und die „Frau im Wind". Im Sommer 1937 wurde die unvollendete „Gemeinschaft der Heiligen" von einer amtlichen „Säuberungskommission" beschlagnahmt, jedoch im Februar 1939 auf Weisung des Reichspropagandaministeriums zurückerstattet, weil die Werke nach dem Vertrag von 1930 Heises Privateigentum waren. Das Dritte Reich und den Bombenkrieg überdauerten die inkriminierten Figuren in einem Lübecker Kellerversteck.
Erst im Mai 1947 wurde die rudimentäre „Gemeinschaft der Heiligen", entsprechend dem ursprünglichen Plan, in den Fassadennischen der Katharinenkirche aufgestellt.
Zwei Jahre später, im Februar 1949, ergänzte der Bildhauer Gerhard Marcks die unvollendete Reihe der Barlach-Figuren durch sechs weitere programmatische Gestalten: „Schmerzensmann", „Brandstifter", „Jungfrau", „Mutter mit Kind", „Kassandra" und „Prophet".

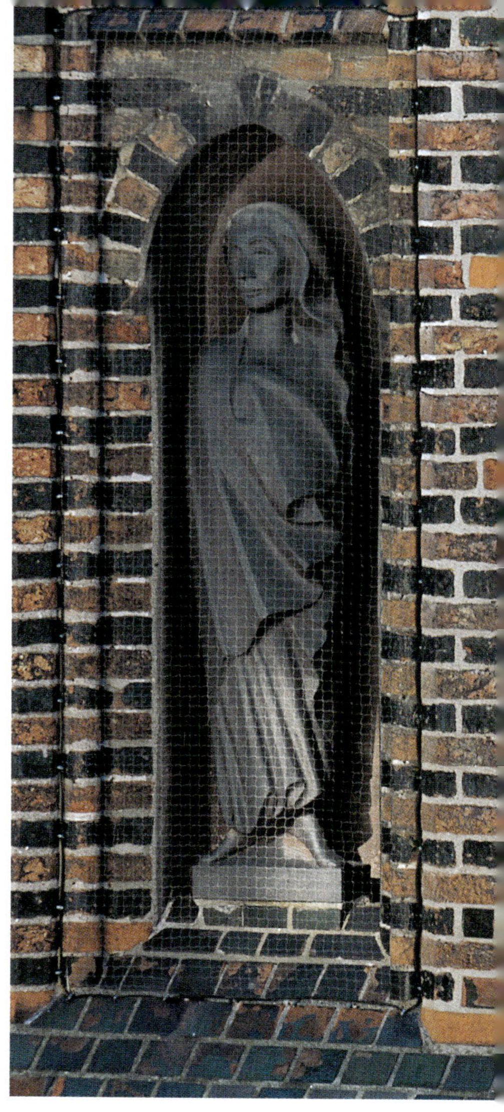

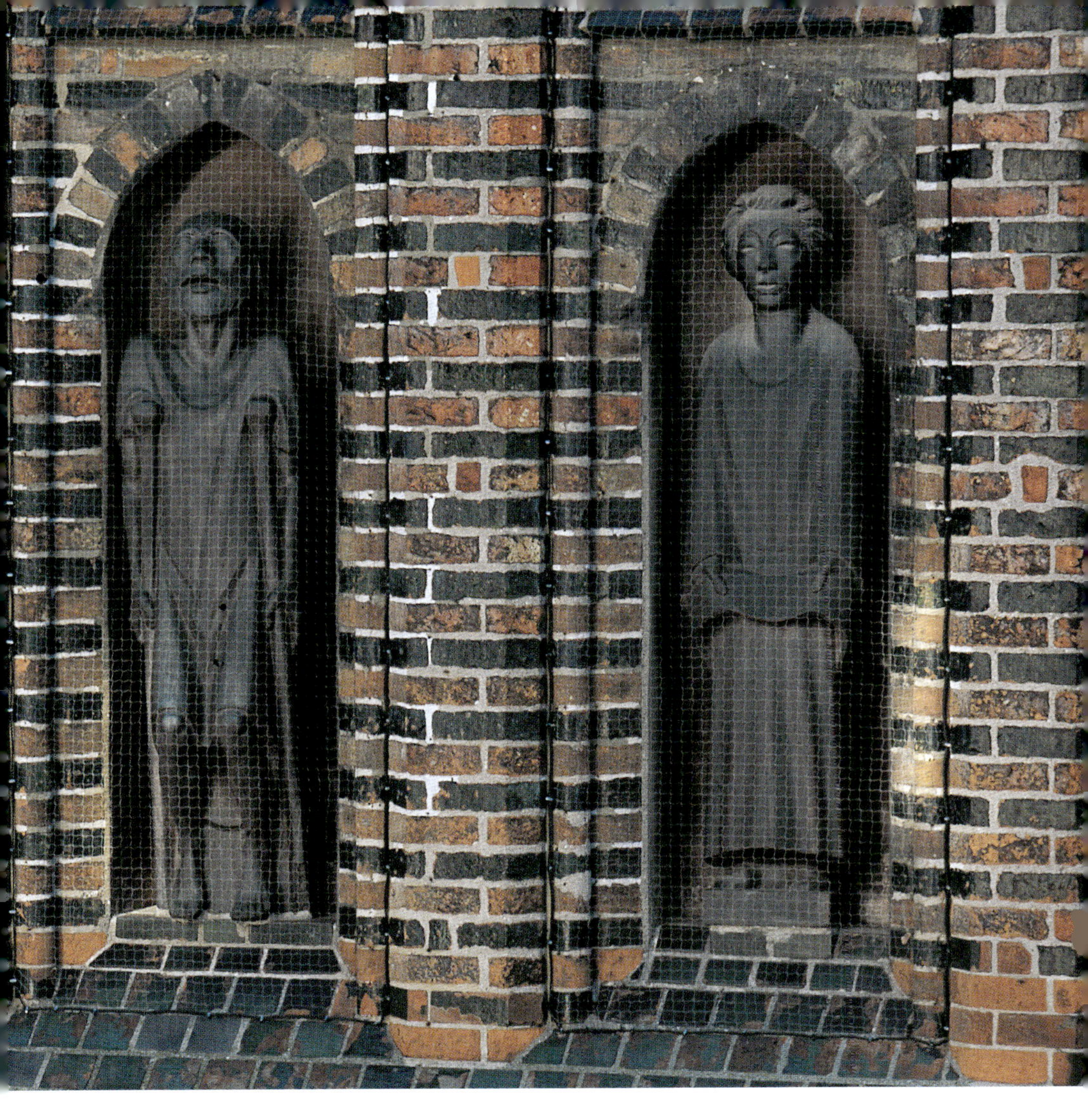

„Dumpf, slawisch, entartet“ (1933–1938)
Ernst Barlachs Leidensweg im Dritten Reich

Die Reichstagswahl vom 31. Juli 1932 machte die Nationalsozialistische Deutsche Arbeiterpartei (NSDAP) mit 230 von 589 Abgeordnetenmandaten zur stärksten Fraktion des Parlaments. Ein halbes Jahr später, am 30. Januar 1933, ernannte Reichspräsident von Hindenburg den Parteivorsitzenden Adolf Hitler zum Reichskanzler. In diesen Monaten, in denen sich die „Machtergreifung“ der NSDAP anbahnte, scheiterte Barlachs letztes Ehrenmalprojekt – eine „dem Tragischen sich annähernde Geschichte", wie der tief Enttäuschte seinem Hamburger Verehrer Hugo Sieker verbittert mitteilte.

Dabei hatte die Geschichte so hoffnungsvoll begonnen. Ende September 1932 war Barlach vom Kreis-Krieger-Verband Stralsund aufgefordert worden, zu einem Denkmal für die Gefallenen des Ersten Weltkriegs Vorschläge zu unterbreiten. Auf dieses Ersuchen hatte er mit vier Entwürfen geantwortet, unter denen sich auch seine berühmte „Pietà“ befand – eine in ihrem Schmerz erstarrt dasitzende Mutter, die ihren gefallenen Sohn waagerecht auf den Knien hält. Doch das außergewöhnliche Bildwerk wie auch alle anderen Vorschläge des Künstlers waren im Denkmalausschuss auf entschiedene Ablehnung gestoßen. In den Augen der Juroren fehlte ihnen die heldische Attitude. Und so blieb die Entscheidung, auf die der Künstler in seiner prekären wirtschaftlichen Lage mit Ungeduld wartete, monatelang in der Schwebe, dieweil andere Bewerber sich in den Vordergrund drängten.

Das Ende kam schließlich abrupt. Sieben Wochen nach der Machtergreifung, am 18. März 1933, zog Barlach seine Bewerbung kommentarlos zurück, „um größerem Ungemach zu entgehen“ und „nicht noch mehr zu riskieren als einen Verlust“ – so steht es in zwei vertraulichen Briefen aus jenen Tagen. Was damit gemeint war, ist nicht ganz klar. Vermutlich wollte sich der tief Verunsicherte durch seinen freiwilligen Rückzug möglichst rasch aus den Schlagzeilen bringen, nachdem er sich durch die Notstandsgesetzgebung und zahllose Willkürmaßnahmen des neuen Regimes persönlich bedroht fühlte. Worin diese Bedrohung bestand, hat er damals Verwandten und Freunden in vertraulichen Briefen aufgelistet: Erstens sei nach der „Machtergreifung" urplötzlich die Legende wiederaufgetaucht, er, Barlach, sei Jude. Zweitens überziehe man ihn seitdem mit hasserfüllten Zuschriften und hänge „schimpfliche Zettel" an seine Gartenpforte („Judenhaus! Wird ausgeräuchert werden!"). Drittens öffne man seit der Notverordnung vom 28. Februar seine Post und überwache sein Telefon. Und viertens: „Seitdem die neue Ordnung etabliert, widerfährt mir das Gegenteil von Anerkennung, Ausstellungen werden mit fadenscheiniger Begründung abgesagt, eine Aufführung des ‚Blauen Boll' in Hamburg unterbleibt usw.!"

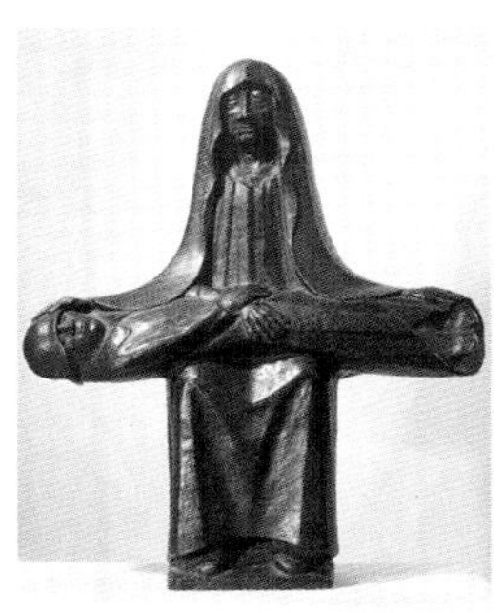

Barlachs „Pietà", entstanden 1932, war gedacht als Ehrenmal für die Hansestadt Stralsund. Das Projekt scheiterte am Widerstand nationaler Kreise.

Wie berechtigt Barlachs Gefühl der Bedrohung war, zeigten die weiteren Ereignisse. Am 7. April 1933 erließ die Reichsregierung das „Gesetz zur Wiederherstellung des Berufsbeamtentums". Danach konnten die Behörden „unter Ausschluss des Rechtsweges" jüdische Beamte und solche, die in den Augen des Regimes als unzuverlässig galten, fristlos entlassen. Die Konsequenzen waren einschneidend. Museumsdirektoren, die der modernen Kunst aufgeschlossen gegenüberstanden, wurden kurzerhand vor die Tür gesetzt. Für Künstler wie Barlach bedeutete das eine Katastrophe, weil der Ankauf ihrer Werke durch die öffentliche Hand schlagartig aufhörte.

Hinzu kam eine Hiobsbotschaft, die ihn persönlich betraf. Am 18. März 1933, dem Tag, an dem er seine Bewerbung um das „Stralsunder Ehrenmal" zurückgezogen hatte, verlangten in Magdeburg die zuständigen Gremien die Entfernung seines ungeliebten Ehrenmals aus dem Dom. „In diesem Beschluss", so der Domgemeinderat wörtlich, „soll zum Ausdruck kommen, [...] dass wir dem Denkmal [...] den Charakter eines Ehrenmals für unsere Gefallenen absprechen." Deshalb werde die jetzige preußische Regierung gebeten, das Geschenk ihrer Vorgängerin „einem Museum zu überweisen". Weil man in Berlin nicht gleich reagierte, wurde der Antrag drei Monate spä-

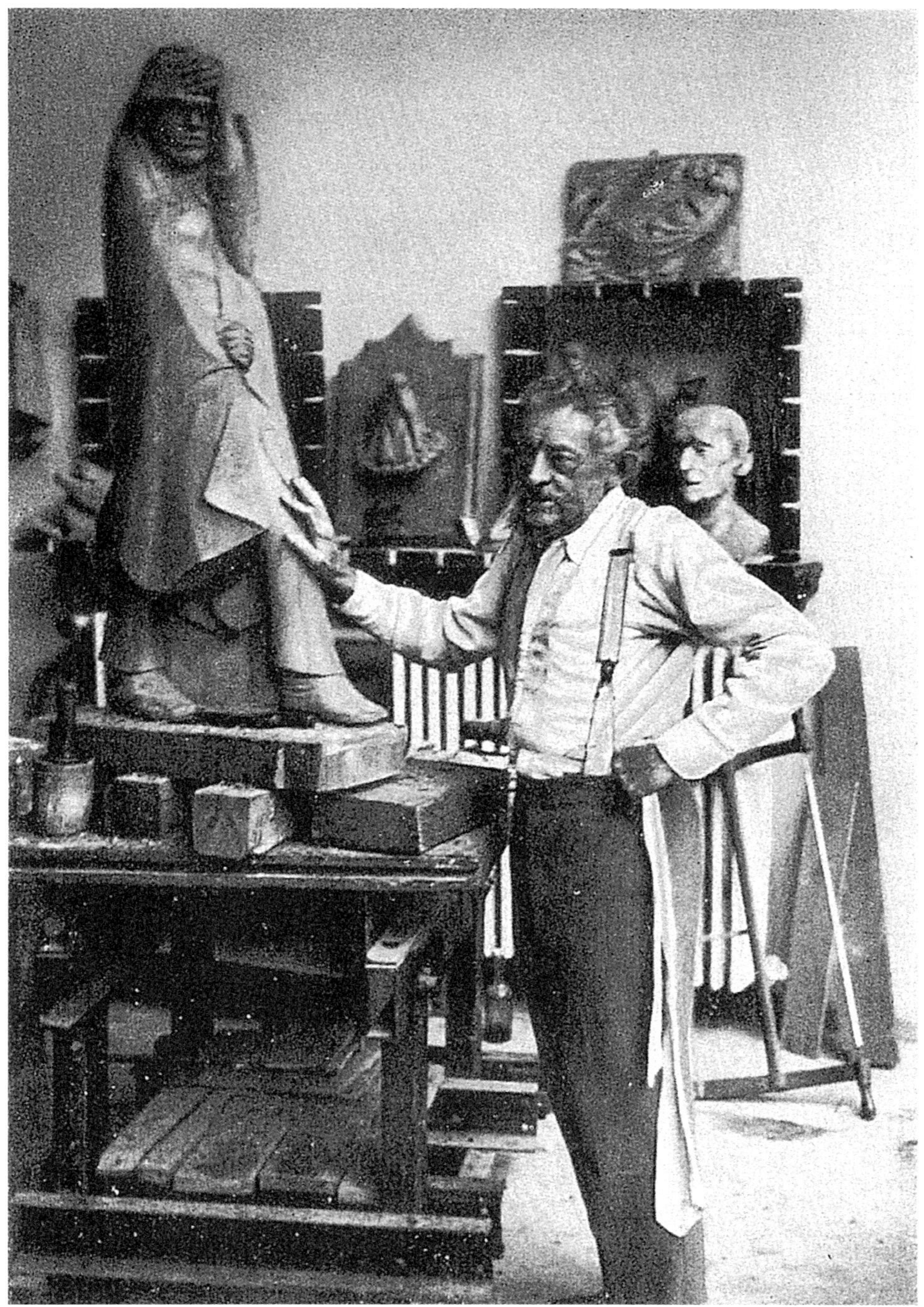

Der 64-jährige Ernst Barlach im Juni 1934 vor der fertigen Holzskulptur „Wanderer im Wind“ – einem verkappten Selbstbildnis in schwerer Zeit

ter mit breiter Unterstützung wiederholt und schließlich positiv beschieden. Am 8. August 1934 verfügte Erziehungsminister Rust die Entfernung des „Magdeburger Ehrenmals“ und seine Aufbewahrung in der Berliner Nationalgalerie.

Diese Demütigung traf Barlach tief. Auf einen beschwichtigenden Brief seines Bruders Hans antwortete er grimmig, solche Beschwichtigung erinnere ihn an den Indianer, „der dem wimmernden Feinde beim Skalpieren tröstend zusprach: Dir wird kein Haar gekrümmt.“ Gleichwohl waren die Schikanen jener ersten Monate zunächst kaum mehr als unkoordinierte Einzelmaßnahmen. Erst im Herbst 1933 nahm eine programmatische „nationalsozialistische Kulturpolitik“ allmählich Gestalt an. Den Auftakt dazu bildete Hitlers erste große kulturpolitische Rede auf dem Reichsparteitag in Nürnberg am 1. September 1933. Darin proklamierte der Führer unter dem Motto „Die deutsche Kunst als stolzeste Verteidigung des deutschen Volkes“ die künftigen Grundsätze und Rahmenbedingungen für eine „neue deutsche Kunst“:

1. Kunst ist keine Frage der Ästhetik, sondern eine Frage der Rasse. Denn nicht ästhetische Erwägungen, sondern allein die Zugehörigkeit des Künstlers zu seiner Rasse geben den Kunstwerken ihre gültige Form, ihren gültigen Ausdruck, ihren Ewigkeitswert. Der Künstler ist mithin ein begnadeter Mittler, der „von der Vorsehung ausersehen ist, die Seele eines Volkes der Mitwelt zu enthüllen“.
2. In diesem Sinne ist „die deutsche Kunst“ Seelenausdruck der „arisch-nordischen Rasse“, ihr naturgegebenes Leitbild der „arisch-nordische Mensch“. Der „arisch-nordische Mensch“ aber ist in seinem Wesenskern ein „heldischer Mensch“. Deshalb trägt echte deutsche Kunst stets den Charakter des Heldischen.
3. Die sogenannten „modernen Künstler“, die die Kunst als ästhetisches Experiment missverstehen, zeigen in ihren Werken Zerrbilder vom Menschen und Perversionen gesunden menschlichen Empfindens. Mit ihren „bewussten Ver-

rücktheiten" bedrohen diese „Scharlatans" und „Gaukler" die seelische Gesundheit des deutschen Volks und entlarven sich damit selbst als „blutmäßig verdorben". Deshalb muss die Wiederherstellung der deutschen Kunst mit einer „rassischen Klärung" der Künstlerschaft, d. h. mit der konsequenten Ausschaltung dieser „rassefremden" Volks- und Seelenverderber, beginnen.

4. Es ist sinn- und zwecklos, moderne Künstler zur Umkehr aufzufordern, denn diese Künstler konnten ja nur deshalb modern werden, weil sie einen „moralischen Defekt" haben. Darum ist es „unmöglich, dass ein sich so herabwürdigender Mann plötzlich wieder umlernen und Besseres schaffen könnte. Er ist wertlos und wird wertlos bleiben."
5. Der Nationalsozialismus hat die „heilige Mission", die Rassereinheit und damit die geistige Gesundheit des deutschen Volks zu bewahren und zu verbessern. Deshalb „wird die politische Führung stofflich und tatsächlich die Voraussetzungen liefern müssen für das Wirken der Kunst".

Damit hatte Hitler als oberste Instanz der nationalsozialistischen Weltanschauung die Ausmerzung der modernen Kunst zur heiligen Aufgabe im Lebenskampf der arisch-nordischen Rasse erklärt und den staatlichen Organen des Dritten Reichs diese Ausmerzung zur Pflicht gemacht. Ernst Barlach, dessen „unheldische" Ehrenmale bei vielen Anstoß erregten und dessen Gestalten vom „gesunden Volksempfinden" als „ostisch", „fatalistisch" oder „artfremd" abgelehnt wurden, sollte das schon bald zu spüren bekommen.

Ein Vierteljahr nach Hitlers Nürnberger Brandrede wurde eine Barlach-Matinee, die am 26. November 1933 im Schweriner Staatstheater seit Langem geplant und angekündigt war, von den Veranstaltern plötzlich und ohne jede Begründung abgesagt.

Zwei Monate später, am 17. Januar 1934, veröffentlichte der „Niederdeutsche Beobachter", das amtli-

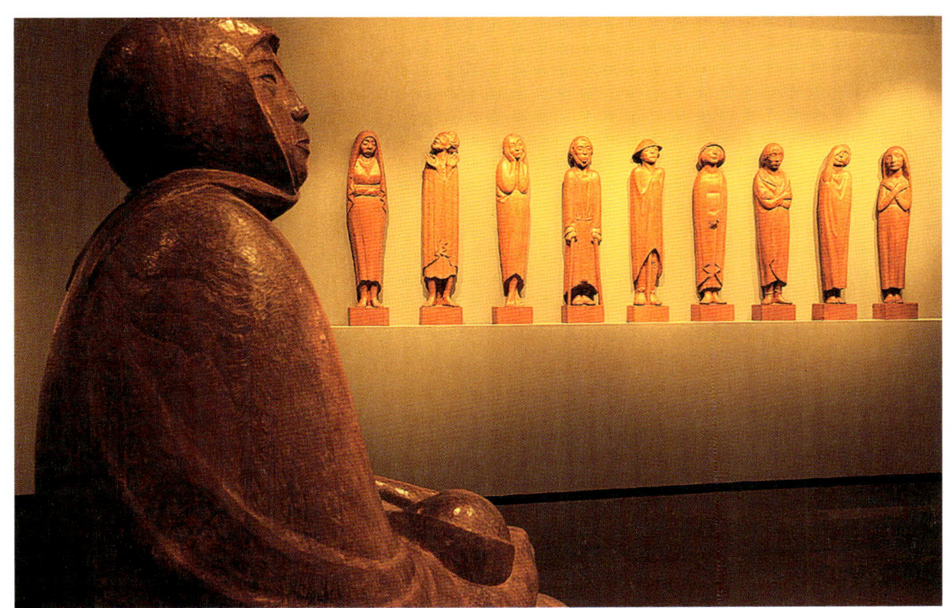

Barlachs bekanntestes Werk: der „Fries der Lauschenden". Von links: „Der Empfindsame" (entstanden 1935), „Der Gläubige" (entstanden 1934), „Die Erwartende" (entstanden 1935), „Der Blinde" (entstanden 1935), „Die Tänzerin" (entstanden 1931), „Der Wanderer", nach eigenem Bekunden ein Selbstporträt des Künstlers (entstanden 1930), „Die Träumende" (entstanden 1931), „Der Begnadete" (entstanden 1935), „Die Pilgerin" (entstanden 1935)

che Organ des Reichsstatthalters von Mecklenburg und Lübeck, einen heftigen Angriff gegen den Künstler. Anlass dieser wütenden Philippika war ein Artikel des Barlach-Bekannten Friedrich Droß in den „Mecklenburgischen Monatsheften", in dem das Gerücht von Barlachs jüdischer Herkunft mit Dokumenten schlüssig widerlegt wurde. Weil dem „Niederdeutschen Beobachter" dagegen die Argumente fehlten, ging er – ganz im Sinne der Hitler-Rede vom 1. September 1933 – in die Offensive: „So sei denn angegriffen, wie es sich geziemt: offen und gerade und zuerst hier in Mecklenburg! Es bedeutet ein bewusstes Sich-Widersetzen gegen die werbend-zwingenden neuen Ideen, [...] wenn die bekannten ‚Mecklenburgischen Monatshefte' sich weiter ganz entschieden für Ernst Barlach einsetzen, dessen Werk wir um unseres Volkes willen als fremd, als beinahe asiatisch, unbegreiflich, ja feindlich ablehnen müssen."

Noch in derselben Woche, am 21. Januar 1934, folgte der nächste Schlag: In Rostock eröffnete der Kunstverein seine Ausstellung „Das Bildnis in Mecklenburg von etwa 1850 bis zur Gegenwart" erst, nachdem die bereits aufgestellten Werke Barlachs wieder entfernt worden waren. Dieser Affront, für den niemand verantwortlich sein wollte, empörte den Künstler deshalb besonders, weil die Ausstellungsleitung seine Teilnahme ausdrücklich erbeten hatte, weil dafür eine Genehmigung der Reichskulturkammer vorlag und weil sein Ausschluss ohne Vorankündigung und ohne Begründung erfolgt war.

Mit nur mühsam bewahrter Contenance wandte sich der tief Verletzte daraufhin an den Reichsstatthalter persönlich: „Es ist [...] nicht der Zweck dieser Zeilen, Sie umzustimmen oder Ihr Urteil gegen mich abzuschwächen, aber [...] ich bitte Sie [...], Herr Reichsstatthalter, sich zu vergegenwärtigen, welcher Ratlosigkeit ich in Bezug auf Rechte, die ich als Bürger dieses Landes habe, anheimfallen muss. [...] Ich werde auf meinem Platz aushalten, wie es auch kommen möge – nur, dass ich eines sicheren Anhalts dafür bedarf, wie ich mich in Anbetracht der Schädigung meines Rufes [...] hinfort einzurichten habe und ob dergleichen bei künstlerischen Gelegenheiten ähnlicher Art weiter zu gewärtigen sei." Die Antwort auf diese Beschwerde war ebenso scheinheilig wie herablassend: Den künstlerischen Wert seiner Werke, von dem allenthalben die Rede sei und von dem auch er gehört habe, vermöge er, der Reichsstatthalter, nicht zu beurteilen. Als Repräsentant des Dritten Reichs müsse er dazu aber anmerken – und er denke dabei nicht zuletzt an Barlachs russische Bauerngestalten – : „Das, was den deutschen und nordischen Menschen seelisch erfasst, kann ich nicht in die Figur einer anderen Rasse [...] hineinlegen [...]. Will ein Künstler im Volke leben, kann er nicht Motive suchen, die außerhalb dieses seines Volkes liegen, die dessen Seele fremd sind. [...] Das ist es, was mich Ihrem Schaffen fremd gegenüberstehen lässt: Sie dienten mit all Ihrer Kunst am Ende der liberalistischen Zeit, [...] der Verwischung der Grenzen zwischen den Rassen und Völkern." Und dann, zum Schluss und ganz im Sinne Hitlers, die Ausgrenzung: „Jeder handelt und schafft so, wie es in seinem Inneren klingt, dagegen ist nichts zu machen."

Bei alledem stand dem Gedemütigten nackte Not ins Haus. Barlachs jüdischer Galerist Alfred Flechtheim hatte Deutschland verlassen. Ausstehende Gelder waren von ihm nicht mehr zu erwarten. Und neue Aufträge gab es nicht. Freunde versuchten zu helfen, kauften eine Kleinigkeit oder brachten kleine Geldbeträge, die sie als Spenden anonymer Verehrer ausgaben. Stiftungen und Fonds fanden Mittel und Wege, dem Verarmten kleine Stipendien zukommen zu lassen. Doch das alles waren nur Tropfen auf den heißen Stein. „Wenn ich mich nicht wie ein Aal wände", schrieb er Ende 1933 an einen Bekannten, „ich besäße heute nicht den Groschen, um Ihnen eine Zigarette anzubieten oder ein Stück Brot. [...] Ich habe so viel Sorgen, dass ich nur noch mithilfe von doppelten oder dreifachen Rationen Schlafmittel schlafe, weiß nicht, wie lange das gut geht."

In dieser verzweifelten Lage musste es der Künstler geradezu als ein Wunder empfinden, dass ein alter Bekannter Ende August 1934 den Hamburger Fabrikanten Hermann F. Reemtsma ins Güstrower Atelier mitbrachte und dieser, tief beeindruckt von dem, was er dort sah, nicht nur die Holzskulptur „Der Beter" kaufte, sondern auch noch den Auftrag erteilte, den „Fries der Lauschenden" für ihn fertigzustellen. Von diesem Fries, einem barlachschen Lieblingsprojekt, waren, nachdem der ursprüngliche Auftraggeber Ludwig Katzenellenbogen auf

Ernst Barlach übergibt dem Hamburger Industriellen Hermann F. Reemtsma in seinem Güstrower Atelier den fertigen „Fries der Lauschenden". Die Aufnahme entstand am 24. November 1935.

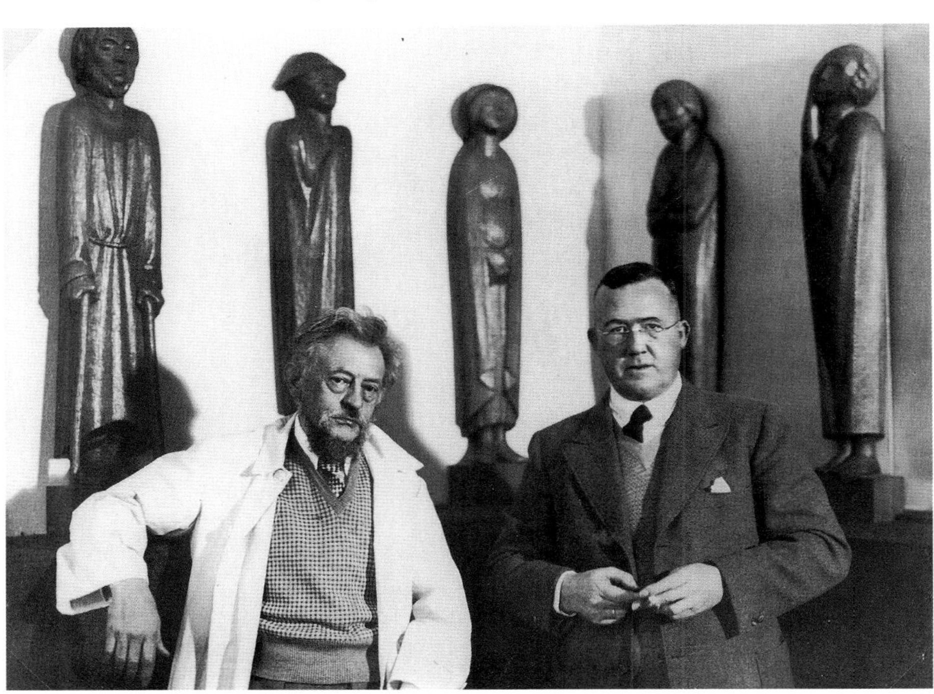

der Flucht vor seinen Gläubigern Deutschland verlassen hatte, erst drei Figuren fertig geworden. Dass Barlach nun auch die noch fehlenden sechs ausführen durfte, erfüllte den ums nackte Überleben Kämpfenden mit einem „Gefühl herzlichen Dankes", „beglückender Genugtuung" und „einer Art Stolz" – so steht es in einer langen Dankadresse an Hermann F. Reemtsma vom Oktober 1934. „Zu wissen, dass eine unverhohlene Zustimmung Ihrerseits bei der Betrachtung mit der Vollendung des Frieses die Quelle Ihres Entschlusses sei, ist für mich natürlich die schönste Zugabe, wer möchte nicht vor allem seine Arbeit in Hände geben, die im Ernst nach ihr verlangen."

Mit Feuereifer machte er sich an die Arbeit. Im Oktober 1935 war der „Fries der Lauschenden" vollendet. Am 24. November, dem Totensonntag, erfolgte im großen Werkraum des Atelierhauses die Übergabe an den Auftraggeber – ein letzter großer Erfolg, wenn auch abseits der Öffentlichkeit.

Doch die Genugtuung darüber war nur von kurzer Dauer, denn von nun an folgte Schlag auf Schlag. Im Oktober 1935 war im Münchener Piper-Verlag der Band „Ernst Barlach – Zeichnungen" erschienen. Fünf Monate später, am 24. März 1936, wurde das Buch als „Gefahr für die öffentliche Sicherheit und Ordnung" beschlagnahmt und später vernichtet. Joseph Goebbels, früher ein Verehrer Barlachs, war über die „Zeichnungen" entsetzt: „Ein tolles Buch von Barlach verboten", notierte er in seinem Tagebuch. „Das ist keine Kunst mehr. Das ist Destruktion, ungekonnte Mache. Scheußlich! Dieses Gift darf nicht ins Volk hinein."

Das Verbot wird auf Weisung des Propagandaministeriums nur kurz gemeldet – Goebbels wünscht im Vorfeld der Sommerolympiade, die der Welt das neue Deutschland als ein Land der Ordnung, Einigkeit und Schönheit präsentieren soll, keine unnötigen Negativschlagzeilen. Kaum aber ist das große Ereignis vorbei, steht die moderne Kunst erneut am Pranger. Und diesmal sind die Verantwortlichen zum Äußersten entschlossen.

Barlach ist einer der Ersten, die diese Entschlossenheit zu spüren bekamen. Anfang November 1936 müssen aus der großen Jubiläumsausstellung der Preußischen Akademie der Künste seine Werke, die schon an ihrem

Platz gestanden hatten, wieder entfernt werden – eine Vorwegnahme dessen, was Erziehungsminister Rust in seiner Eröffnungsansprache verkünden wird: Die Säuberung dieser Berliner Ausstellung solle ein Zeichen setzen, um den neuen kunstpolitischen Gedanken des Führers zum Durchbruch zu verhelfen, die er „in jenen vier entscheidenden Stellungnahmen von 1933 bis 1936 auf den Parteitagen" entwickelt habe. Danach sei es jetzt an der Zeit, den Deutschen „das Unvergängliche und Ewige in der deutschen Kunst vor Augen zu stellen und ihnen aus den Augen fortzunehmen, was dieses Wiedererfassen des Ewigen und Unvergänglichen zu stören vermag. Und aus diesen Gedanken heraus habe ich nun auch vor einigen Tagen den Entschluss gefasst, gewisse Erscheinungen einer vergangenen Periode zunächst einmal den Blicken zu entrücken, damit wir zu uns selber kommen." Dies seien notwendige Maßnahmen, „die sich demnächst über ganz Deutschland erstrecken werden".

Mit dieser Rede Rusts, die sich ausdrücklich auf die großen kulturpolitischen Reden Hitlers beruft, beginnt der letzte Akt der Tragödie: die Vernichtung der modernen Kunst in Deutschland. Am 20. April 1937, Hitlers 48. Geburtstag, lässt der Kieler Magistrat Barlachs „Geistkämpfer" vom Sockel heben und im Thaulow-Museum unterstellen. Zwei Monate später beschlagnahmen Abgesandte des Propagandaministeriums aus einer kleinen Gemeinschaftsausstellung der Berliner Galerie Buchholz seine Werke, darunter seine beiden letzten Holzskulpturen „Lachende Alte" und „Frierende Alte" (s. S. 124/125) – Arbeiten, in denen die ohnmächtige Verzweiflung des Künstlers noch einmal ergreifend Gestalt angenommen hat. Damals glaubt Barlach ernstlich, das sei das Ende: das Berufsverbot. Doch zu seiner Überraschung erhält er seine Arbeiten nach monatelanger Ungewissheit zurück, zusammen mit der Weisung, „dass diese Werke nicht mehr ausgestellt werden dürfen".

Wenig später holen die Nationalsozialisten zum großen Rundumschlag aus. Im Sommer 1937 sucht eine Kommission, versehen mit einer Vollmacht der Regierung, die deutschen Museen heim, um „die im deutschen Reichs-, Länder- oder Kommunalbesitz befindlichen Werke deutscher Verfallskunst [...] auszuwählen und si-

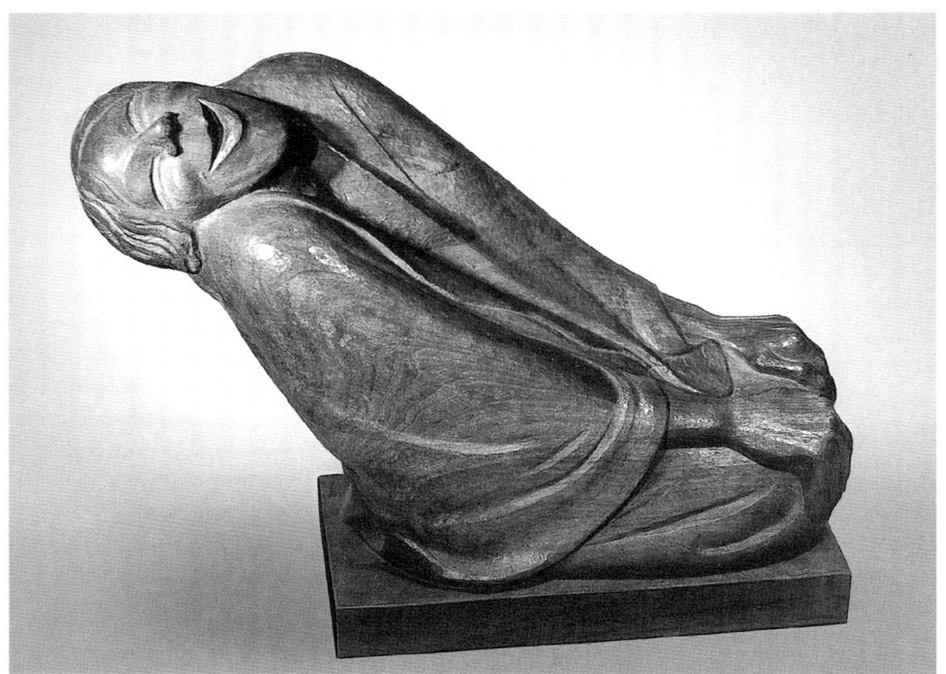

cherzustellen". Wochen später haben die Emissäre schätzungsweise 17 000 Kunstwerke zusammengerafft und in Depots verfrachtet, darunter alle erreichbaren Werke Barlachs: rund 400 Figuren, Zeichnungen und Grafiken.

Zur selben Zeit betreibt die altehrwürdige Preußische Akademie der Künste in Berlin auf Befehl von oben ihre „Selbstreinigung". Um damit rasch zu einem Abschluss zu kommen, weist das zuständige Ministerium für Wissenschaft, Erziehung und Volksbildung den Präsidenten der Akademie an, neun unliebsame Mitglieder, darunter neben den Malern Ernst Kirchner, Emil Nolde, Max Pechstein und dem Architekten Mies van der Rohe auch Ernst Barlach, zum „freiwilligen" Ausscheiden zu bewegen. Das daraufhin verschickte Schreiben ist eine perfide Mischung aus geheuchelter Fürsorglichkeit und Drohung: „Die seit längerer Zeit vorbereitete Neuordnung der Akademie der Künste erstreckt sich auf eine Neuzusammensetzung der Mitgliedschaft der Akademie. Da nach den mir gewordenen Informationen nicht zu erwarten ist, dass Sie weiter zu den Mitgliedern der Akademie zählen werden, möchte ich Ihnen in Ihrem Interesse nahelegen, möglichst

Barlachs letzte Meisterwerke, die „Lachende Alte“ (links) und die „Frierende Alte“, entstanden im Jahre 1937, auf dem Höhepunkt der Verfolgung durch das NS-Regime. Sie symbolisieren die ohnmächtige Verzweiflung des Verfemten in seiner zunehmend ausweglosen Lage.

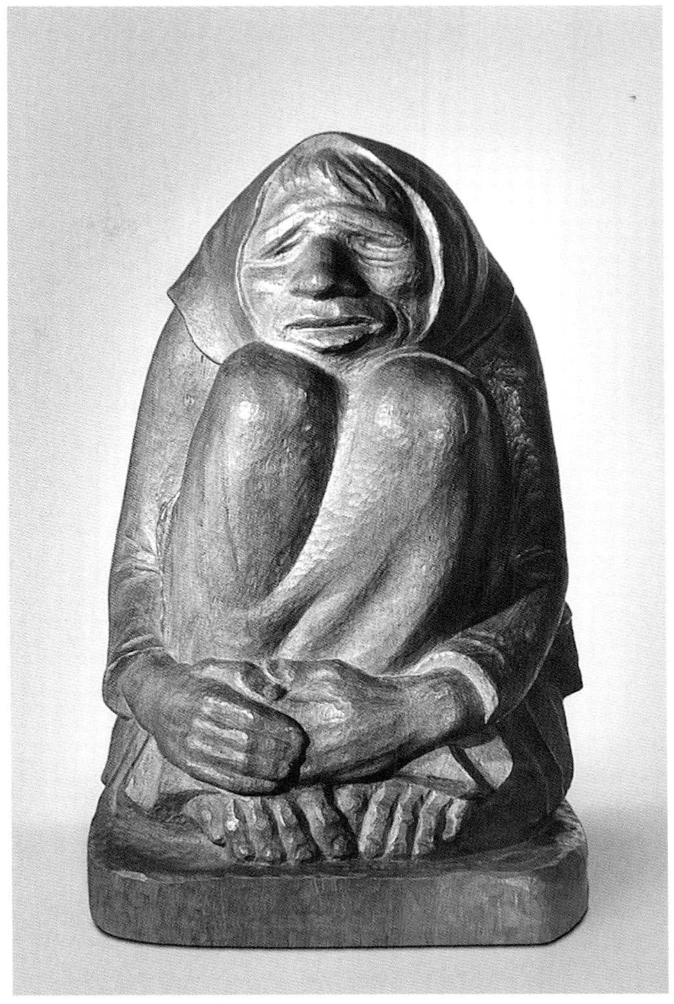

sofort selbst Ihren Austritt aus der Akademie zu erklären.“ Auf diese Zumutung reagiert Barlach zuerst empört, dann resigniert. Am 11. Juli 1937 gibt er in einem lakonischen Telegramm die gewünschte Erklärung ab: „Bitte von dem Entschluss meine Mitgliedschaft an der Akademie der Künste niederzulegen Kenntnis zu nehmen.“

Damit sind die vorbereitenden „Säuberungen“ abgeschlossen. Am 16. Juli 1937 beginnt in München die viertägige Großveranstaltung, die nach dem Willen Hitlers der deutschen Kultur ein für alle Mal den Weg weisen soll: der „Tag der deutschen Kunst“. Ihr Höhepunkt ist,

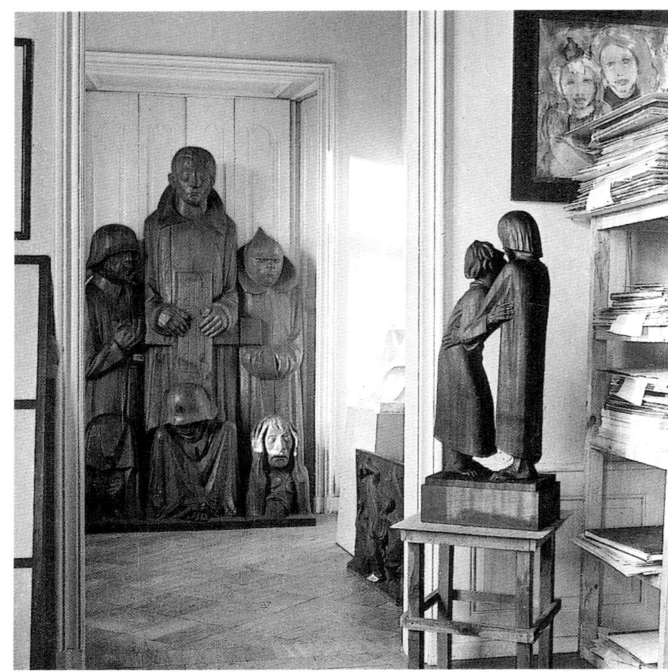

Die im Juli 1937 beschlagnahmten Werke Barlachs wurden im Schloss Niederschönhausen bei Berlin abgestellt. Hier zwei seiner Hauptwerke: das „Magdeburger Ehrenmal" und die Gruppe „Das Wiedersehen" („Christus und Thomas")

am 18. Juli, die Weihe des „Hauses der deutschen Kunst", bei der Hitler noch einmal „das Ende der deutschen Kunstvernarrung" durch ein fremdrassiges „Kunstschmierantentum" proklamiert. Am Tage nach dem großen Ereignis zeigt der Präsident der Reichskammer für bildende Künste, Adolf Ziegler, dem deutschen Volk die Werke dieser „Kunstschmieranten" in der Ausstellung „Entartete Kunst": rund 600 Werke von 110 „kulturbolschewistischen" Künstlern – in den Augen des Fanatikers Ziegler allesamt „Ausgeburten des Wahnsinns, der Frechheit, des Nichtskönnertums und der Entartung". Ernst Barlach ist darin zweifach vertreten: in einer Vorraum-Vitrine mit dem beschlagnahmten Band „Zeichnungen" und im Kernbereich der Ausstellung mit einem Bronzeguss vom Werkmodell der Gruppe „Das Wiedersehen".

Auch wenn sich der Künstler nach außen burschikos gibt, in Wahrheit ist er durch die Brutalität der Ereignisse tief verunsichert. In seinem Nachlass hat man unter dem Datum 29./30. Juli 1937 ein erschütterndes Dossier gefunden: „Als ich vom Verbot der Berufsausübung bedroht war"; ein Dokument, in dem er seiner

Am 20. April 1937 (Hitlers 48. Geburtstag) ließ der Kieler Magistrat Barlachs „Geistkämpfer“ abbrechen und im Thaulow-Museum wegschließen.

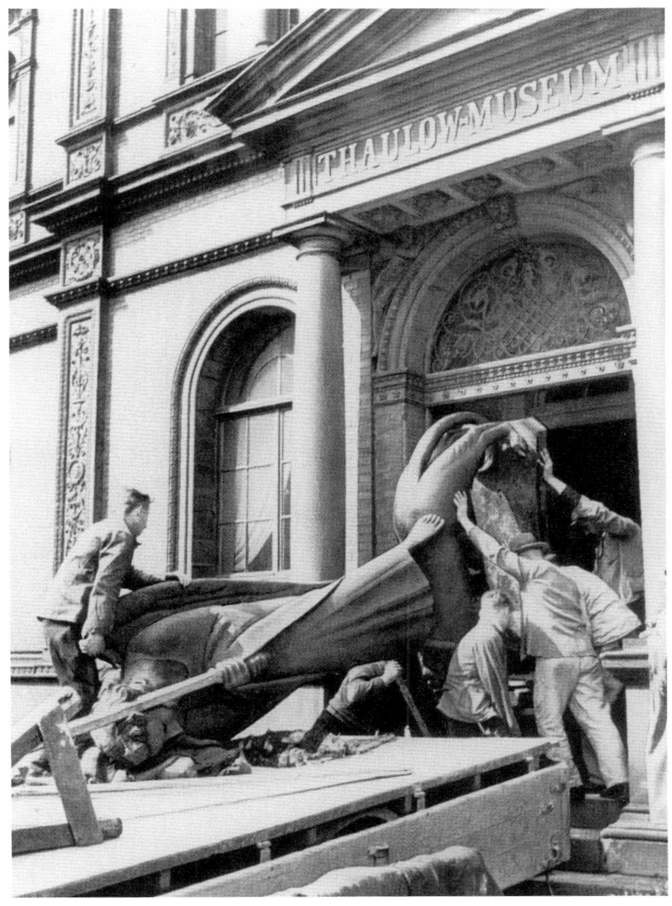

Angst unverhohlen Ausdruck gibt: „Ich erfahre [...] eine Ausgestoßenheit, die der Preisgabe an Vernichtung gleichkommt. Das Verdikt [...] bedeutet Verurteilung zur Absperrung meines persönlichen Daseins von allen bisherigen Lebensvoraussetzungen. [...] Diese mir zugedachte Erdrosselung umgeht nur jene andre der echten Garrottierung [...].“

Die Tinte auf dieser ergreifenden Anklage ist kaum getrocknet, als ihn schon der nächste Schlag trifft: Am 23. August 1937 lässt der von regimetreuen „Deutschen Christen“ dominierte Schweriner Oberkirchenrat den „Güstrower Domengel“ gegen den Protest des Dompredigers Schwartzkopff abhängen und zur späteren Verschrottung abtransportieren.

Wer Barlachs Briefe aus jener Zeit mit den Augen eines Arztes liest, erkennt darin unschwer die Anzeichen des drohenden Zusammenbruchs. Eine entsetzliche Schwäche und grausame Anfälle quälen den Tiefverstörten: Schweißausbrüche, Schwindel, unbezähmbarer Husten und schlimmes Herzjagen. Seine Hände zittern, die Beine versagen ihren Dienst, und immer wieder wird ihm schwarz vor Augen. In diesem Zustand der Hoffnungslosigkeit schwindet ihm zuweilen die innere Kraft, die ihn so lange aufrechterhalten hat, und Verzweiflung überkommt ihn – wie in jenem ergreifenden Brief, den er im April 1938 einem jungen Verehrer schreibt: „Die Panik vor dem So-Sein hat mir von jeher zugehört, selbst in den sogenannten paar glücklichen Jahren, die nur den Leuten als solche erschienen sind. [...] Heute pfeift der böse Wind grausam hart [...]. Das eigene Dasein zu Zeiten als schicksalhaft bestimmt zu empfinden, gelegentlich, bei offenbarenden Zuständen des Gemüts, ist ein seltsames und, sagen wir es nur, erhebendes Erlebnis, mag der Anlass nun freundlich oder übelwollend erscheinen, ja, ganz ohne Anlass erhebt sich das Gemüt zur Wahrnehmung höherer Notwendigkeiten, deren Eintreten oder Dasein eben als gesollt empfunden wird und die man mit einer Art Gläubigkeit in Getrostheit hinnimmt. Es muss gut sein, also ist es gut, ist dann der Weisheit letzter Schluss. Oder aber, falls man die Weisheit nicht bejahen kann und man in Widerspruch mit letzter Eigenheit gerät – man gerät auf den Abweg der Verzweiflung, eine Art Irresein. Davor bewahre uns alle das ewige Schicksal [...]“.

Als Barlach das niederschreibt, ist es gerade ein Vierteljahr her, dass der Hamburger Senat angekündigt hat, man werde nun auch das Barlach-Relief der trauernden Mutter vom Hamburger Ehrenmal entfernen. Doch diese letzte Demütigung erlebt der Schwerkranke nicht mehr. Ende September 1938 muss er in eine Rostocker Privatklinik gebracht werden. Dort wacht Marga Böhmer Tag und Nacht an seinem Bett. In den wenigen Stunden, in denen der zu Tode Erschöpfte von seinen Erstickungsanfällen in halber Bewusstlosigkeit ein wenig Ruhe findet, zeichnet sie ihn. In ihrer Unbeholfenheit sind diese Blätter bewegende Dokumente eines Sterbens, das nicht enden will. Erst am 24. Oktober schließt Ernst Barlach für immer die Augen.

Barlachs Gruppe „Das Wiedersehen“ (links) in der Münchener Ausstellung „Entartete Kunst“, aufgenommen im Juli 1937

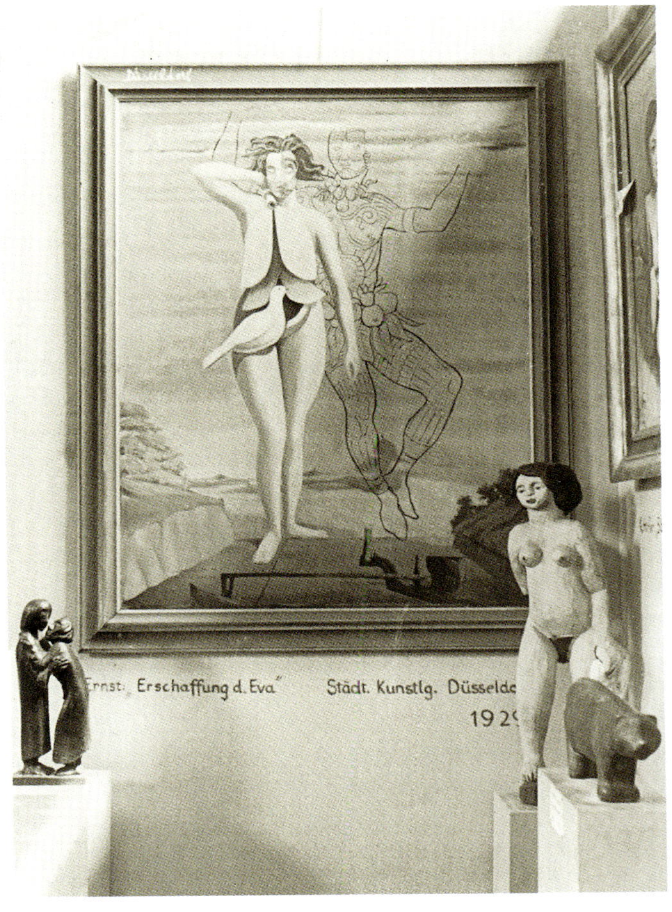

Am 27. Oktober, bei Einbruch der Dämmerung, findet in seinem Atelier die Trauerfeier statt. Der Sarg, vor einer Wand aus Tannengrün, steht offen. Über ihm der Kopf des Güstrower Domengels. Daneben, in einem Sessel, Käthe Kollwitz, die diesem Engel ihr Gesicht geliehen hat. Noch in derselben Nacht wird sie das letzte Bild des verehrten Kollegen, wie er still und weit weg in seinem Sarg ruht, aus dem Gedächtnis zeichnen. Zu Beginn der Andacht liest Pastor Schwartzkopff aus dem 3. Kapitel der Klagelieder Jeremias. Danach sprechen Freunde kurze Gedenkworte. Die Feier wird umrahmt mit Musik von Ludwig van Beethoven und Barlachs Lieblingskomponisten Anton Bruckner.

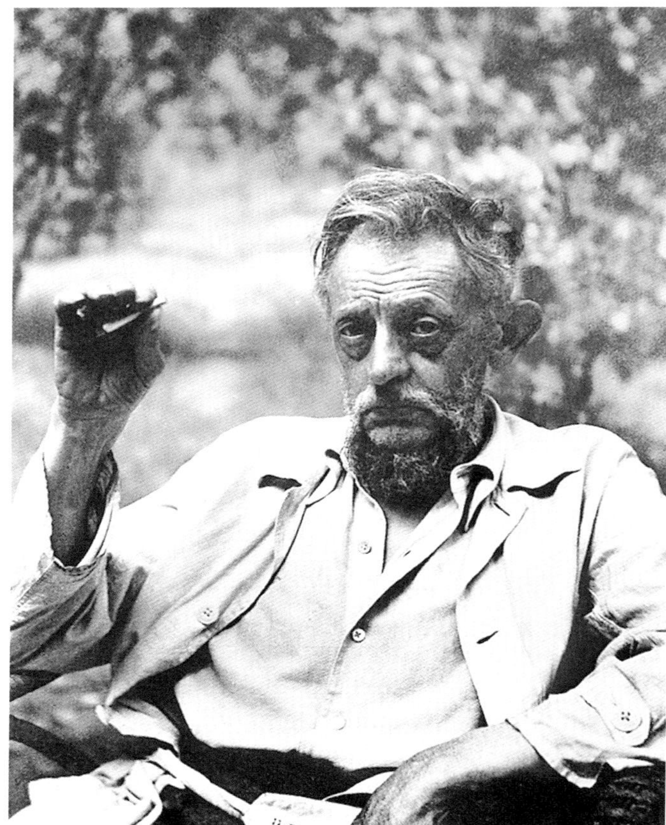

Das letzte Fotoporträt Barlachs, aufgenommen im August 1938, zeigt den Künstler, erschöpft und von Krankheit gezeichnet, im Garten des Böhmer-Hauses am Inselsee bei Güstrow.

Die Beisetzung findet am folgenden Tag statt. Dabei erfüllt man dem Verstorbenen seinen letzten Wunsch: Er wollte nicht in Güstrow begraben werden, in der Stadt, in der man ihn verstoßen, gedemütigt und verleumdet hatte. Deshalb wird er nun in Ratzeburg zur letzten Ruhe gebettet – an der Seite seines Vaters. Auf dem Friedhof haben sich knapp ein halbes Hundert Leute versammelt: Künstlerkollegen, Museumsmänner, Kunsthändler, Freunde – keine einzige Amtsperson. Von der Beisetzung hat ein Verehrer einen kurzen Bericht gegeben: „Dann wurde er durch den wallenden Nebel getragen, der große braune Sarg, viel zu groß für den kleinen Leib. [...] Als der Sarg in die Grube hinunterschwankte, brach die Sonne durch den Nebel [...].“

Resigniert zieht Marga Böhmer, die dem Sterbenden bis zur Erschöpfung beigestanden hat, die trost-

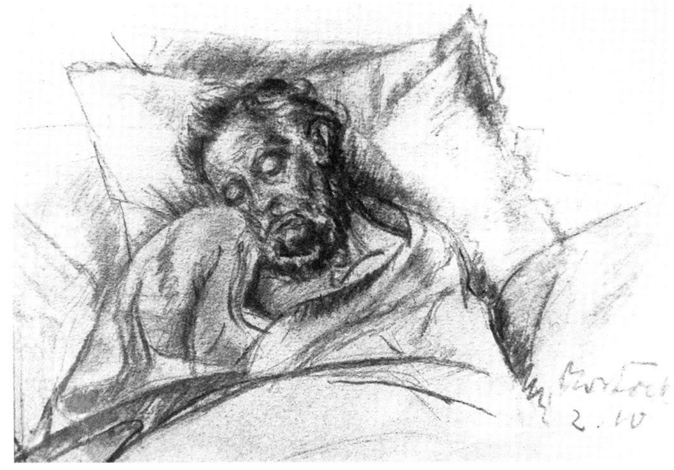

Ernst Barlach im Krankenhaus. Dieses ergreifende Porträt des Sterbenden zeichnete seine Lebensgefährtin Marga Böhmer am 2. Oktober 1938, drei Wochen vor seinem Tod.

lose Bilanz dieses Todes: „So ist es leider auch an Barlach wahr geworden, was der blinde Kuhle (eine Hauptfigur aus Barlachs erstem Drama „Der tote Tag“) sagt: ‚Man sieht den Gerechten untergehen und den Kehricht obenauf schwimmen‘, und jene bitteren Worte könnten auch auf Barlachs Grabstein stehen: ‚Das Erleben guter Stunden – die Ausnahme, das Unglück – die Regel, jede Erfüllung – ärmer als die Hoffnung und Erwartung, das Dasein so trübe und schwer, dass das Nichtdasein für die Wertvolleren das bessere Teil‘.“

Nach seinem frühen Tod im Juni 1884 hatte Barlachs Vater, Dr. Georg Gottlieb Barlach, seine letzte Ruhestätte auf dem kleinen Ratzeburger Vorstadtfriedhof an der Seedorfer Straße gefunden. Mehr als ein halbes Jahrhundert später, im Oktober 1938, wurde an seiner Seite auch sein berühmter Sohn, Ernst Barlach, beigesetzt. Es war der letzte Wunsch des Sterbenden gewesen, nachdem er in seiner Wahlheimat Güstrow während der NS-Zeit beschimpft, bedroht, verfolgt und schließlich ausgestoßen worden war.

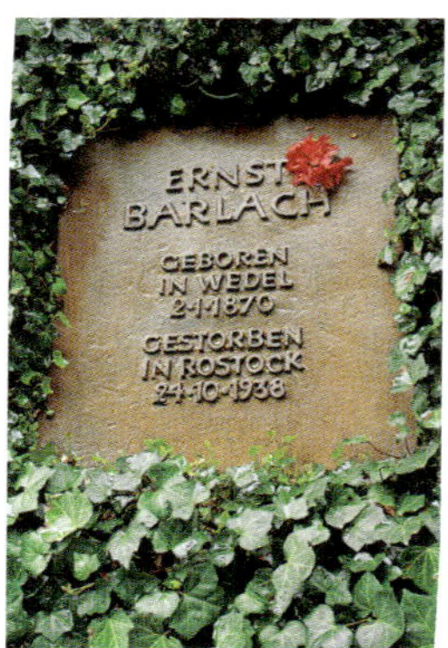

1951 erweiterte Barlachs einziger Sohn, Nicolaus Barlach, der sich nach dem Zweiten Weltkrieg in Ratzeburg niedergelassen hatte, die Grabplätze seines Großvaters und Vaters zu einer geräumigen Familien-Grabstätte, die, weithin sichtbar, von der überlebensgroßen Abformung des „Sängers" aus Ernst Barlachs Lübecker „Gemeinschaft der Heiligen" beherrscht wird. Heute ruhen hier, unter schlichten Keramikgrabplatten, neben Dr. Georg Gottlieb und Ernst Barlach, dessen Lieblingsbruder Hans Barlach, sein Sohn Nicolaus Barlach, dessen Frau und – anonym – die Lebensgefährtin des Künstlers, Marga Böhmer.

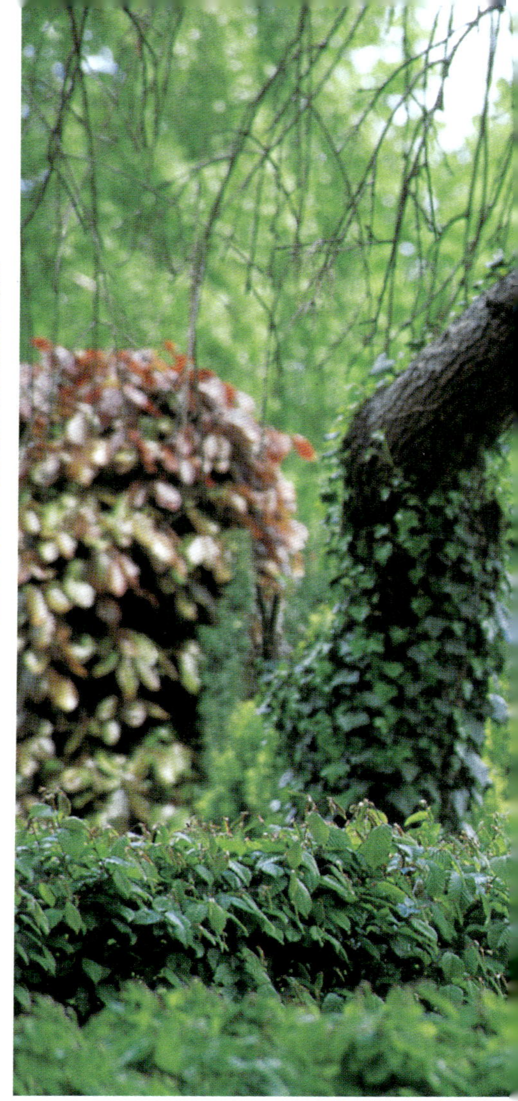

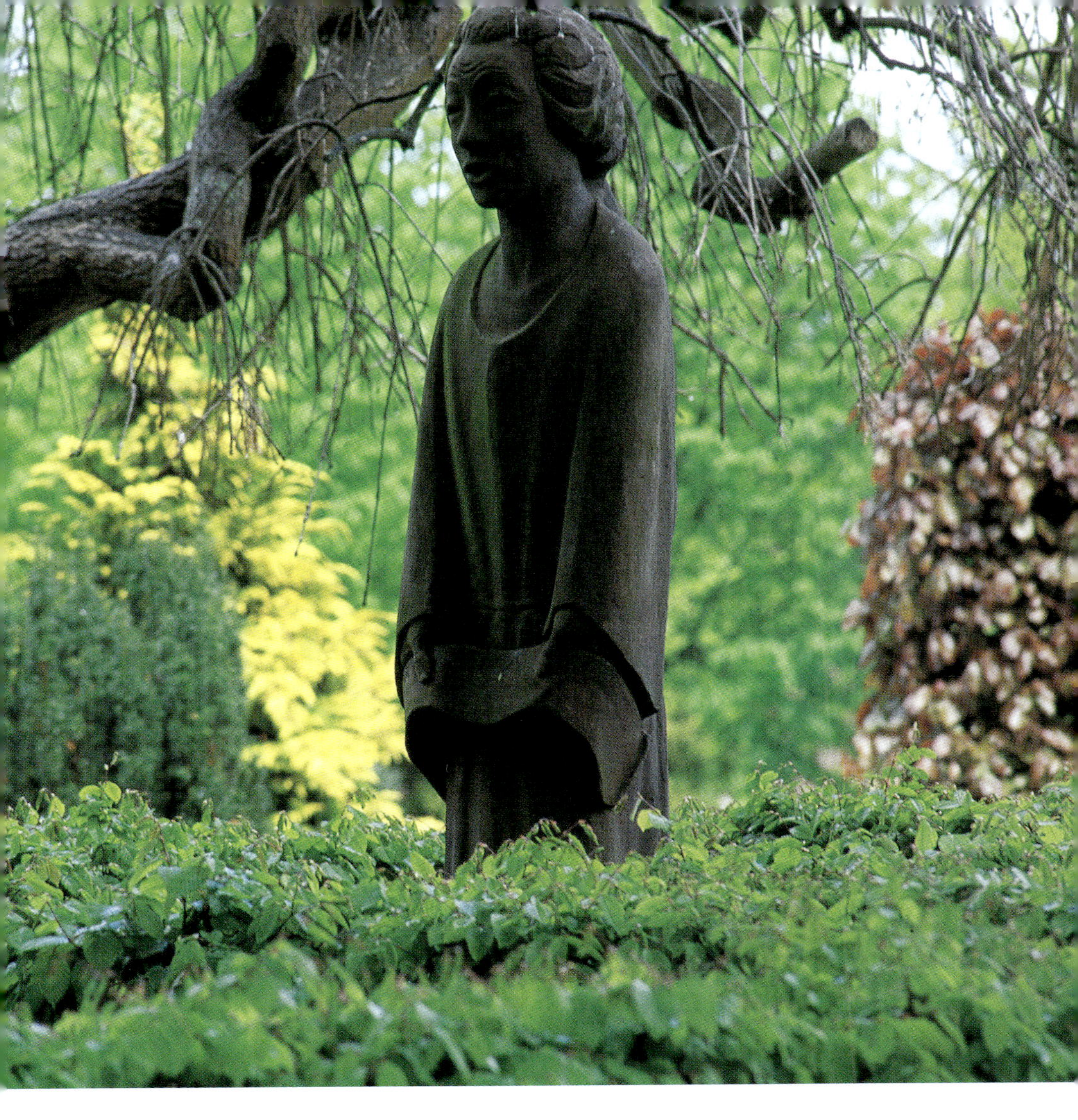

Zeittafel

1869 Der Arzt Dr. Georg Gottlieb Barlach (Barlachs Vater) heiratet Louise Vollert (2. März).

1870 Geburt Ernst Barlachs im Elbstädtchen Wedel bei Hamburg (2. Januar).

1871 Geburt des Bruders Hans (11. Juli).

1872 Umzug der Familie Barlach nach Schönberg i. Mecklenburg. Geburt der Zwillingsbrüder Nikolaus und Joseph (8. August).

1876 Umzug der Familie Barlach von Schönberg nach Ratzeburg (September).

1884 Barlachs Vater, Dr. Georg Gottlieb Barlach, stirbt 45jährig in Ratzeburg (3. Juni).

1888 Nach Abschluss der Realschule in Schönberg: Besuch der Allgemeinen Gewerbeschule in Hamburg (nach Ostern).

1891 Wechsel von der Allgemeinen Gewerbeschule in Hamburg zur Königlichen Akademie der bildenden Künste in Dresden (nach Ostern).

1893 Der Kunststudent Barlach erhält den Auftrag zur Illustration des Lehrwerks „Figürliches Zeichnen" für Architekten.

1894 Plastisches Hauptwerk: Krautpflückerin.

1895 Studienabschluss in Dresden (Februar). Studienaufenthalt in Paris mit Karl Garbers (25. April–Anfang Mai 1896).

1896 Übersiedlung von Paris zur Mutter nach Friedrichroda in Thüringen (Anfang Mai).

1897 Zweiter Paris-Aufenthalt (März–Juli). Danach erneut Rückkehr nach Friedrichroda.
Mitarbeiter von Karl Garbers, der sich in Altona niedergelassen hat (Sommer).

1898 Barlach und Garbers gewinnen den Wettbewerb um die Neugestaltung des Hamburger Rathausmarktes (8. November).

1899 Übersiedlung von Hamburg nach Berlin (26. September).

1900 Plastisches Hauptwerk: Grabmal Moeller-Jarke (bis 1902).

1901 Rückkehr von Berlin in die Geburtsstadt Wedel (Juni).

1902 Plastisches Hauptwerk: Neptun-Gruppe für das Verwaltungsgebäude der Hamburg-Amerika-Linie an der Binnenalster.

1903 Plastische Hauptwerke: Mutz-Keramiken.

1904 Lehrauftrag an der Königlichen Keramischen Fachschule in Höhr (heute: Höhr-Grenzhausen/ Westerwald) (September).

1905 Übersiedlung von Höhr nach Berlin (April).

1906 Schwere Lebens- und Schaffenskrise. Besuch beim Bruder Hans im südrussischen Charkow (3. August–27. September). Während der Russlandreise: Geburt des unehelichen Sohns Nicolaus in Berlin (20. August). Mutter: die Näherin Rosa Limona Schwab. Plastische Hauptwerke: Blinder Bettler; Russische Bettlerin mit Schale.

1907 Plastische Hauptwerke: Der Melonenschneider; Russische Bettlerin I u. II; Sitzendes Weib; Sitzender Steppenhirt.

1908 Mitglied der Berliner Secession. Gegen ein festes Monatssalär übernimmt der Berliner Kunsthändler Paul Cassirer die Alleinvertretungsrechte für Barlachs Plastiken. Auf der Herbstausstellung der Berliner Secession zeigt Barlach seine ersten Holzbildwerke. Barlachs Sohn Nicolaus wird für ehelich erklärt und in seine Obhut gegeben (22. Dezember). Plastische Hauptwerke: Liegender Bauer; Schäfer im Sturm.

1909 Aufenthalt in Florenz als Stipendiat der Villa-Romana-Stiftung (7. Februar–10. November). Plastische Hauptwerke: Der Zecher; Sterndeuter I u. II.

1910 Einrichtung einer alten Töpferwerkstatt in Güstrow als provisorisches Atelier (Mai). Übersiedlung von Berlin nach Güstrow (Juni). Plastische Hauptwerke: Sorgende Frau; Der Berserker; Der Sonnenanbeter; Ruhender Däubler.

1911 Bezug einer Mietwohnung in der Schweriner Straße 22 (4. Oktober). Plastische Hauptwerke: Drei singende Frauen; Der Einsame; Der Schwertzieher; Der Ekstatiker.

1912 Aufenthalt im Cassirerschen Landhaus in Noordwijk aan Zee (24. Juli–Mitte August), um Paul Cassirers Frau Tilla Durieux zu portraitieren. Plastische Hauptwerke: Die Vision; Bildnis Tilla Durieux I-IV; Der Spaziergänger; Panischer Schrecken.

1913 Plastische Hauptwerke: Die Verlassenen (Relief); Alte Frau mit Stock; Bildnisse Theodor Däubler u. Albert Kollmann.

1914 Nach dem Ausbruch des Ersten Weltkriegs: Beginn des „Güstrower Tagebuchs" (3. August). Plastische Hauptwerke: Trauer; Der Dorfgeiger; Der Rächer.

1915 Als Reservist beim Landsturm im (heute dänischen) Sonderburg (7. Dezember–20. Februar 1916). Plastisches Hauptwerk: Kaminreliefs für die Berliner Villa Mendelssohn (bis 1916).

1916 Plastische Hauptwerke: Frierendes Mädchen; Zwei Schlafende (Relief, bis 1917).

1917 Plastische Hauptwerke: Frierendes Mädchen; Auferstehung (Relief); Der Übergang (Relief).

1918 Waffenstillstand zwischen dem Deutschen Reich und den Alliierten (11. November). Plastische Hauptwerke: Der Mann im Stock; Moses (Der Gesetzgeber).

1919 Mitglied der Preußischen Akademie der Künste (24. Januar). Uraufführung von Barlachs zweitem Drama „Der arme Vetter" (veröffentlicht 1918) in den Hamburger Kammerspielen (20. März). Uraufführung von Barlachs erstem Drama „Der tote Tag" (veröffentlicht 1912) im Schauspielhaus Leipzig (22. November). Plastische Hauptwerke: Die gemarterte Menschheit (Relief); Die Hexe auf den Scheitern (Relief).

1920 Barlachs nervenkranke Mutter ertränkt sich im Schweriner See (5. August). Plastische Hauptwerke: Ekstatische Frau; Tanzende Alte; Maske Friedrich Schult.

1921 Uraufführung von Barlachs drittem Drama „Die echten Sedemunds" (veröffentlicht 1920) in den Hamburger Kammerspielen (23. März). Schwere Lebenskrise nach der Zurückweisung von Barlachs

Eheantrag durch die Frau seines Bekannten Friedrich Schult (15. August). Plastische Hauptwerke: Maske Albert Kollmann; Steppenweib.

1922 Plastische Hauptwerke: Der Mann mit dem Mantel; Bildnisse Reinhard Piper.

1923 Plastische Hauptwerke: Zwei Schlafende (Relief); Weinende Frau; Das Grauen.

1924 Das Ehepaar Marga und Bernhard Böhmer kauft sich am Inselsee vor den Toren Güstrows ein Haus (Frühjahr). Uraufführung von Barlachs fünftem Drama „Die Sündflut“ (veröffentlicht 1924) im Württemberger Staatstheater Stuttgart (27. September). Plastische Hauptwerke: Schwangeres Mädchen; Der Wartende.

1925 Plastische Hauptwerke: Der Apostel (Relief); Der Träumer; Der Tod; Der Beter.

1926 Barlachs Kunsthändler Paul Cassirer erschießt sich (7. Januar). Große Retrospektive von Barlachs Holzbildwerken im Kunstsalon Paul Cassirer (Februar). Beginn der Liebesaffäre mit der 39jährigen Bildhauerin Marga Böhmer (Mai). Uraufführung von Barlachs sechstem Drama „Der blaue Boll“ (veröffentlicht 1926) im Landestheater Stuttgart (13. Oktober). Erster Arbeitstag im neuen Atelier Walkmühlenstraße 21 (1. Dezember). Plastische Hauptwerke: Entwurf zum Fries der Lauschenden (als Teil eines geplanten Beethoven-Denkmals); Das Wiedersehen; Die gefesselte Hexe.

1927 Einweihung des „Güstrower Domengels“ im Rahmen eines Festgottesdienstes (29. Mai). Scheidung von Marga und Bernhard Böhmer (4. Juni). Plastische Hauptwerke: Güstrower Domengel.

1928 Uraufführung von Barlachs viertem Drama „Der Findling“ (veröffentlicht 1922) im Neuen Schauspielhaus Königsberg (21. April). Nach der Scheidung des Ehepaars Böhmer zieht Barlach ins Böhmerhaus am Inselsee (Mitte September). Im Paul Cassirer Verlag erscheint Barlachs Autobiographie „Ein selbsterzähltes Leben“ (Anfang Oktober). Aufstellung der Bronzegruppe „Der Geistkämpfer“ in Kiel (29. November). Pläne für ein Ehrenmal in Malchin scheitern am Einspruch des „Stahlhelm“ (Jahreswende 1928/29). Plastische Hauptwerke: Der Geistkämpfer; Der singende Mann.

1929 Enthüllung des Magdeburger Ehrenmals im Magdeburger Dom (24. November). Uraufführung von Barlachs siebtem Drama „Die gute Zeit“ (veröffentlicht 1929) im Reußischen Theater in Gera (28. November). Plastische Hauptwerke: Magdeburger Ehrenmal.

1930 Zu Barlachs 60. Geburtstag (am 2. Januar) eröffnet die Kieler Kunsthalle eine große Jubiläumsausstellung (5. Januar). Eröffnung der Barlach-Jubiläumsausstellung der Preußischen Akademie der Künste (8. Januar). Der Lübecker Denkmalrat stimmt dem Projekt einer Gemeinschaft der Heiligen in der Fassade von St. Katharinen zu (17. Januar). Paul Cassirers Witwe, Tilla Durieux, heiratet den Berliner Industriellen Ludwig Katzenellenbogen (28. Februar). Der Galerist Alfred Flechtheim schließt mit Barlach einen Vertrag über den Guss von zunächst 16 Bronzen (14. Juli). Vollendung der ersten Figur zur Gemeinschaft der Heiligen: Der Bettler (Ende Juli). Nach Fertigstellung des Bettlers: Vertrag mit dem Lübecker Museumsdirektor Carl Georg Heise über das Projekt einer Gemeinschaft der Heiligen für St. Katharinen (19. August). Auftrag Tilla Durieux’ zum Fries der Lauschenden (Anfang November). Auftrag des Hamburger Senats zum Relief Trauernde Mutter und Kind am Hamburger Ehrenmal (3. Dezember). Plastische Hauptwerke: Der Wanderer (aus dem Fries der Lauschenden); Der Bettler (aus der Gemeinschaft der Heiligen); Lesender Klosterschüler.

1931 Erster Arbeitstag im Atelier des neuen Atelierhauses am Inselsee (20. Februar). Einweihung des Hamburger Ehrenmals (2. August). Vollendung der zweiten Figur zur Gemeinschaft der Heiligen: Der Sänger (November). Bernhard Böhmer heiratet die Fabrikantentochter Hella Otte (29. Dezember). Das junge Ehepaar bezieht den Wohntrakt des neuen Atelierhauses. Plastische Hauptwerke: Zwei Figuren aus dem Fries der Lauschenden (Die Tänzerin, Die Träumende); Lehrender Christus; Der Zweifler; Hamburger Ehrenmal (Relief); Der Sänger (aus der Gemeinschaft der Heiligen).

1932 Der Mann Tilla Durieux', Ludwig Katzenellenbogen, wird wegen diverser Wirtschaftsvergehen zu einer Gefängnisstrafe verurteilt (18. März). Damit entfällt der Auftrag zum Fries der Lauschenden. Bei den Reichstagswahlen wird die NSDAP mit 230 Mandaten stärkste Fraktion (31. Juli). Barlach unterbreitet Pläne für ein Stralsunder Ehrenmal (Ende Oktober). Plastische Hauptwerke: Frau im Wind (aus der Gemeinschaft der Heiligen); Die lesenden Mönche III.

1933 In der Reihe „Künstler zur Zeit" spricht Ernst Barlach im Deutschlandsender (23. Januar). Reichspräsident von Hindenburg ernennt Adolf Hitler zum Reichskanzler („Machtübernahme", 30. Januar). Barlach wird mit der Friedensklasse des Ordens Pour le mérite ausgezeichnet (Ende Februar). Bei den Reichstagswahlen kommt die NSDAP auf 288 Mandate und hat nun, zusammen mit den 52 Mandaten von Hugenbergs „Kampffront Schwarz-Weiß-Rot", die absolute Mehrheit (5. März). Erster Antrag der Domgemeinde auf Entfernung des Magdeburger Ehrenmals (18. März). Barlach zieht seine Bewerbung um das Stralsunder Ehrenmal zurück, „um größerem Ungemach zu entgehen" (18. März).
Mit dem „Ermächtigungsgesetz" überträgt der Reichstag der Reichsregierung die zeitlich befristete Vollmacht, Gesetze zu erlassen 23. März). Das „Gesetz zur Wiederherstellung des Berufsbeamtentums" gibt der Reichsregierung die Vollmacht, jüdische und andere unliebsame Funktionsträger des öffentlichen Dienstes (z. B. Museumsdirektoren, Kunsthochschulprofessoren u. a.) zu entlassen (7. April). Eröffnung der Weltausstellung in Chicago, wo auf Vorschlag des Auswärtigen Amts zwei Hauptwerke Barlachs gezeigt werden (1. Juni). Zweiter Antrag der Domgemeinde auf Entfernung des Magdeburger Ehren-

mals (23. Juni). Auf dem Reichsparteitag in Nürnberg sagt Hitler der modernen Kunst den Kampf an (1. September). Das Reichskulturkammergesetz zwingt alle deutschen Künstler zur Mitgliedschaft in der Reichskulturkammer (22. September). Der Lübecker Museumsdirektor Carl Georg Heise scheidet aus dem Amt (27. September). Damit bleibt – mit nur drei ausgeführten Figuren – das Großprojekt einer Gemeinschaft der Heiligen Fragment. Liquidation der Galerien von Barlachs jüdischem Kunsthändler Alfred Flechtheim (Oktober). Eine Barlach-Matinee am Schweriner Stadttheater wird ohne Begründung abgesagt (26. November). Plastische Hauptwerke: Sitzende Alte; Hockende Alte.

1934 Vor der Eröffnung der Ausstellung „Das Bildnis in Mecklenburg von etwa 1850 bis zur Gegenwart" im Rostocker Kunstverein werden alle bereits aufgestellten Werke Barlachs wieder entfernt (21. Januar). Der Hamburger Fabrikant Hermann F. Reemtsma erteilt Barlach (zunächst mündlich) den Auftrag zur Vollendung der Figurenreihe Fries der Lauschenden (Ende August). Entfernung des Magdeburger Ehrenmals aus dem Magdeburger Dom (24. September). Aufbewahrung in der Berliner Nationalgalerie. Plastische Hauptwerke: Die Flamme; Wanderer im Wind; Vergnügtes Einbein; Der Gläubige (aus dem Fries der Lauschenden).

1935 Absetzung von Barlachs Drama „Die echten Sedemunds" vom Spielplan des Altonaer Stadttheaters (5. Juni). Im Münchener Piper-Verlag erscheint das Buch „Ernst Barlach – Zeichnungen" (Oktober). Übergabe der vollständigen Figurenreihe Fries der Lauschenden an Hermann F. Reemtsma (24. November). Plastische Hauptwerke: Fünf Figuren aus dem Fries der Lauschenden (Die Pilgerin, Die Erwartende, Der Begnadete, Der Blinde, Der Empfindsame).

1936 Beschlagnahmeverfügung der Bayerischen Politischen Polizei für das im Münchener Piper-Verlag erschienene Buch „Ernst Barlach – Zeichnungen" (24. März). Auf dem Reichsparteitag in Nürnberg verkündet Hitler „das Ende der

bolschewistischen Kunstvernarrung" (9. September). Verbot des erfolgreichen Barlach-Buchs von Carl Dietrich Carls (Herbst). Vor der Eröffnung der Jubiläumsausstellung der Preußischen Akademie der Künste in Berlin (5. November) werden die bereits aufgestellten Werke Barlachs wieder entfernt. Plastische Hauptwerke: Der Flötenbläser; Der Buchleser;
Das schlimme Jahr.

1937 Die Reichsstelle für Sippenforschung bestätigt Barlachs reindeutsche („arische") Abstammung (30. März). Abbruch des Kieler „Geistkämpfers" (20. April). Zwangsschließung der letzten Ausstellung mit Werken Barlachs in der Berliner Galerie Karl Buchholz (27. Juni).
Nach starkem politischem Druck erklärt Barlach seinen Austritt aus der Preußischen Akademie der Künste (11. Juli). Eröffnung der Ausstellung „Entartete Kunst" in München, in der auch Werke Barlachs zur Schau gestellt werden (19. Juli). Entfernung des Güstrower Domengels aus dem Güstrower Dom (23. August). Plastische Hauptwerke: Der Zweifler; Frierende Alte; Lachende Alte.

1938 Der Hamburger Senat kündigt die Zerstörung des Barlach-Reliefs am Hamburger Ehrenmal an (21. Januar). Barlach stirbt in einer Rostocker Privatklinik an Herzversagen (24. Oktober). Private Totenfeier im großen Werkraum des Atelierhauses am Inselsee (27. Oktober). Beerdigung Barlachs in Ratzeburg (28. Oktober).

1939 Als letztes Großprojekt Barlachs im öffentlichen Raum wird sein Relief Trauernde Mutter mit Kind am Hamburger Ehrenmal herausgemeißelt und zerstört (Februar).

Ernst Barlach Haus

Stiftung Hermann F. Reemtsma
Baron-Voght-Straße 50 a
22609 Hamburg
barlach-haus.de

Nachdem der Hamburger Industrielle Hermann F. Reemtsma Ernst Barlach im Sommer 1934 in Güstrow besucht hatte, unterstützte er den im Nationalsozialismus Verfemten durch zahlreiche Ankäufe. Für die so erworbene und ständig erweiterte Sammlung, die er im November 1960 in eine Stiftung einbrachte, ließ er vom Hamburger Architekten Werner Kallmorgen in Hamburg-Othmarschen, am Rande des Jenischparks, ein modernes Ausstellungshaus errichten. Dieses Ernst Barlach Haus wurde im Oktober 1962 der Öffentlichkeit übergeben und entwickelte sich rasch zu einem Barlach-Museum hohen Ranges. Um neben wechselnden

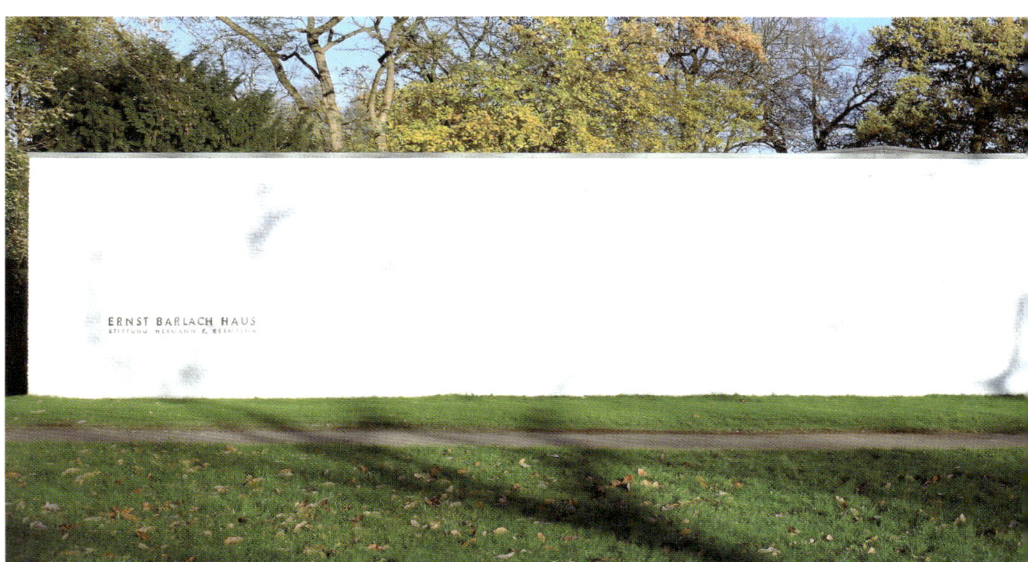

Sammlungspräsentationen auch Sonderausstellungen zu ermöglichen, wurde das lichterfüllte Atriumhaus im Jahre 1996 behutsam erweitert und umgestaltet. Seit der Gründung der Stiftung durch Hermann F. Reemtsma haben sich die Bestände des Ernst Barlach Hauses mehr als verdoppelt. Heute umfasst die Sammlung rund 150 plastische Werke, über 450 Zeichnungen, die gesamte Druckgraphik, mehr als 430 Briefe und Autographen des Künstlers, dazu viele Mappenwerke und Erstausgaben, wertvolle Archivbestände sowie eine Spezialbibliothek über Ernst Barlach. Von herausragender Bedeutung ist das Museum insbesondere wegen seiner Holzskulpturen. Mit 30 Werken – darunter die berühmte Figurenreihe „Fries der Lauschenden" und Spitzenwerke wie „Der Berserker", „Sorgende Frau", „Moses", „Der Asket" und „Das Wiedersehen" – besitzt es fast ein Drittel der von Barlach geschaffenen Holzbildwerke.
Die Außenwirkung des Ernst Barlach Hauses ist beachtlich. Regelmäßig finden Sonderausstellungen zur Kunst des 19. bis 21. Jahrhunderts statt, dazu Vortragsveranstaltungen und Konzerte, die das Museum in Kooperation mit der Hamburger Musikhochschule gestaltet. Die Präsenzbibliothek und die Archive stehen Wissenschaftlern und Studenten nach Voranmeldung zur Verfügung.

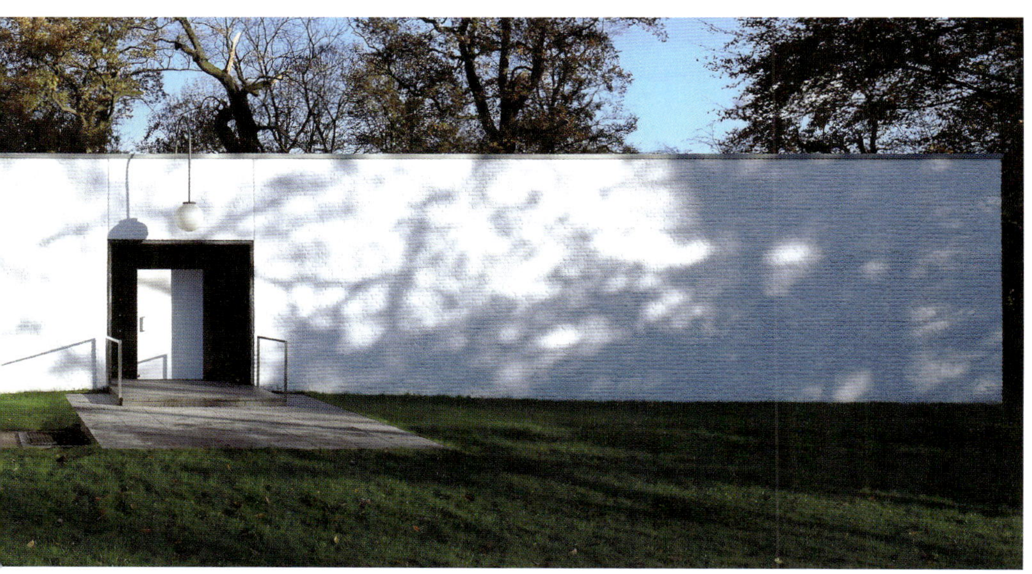

Ernst Barlach Stiftung Güstrow

Atelierhaus, Ausstellungsforum und
Graphikkabinett
Heidberg 15
18273 Güstrow

Gertrudenkapelle
Gertrudenplatz 1
18273 Güstrow
ernst-barlach-stiftung.de

Nach Barlachs Tod im Oktober 1938 verblieb sein künstlerischer Nachlass in seinem Atelierhaus am Heidberg. Dessen weiteres Schicksal regelte nach dem Zweiten Weltkrieg eine Vereinbarung zwischen den Erben und der DDR. Danach übernahm Barlachs Vertrauter Friedrich Schult im Auftrag der Akademie der Künste Berlin (Ost) die Verwaltung und wissenschaftliche Bearbeitung der künstlerischen Hinterlassenschaft. Ab 1978 wurde das Atelierhaus zudem als öffentlich zugängliche Barlach-Gedenkstätte genutzt, nachdem eine Auswahl seiner Bildwerke schon seit 1953 in der innerstädtischen Gertrudenkapelle gezeigt worden war. Die Wiedervereinigung Deutschlands führte dann zu einer Neuordnung der Rechtsverhältnisse. Am 1. Januar 1994 wurden das Atelierhaus und der Großteil seiner Bestände mit Hilfe des Bundes, der Kulturstiftung der Länder und des Landes Mecklenburg-Vorpommern in eine Stiftung überführt, die in den Jahren 1997/98 neben dem historischen Gebäude ein zusätzliches Ausstellungsforum errichtete, das mittlerweile um ein Graphikkabinett erweitert wurde.
Die Ernst Barlach Stiftung Güstrow repräsentiert in besonderer Qualität und Vollständigkeit das ganze Spektrum des Barlachschen Werks. Sie besitzt und zeigt Bildwerke aus allen Schaffensphasen, darunter Meisterwerke wie „Der Träumer“, „Der Apostel“, „Die gefesselte Hexe“, „Lesender Klosterschüler“, „Der Zweifler“, „Frierende Alte“, „Sitzende Alte“ und die drei Figuren aus der „Gemeinschaft der Heiligen“ („Der Bettler“, „Frau im Wind“, „Der Sänger“). Auch enthält die Sammlung den Großteil

von Barlachs Werkmodellen. Zudem verfügt die Stiftung über rund 1100 Zeichnungen des Künstlers. Seine Manuskripte, Skizzen- und Notizbücher sind fast vollständig in Güstrow versammelt. Wissenschaftler können die Archivbestände auf Wunsch einsehen.

Aufgrund ihrer herausragenden Bedeutung wurde die Ernst Barlach Stiftung Güstrow als „kultureller Gedächtnisort" von nationalem Rang ins „Blaubuch" der Bundesregierung aufgenommen. Ihre ständigen Ausstellungen im Atelierhaus und in der Gertrudenkapelle stellen einen Hauptanziehungspunkt für Güstrow-Besucher dar. Zudem veranstaltet die Stiftung Sonderausstellungen, Vorträge und Konzerte. Für die Barlach-Forschung sind die hier aufbewahrten Bestände unentbehrlich.

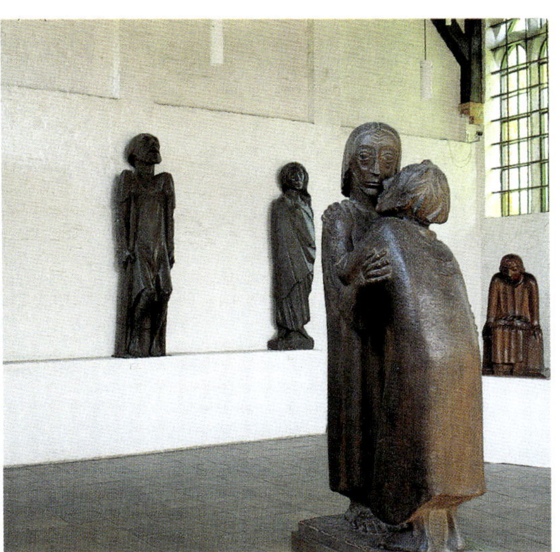

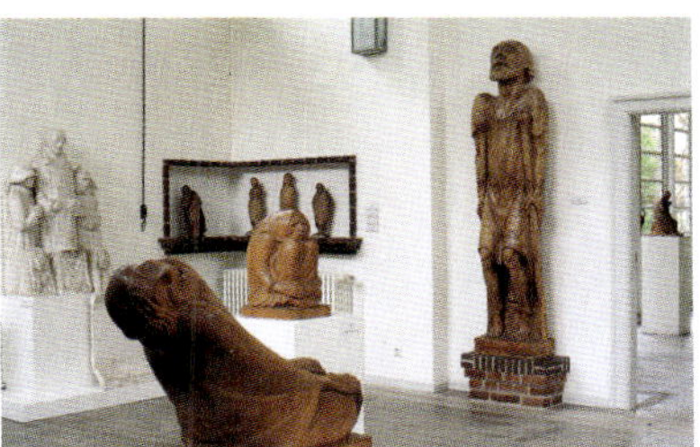

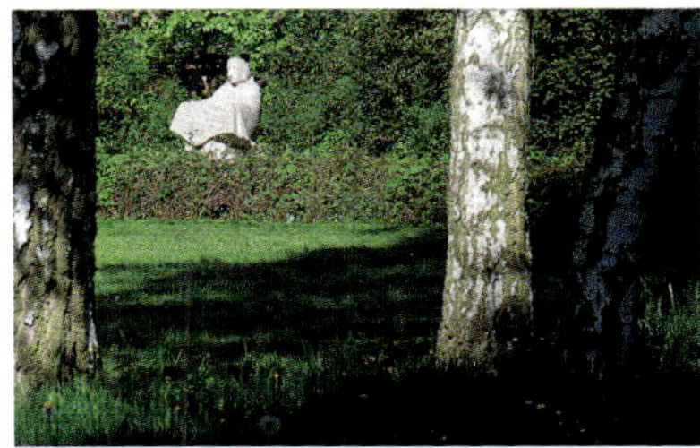

Ernst Barlach Museum Wedel

Ernst Barlach Geburtshaus
Mühlenstraße 1
22880 Wedel
ernst-barlach.de/wedel

Das klassizistische Bürgerhaus, in dem Ernst Barlach am 2. Januar 1870 das Licht der Welt erblickte, wurde 1982 von der Stadt Wedel erworben, in den folgenden Jahren zum Museum umgestaltet und im August 1987 der Öffentlichkeit übergeben. Ausstellungsbetrieb und Programmgestaltung liegen in den Händen der Ernst Barlach Gesellschaft, wobei diese ihre Arbeit auf Nachlässe und Dauerleihgaben stützt, die in ihrer Gesamtheit eine repräsentative Sammlung von Skulpturen, Zeichnungen, Holzschnitten, Lithografien und Manuskripten Ernst Barlachs bilden. Arbeitsschwerpunkt des Hauses ist die Zusammenführung von bildender Kunst und Literatur, wie sie im Werk des Künstlers angelegt ist. Dementsprechend werden im Ernst Barlach Museum Wedel neben Skulpturen aus allen Schaffensperioden vor allem die großen druckgraphischen Zyklen ausgestellt, die Barlach zu seinen Dramen „Der tote Tag", „Der arme Vetter" und „Der Findling" geschaffen hat.
Daneben zeigt das Haus in regelmäßigen Abständen Ausstellungen zur Kunst und Literatur der klassischen Moderne, aber auch zu zeitgenössischen und populären Themen. In Ergänzung dazu bieten die Veranstalter ihrem Publikum eine breite Palette von Vorträgen, Autoren- und Schauspielerlesungen. Zudem vergibt die Ernst Barlach Gesellschaft hier, im Geburtshaus des Künstlers, die Ernst Barlach Preise für Kunst und für Literatur. Sein vielfältiges Programmangebot macht das Ernst Barlach Museum Wedel zu einem lebendigen kulturellen Zentrum und zu einem Forum für den Dialog von bildender Kunst und Literatur.

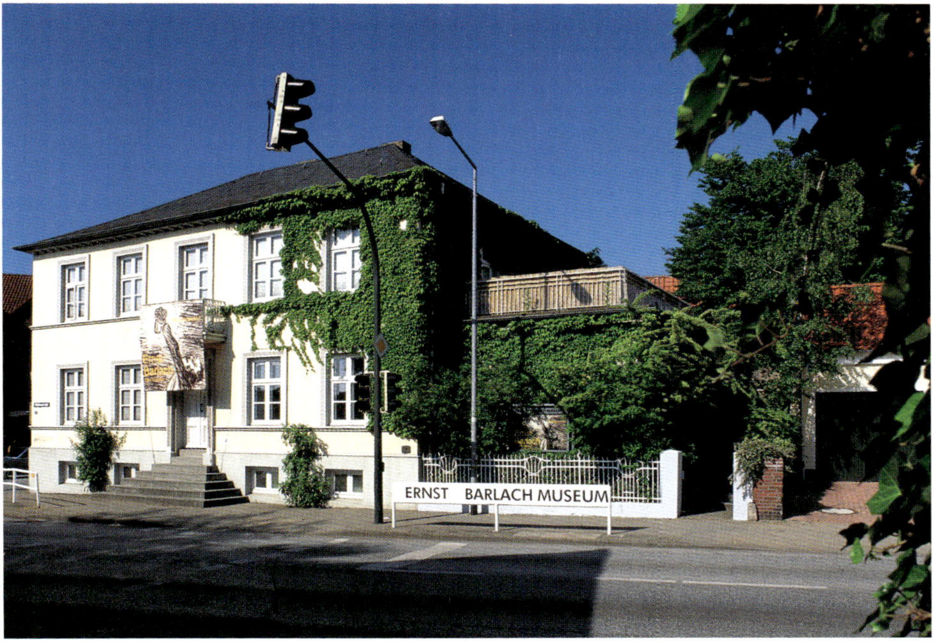

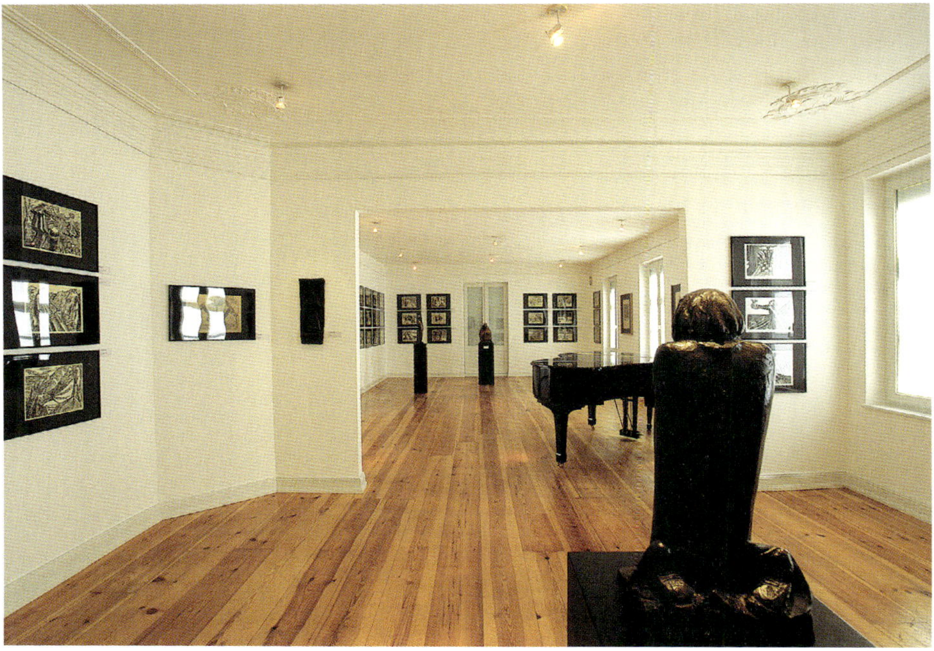

Ernst Barlach Museum in Ratzeburg

„Altes Vaterhaus"
Barlachplatz 3
23909 Ratzeburg
ernst-barlach.de/ratzeburg

Das schöne um 1840 erbaute Wohnhaus neben der Stadtkirche Sankt Petri, in dem Ernst Barlach zwischen 1876 und 1884 prägende Jahre seiner Jugend verlebte und das er in der Rückschau sein „altes Vaterhaus" nannte, wurde 1956 von der Ernst Barlach Gesellschaft mit Spendengeldern gekauft und wird seitdem als Ausstellungshaus betrieben. Mit einem multimedialen Ausstellungskonzept zeigt das Ernst Barlach Museum Ratzeburg Leben und Schaffen des Künstlers im historischen Umfeld: Eine digitale Timeline lädt ein, die politischen, kulturellen, werk- und lebensgeschichtlichen Ereignisse zu erforschen. Spielend können wir die Bilder, Filme, Dokumente aus 150 Jahren, die sich in einer 5,60 Meter langen Touchscreen Fläche verbergen, aufrufen. Wir erleben, auf welchen historischen Strukturen und kollektiven Erinnerungen unsere Gegenwart aufgebaut ist. Das dazu konzipierte Barlach Game macht Geschichtserfahrung lebendig und aktiviert unser Zeitbewusstsein. Poetische Filme zu den Themen „Mensch und Natur" ebenso wie „Mensch und Welt" verbinden als Rauminstallation die Kunstwerke Barlachs mit unseren aktuellen Fragen, laden ein, Ursachen und Perspektiven zu reflektieren. Dokumentarische Filme zum Schriftsteller Barlach und zum Einfluss der Heimat Ratzeburg informieren über erstaunliche und bislang weitgehend unbeachtete Aspekte seines Lebens und Wirkens. Die interaktive Barlach-App führt zu persönlichen Begegnungen mit einzelnen Werken und zu individuellen Interpretationen.

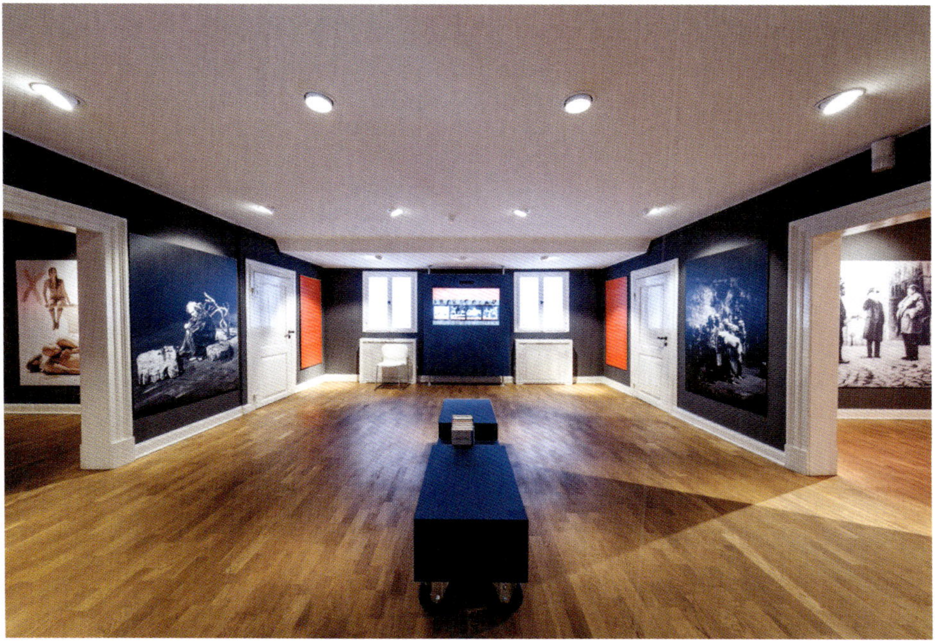

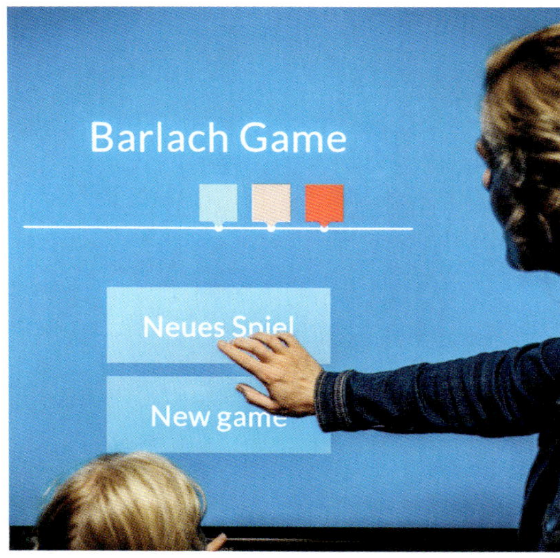
Barlach Game
Neues Spiel
New game

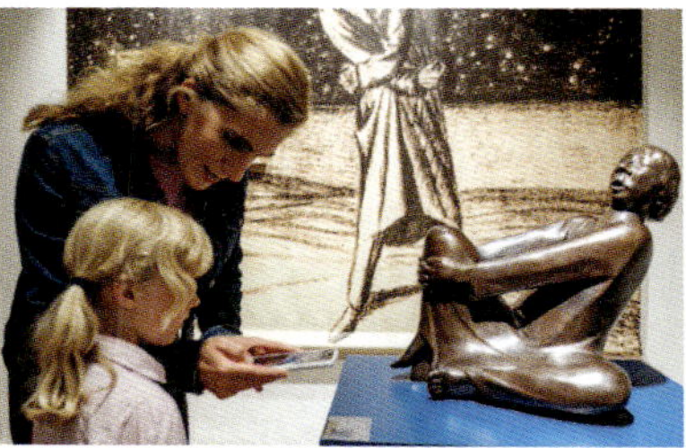

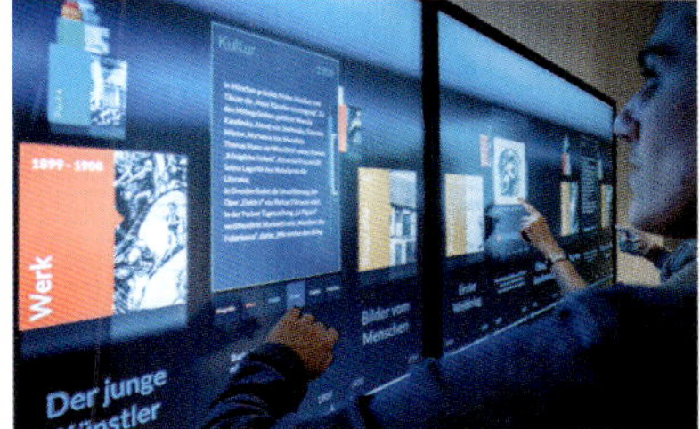
Kultur
1899 – 1906
Werk
Der junge
Bilder vom Menschen

Ernst Barlach Gesellschaft Hamburg e.V.

Mühlenstr. 1
22880 Wedel
ernst-barlach.de

Die Ernst Barlach Gesellschaft betreut und erforscht seit 1946 das künstlerische und literarische Erbe Ernst Barlachs.
Aufgabe der am 16. Juli 1946 in Hamburg gegründeten gemeinnützigen Ernst Barlach Gesellschaft ist die Förderung von Kunst und Kultur. Diese Aufgabe wird besonders dadurch erreicht, das künstlerische und literarische Werk Ernst Barlachs der Allgemeinheit durch Ausstellungen und Publikumsveranstaltungen näher zu bringen und die wissenschaftliche Forschung darüber zu fördern.
Die Ernst Barlach Gesellschaft betreibt eigene Museen in Wedel und Ratzeburg, unterstützt Barlach-Ausstellungen im In- und Ausland und fördert den interkulturellen Dialog. Sie realisiert literarische Veranstaltungen, führt Forschungsprojekte durch, regt wissenschaftliche Tätigkeit an und fördert den künstlerisch-literarischen Nachwuchs. In Kooperation mit internationalen Kulturträgern arbeitet die Ernst Barlach Gesellschaft intensiv an dem europäisch-islamischen Dialog und hat verschiedene Ausstellungen im Iran, der Türkei organisiert und arbeitet an Projekten in arabischen Ländern. Die Ernst Barlach Gesellschaft vergibt den Ernst Barlach Preis und engagiert sich mit umfangreichen Ausstellungsprojekten im In- und Ausland zu den Themen: Ernst Barlach, klassische Moderne, Kunst der Gegenwart und interkultureller Dialog.

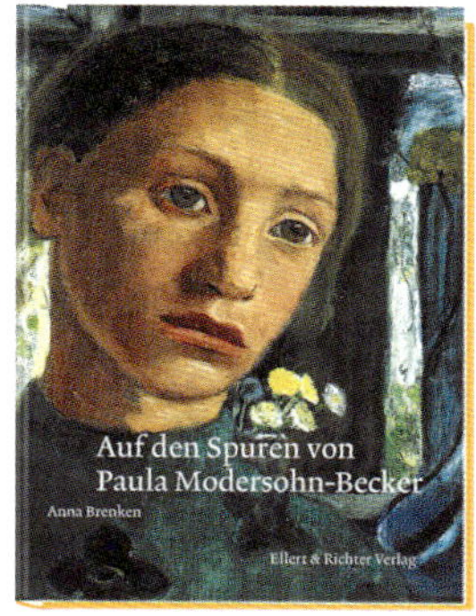

Anna Brenken
Auf den Spuren von Paula Modersohn-Becker
160 Seiten mit 40 Abbildungen
978-3-8319-0686-4

Paula Modersohn-Becker gehört zu den bahnbrechenden Künstlern des beginnenden 20. Jahrhunderts.
Die Spuren ihres Werkes führen nach Worpswede und Paris. Ihre Bilder schlagen gleichsam eine Brücke zwischen dem idyllischen Künstlerdorf am Rande des Teufelsmoors und der Weltstadt an der Seine. Als die Künstlerin 1907 im Alter von nur 31 Jahren, kurz nach der Geburt ihres ersten Kindes, starb, hinterließ sie ein umfangreiches Werk: Zahlreiche Gemälde und Zeichnungen bezeugen ein erfülltes Künstlerinnenleben, das sich gegen viele Widerstände durchsetzen musste.
Anna Brenken würdigt diese große Malerin in einem sachkundigen und einfühlsamen Text, der durch Fotografien der Landschaften um Worpswede, historische Aufnahmen und Gemälde ergänzt wird.

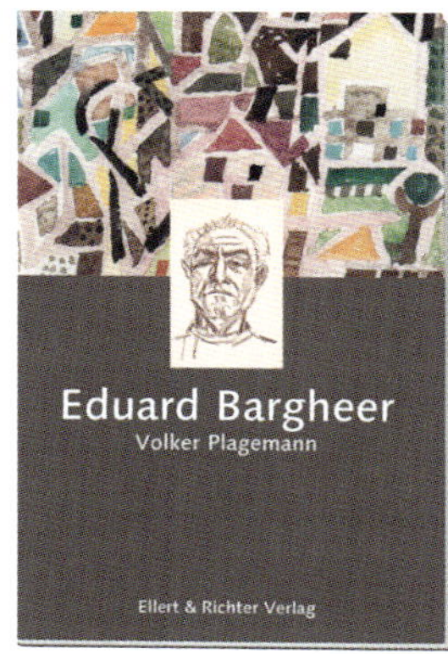

Volker Plagemann
Eduard Bargheer
216 Seiten mit 75 Abbildungen
978-3-8319-0324-5

Eduard Bargheer wurde 1901 als Sohn eines Lehrers in Hamburg-Finkenwerder geboren. Nach einer Zeichenlehrerausbildung an der Hamburger Kunstgewerbeschule – der heutigen Hochschule für bildende Künste – entschied er sich 1924 für die freie Kunst. Schon bald hatte er erste Ausstellungserfolge.
Er schloss Freundschaften mit Künstlerkollegen wie der Malerin Gretchen Wohlwill und mit Kunsthistorikern wie Kunsthallendirektor Gustav Pauli, dem Universitätsprofessor Erwin Panofsky und dessen Doktoranden Ludwig Heydenreich.
Das Werk von Eduard Bargheer stellt den Beitrag Hamburgs zur Malerei der Moderne dar. Bargheers Lebensumstände, seine Jugendzeit in Finkenwerder, seine frühen Reisen und die Begegnung mit dem Süden bildeten den Erlebnisfundus, aus dem er als Maler immer wieder schöpfte, bis er sich vor den Nationalsozialisten nach Italien zurückzog. Später haben seine regelmäßigen Aufenthalte auf Ischia, zuletzt die Reisen nach Afrika das Werk des Künstlers in besonderer Weise geprägt. Volker Plagemann schildert die von Hamburg ausgehende und wieder nach Hamburg führende Lebens- und Künstlerreise Bargheers und beschreibt seine Biografie als Teil der neueren hamburgischen Kunstgeschichte.

Autor:
Wolfgang Tarnowski (1931-2018), geb. in Seeburg/Ostpreußen. Studium der Medizin und Kunstgeschichte in Hamburg. Promotion in Medizin, Habilitation im Fach Physiologische Chemie. Seit 1966 Professor und Leiter einer Forschungsabteilung am Universitätskrankenhaus Eppendorf. Von 1978 bis 1983 Kultursenator der Freien und Hansestadt Hamburg. Studien zur Kunstideologie des Dritten Reichs und zur Motivgeschichte in den Werken Goethes und Thomas Manns. Seit 1980 Forschungsarbeiten und Veröffentlichungen zu Leben und Werk Ernst Barlachs.

Titelabbildung:
Ernst Barlach in seinem Atelier, im Hintergrund der vollendete „Fries der Lauschenden", 1937

Bildnachweis:
Archiv Heinz-Peter Cordes: S. 32, 35, 36
Archiv Wolfgang Tarnowski: S. 10, 55, 70, 116
Babovic, Toma, Bremen: S. 14/15, 40/41, 42/43, 52/53, 82/83, 98/99, 100/101, 108/109, 112/113, 132 li., 132/133, 145 (alle), 147 (alle)
Ernst Barlach Haus – Stiftung Hermann F. Reemtsma, Hamburg: S. 121
Ernst Barlach Lizenzverwaltung, Ratzeburg: S. 20, 31, 33, 34 re., 34 li., 44, 47 li., 48 li., 48 re., 51, 56, 58, 59, 61, 63, 65, 66, 67, 72, 85, 86, 88, 92, 93, 95, 115, 124, 125, 130, 131
Ernst Barlach Museum Ratzeburg: S. 149 (alle)
Ernst Barlach Stiftung, Güstrow: S. 2, S. 90
Philipp Grassmann, Hamburg: S. 87
Huber Images, Garmisch-Partenkirchen: 110/111
imago images, Berlin: 24/25, 26/27, 28/29, 38/39, 74/75, 76/77, 80/ 81, 102/103, 104/105, 106/107
iStock: 78/79 (ricul)
Kieler Stadtarchiv, Kiel: S. 127
Kunsthalle zu Kiel: S. 45
Leopold-Hoesch-Museum, Düren: S. 62
picture alliance, Frankfurt/M: Titelabbildung
Stadtarchiv München: S. 129
Zapf, Michael, Hamburg: S. 142/143
S. 23: aus: Jürgen Doppelstein (Hrsg.): Ernst Barlach. Bildhauer, Zeichner, Graphiker, Schriftsteller, Katalogbuch der gleichnamigen Ausstellung in Antwerpen, 18.12.1994–26.2.1995, Antwerpen u. Hamburg 1995, S. 27
S. 47: aus: Eva Caspers: Ernst Barlach Haus. Stiftung Hermann F. Reemtsma. – München: Prestel, 2000, S. 27 (Prestel-Museumsführer)
S. 49 li. o., 49 u.: aus: Ernst Barlach: Ein selbsterzähltes Leben. – Berlin: Paul Cassirer Verlag, 1928, S. II, LXXIII
S. 71 re: aus: Der Ernst Barlach Nachlaß in Güstrow/hrsg. von der Ernst Barlach Stiftung. – Güstrow: Ernst Barlach Stiftung, 1995, S. 105.

Bibliografische Information der Deutschen Nationalbibliothek
Die Deutsche Nationalbibliothek verzeichnet diese Publikation in der Deutschen Nationalbibliografie; detaillierte bibliografische Daten sind im Internet über http://dnb.d-nb.de abrufbar.

ISBN 978-3-8319-0822-6

Sonderausgabe der gleichnamigen Bildreise (2. Auflage 2011)

Text und Bildlegenden:
Wolfgang Tarnowski, Hamburg
Gestaltung: BrücknerAping, Büro für Gestaltung, Bremen
Gesamtherstellung:
ADverts Ltd., Dzelzavas street 124, Latvia, Riga, LV-1021

www.ellert-richter.de
www.facebook.com/EllertRichterVerlag